한 도시 이야기

생성과 변환의 지속

한 도시 이야기

생성과 변환의 지속

저자 **허정도**

▪ 책을 내면서

2010년 6월 30일, 단독 시(市)로서의 마산은 없어졌다.
  그날 이후 '마산시민'은 '창원시민'이 되었다. 벌써 십수 년이 지났다. 그렇게도 어색했던 창원이 약간 자연스러워졌다. 그만큼 마산은 멀어져 간다. 역시 시간은 힘이 세다.

누군가 기록해 주기를 바랐고 그렇게 될 것이라 믿었다. 하지만 생각대로 되지 않았다. 흐르는 시간만큼 잊히는 것이 점점 많아졌다. 그래서 시작했다.
  하고 싶어서 한 일이라기보다 해야 될 일이다 싶어 시작하였다. 평생 살았던 이 도시에 대한 도리라는 생각도 있었다.

2010년 창원·진해와 통합됨으로써 독립된 시로서는 존재하지 않게 된 마산의 도시 변화를 시(時)계열적으로 정리하였다. 한 도시의 생성과 변화 과정을 이 책 한 권에 모두 담아낼 수는 없겠지만 기록해 둘 만한 것들을 모아 간략히 정리하였다. 부족함이 많다. 모자라고 잘못된 부분은 채워 주고 고쳐 주기 바란다.

내용 중 일제강점기까지는 졸저 『전통도시의 식민지적 근대화』를 보정·축약하였다. 사람과 사건은 거의 다루지 않고 도시의 물리적 변화 위주로 기록하였다. 사람과 사건이 없다는 것은 그만큼 내용이 건조하다는 뜻이다. 결국 재미있는 책이 아니라는 말이다.

어렸을 때부터 많이 들었던 말이 '전국 7대 도시'였다. 하지만 그 의미에 대해 깊이 생각하지는 않았다. 인구가 전국에서 일곱 번째였다는 것은 알았지만 그것이 이 도시 사람들에게 어떤 인식과 결과를 주었는지 깊이 생각해 보지 못했다. 나이 들어 그 의미를 생각해 보았다. 그 과정에서 지난 세월 이 도시가 겪었던 영욕의 부침을 알게 되었다.

마산은 근현대기라 일컫는 지난 120여 년간 엄청난 변화를 겪었다. 그 변화는 외세의 파도가 이 도시를 덮치면서 시작되었다. 우리나라 근현대도시사에서 빼놓을 수 없는 굵직굵직한 궤적들이 이 도시를 관통했으며, 그 흔적들은 지금도 도시 곳곳에 배어 있다.
상점기 도시 변화의 주역은 일본인들이었다. 그들의 욕구를 채워 주는, 그들만의 잔치와 같았던 변화였다. 일본인들은 오직 경제적 이익만 취했을 뿐 다른 노력은 하지 않았다. 단 한 번도 공익적 관점에서 이 도시를 바라보지 않았다. 바라볼 필요도 없었다. 그들에게 이 도시는 단지 이익을 채워 주는 식민의 땅이었다.
해방이 되자 그들은 떠났고, 일본으로 건너갔던 귀환동포들이 대거 밀려들었다. 전쟁이 나자 이번에는 피난민이 들이닥쳤다. 늘어난 인구는 이 도시를 기형적으로 만들 수밖에 없었다. 해방과 전쟁이라는 두 번의 격랑을 거치면서 마산에 사람이 들끓었다. 그러나 사람만 많았을 뿐 사람들을 받아들일 시설은 전무했다. 단지 생존에 대한 욕구와 열정으로만 살았던 때였다.

결정적인 변화는 60년대 중반부터 생겼다. 거대 산업시설들이 비슷한 시기에 다투어 이 도시에 들어왔다. 일자리를 찾아 전국 각지에서 사람들이 모여들었고, 다시 한 번 거리에 사람이 넘실거렸다. 이들을 받기 위해 토지를 개발했고 집을 지었다. 넓고 좁은 길들이 여기저기 뚫렸다. 마치 온 도시가 공사판처럼 되었고, 시가지가 점점 확산되었다.

인접한 창원 신도시가 틀을 잡아가자 사람과 시설들이 옮겨가기 시작했다. 자동차와 아파트로 인해 생활 양식도 달라졌다. 하지만 시민이 선출한 의사결정권자들은 현실 변화도 시대 변화도 읽지 못했다. 그 사이 변화의 속도는 점점 빨라졌다.

'전국 7대 도시'는 이처럼 이 도시가 겪었던 격랑과 부침 중 어느 한 시기에 만들어졌던 압축적 표현이다.

문헌과 지도 등 서지를 주로 이용하였고 신문자료도 많은 도움이 되었다. 시간 범위는 최초 정주 시기부터 2010년 창원·진해와의 통합까지이며, 공간 범위는 1995년 도농통합 이전의 행정구역, 즉 삼진·내서 지역을 제외한 현재의 도시권이다. 내용 중 지역·동·도로·하천 등의 명칭이 낯설 수도 있어서 읽는 분들에게 송구스럽다.

요점은 크게 일곱 가지이다. 첫째, 도시가 태동되었던 마산포의 근대 이전 모습 복원. 둘째, 개항 및 일제강점으로 인한 공간 변화. 셋째, 해방과 전쟁으로 겪었던 남다른 체험. 넷째, 공업도시로의 전환과정. 다섯째, 급성장의 명암. 여섯째, 정체기와 도시 통합과정. 일곱째, 전 시기에 거쳐 시행된 마산만 매립 등이다.

부족한 책을 출간해준 불휘미디어 김리아 대표와 구성원들께 감사드린다. 언제나 같은 시각으로 세상을 바라보는 벗들과 가족에게도 고마움을 전한다. 유장근이 있었다면 책이 한결 나았을 텐데 아쉽고 그립다.

독립 시로서의 마산은 없어졌지만 물리적 공간과 환경은 그대로이다. 때로는 확산되고 때로는 위축되며 지금에 왔다. '마산시'가 없어질 줄 아무도 몰랐듯이 앞으로 전개될 이 도시의 미래 역시 아무도 모른다.

미래의 이 도시는 '살고 싶은 도시'이기를 바란다. 과거의 마산사람들이 손꼽았던 '사람 숫자'가 아니라, 미래의 마산사람들은 '살기 좋은 순서'로 이 도시를 손꼽게 되기 바란다. 인구는 '7대 도시'기 불가능하겠지만 살기 좋은 순서로는 '7대'가 아니라 잘하면 '1대'까지도 가능한 꿈 아니겠는가.

2024년 여름
무학산 자락에서
허 정 도

■ 차례

책을 내면서   004

1부 경술국치 이전

Ⅰ. 전통시대   012
    1. 마산창 설치 이전   012
    2. 마산창 설치부터 개항 이전까지   020
    3. 개항   027

Ⅱ. 개항기, 1899~1910   039
    1. 신마산의 형성과 도시 상황   040
    2. 일본인의 이주와 정(町)·리(里) 확정   054
    3. 전통 도시 원마산(마산포)의 복원   058
    4. 시가지 변화   063
    해안 매립의 역사 · 1   068

2부 일제강점기

Ⅰ. 강점 1시기, 1911~1920   076
    1. 신마산의 정체와 도시 상황   078
    2. 마산부 제정   090
    3. 마산창 철거   093
    4. 시가지 변화   096
    해안 매립의 역사 · 2   100

II. 강점 2시기, 1921~1930　　　　　　　　　105

　1. 시가지 확장과 도시 변화　　　　　　　106
　2. 중앙마산의 형성　　　　　　　　　　　121
　3. 원마산(마산포)의 도로망 확산　　　　　127
　4. 시가지 변화　　　　　　　　　　　　　132
　해안 매립의 역사 · 3　　　　　　　　　　136

III. 강점 3시기, 1931~1945　　　　　　　　140

　1. 원마산 · 신마산 연담화와 도시 상황　　141
　2. 행정구역 확장과 인구 변화　　　　　　152
　3. 꽃과 술의 도시　　　　　　　　　　　　156
　4. 시가지 변화　　　　　　　　　　　　　159
　해안 매립의 역사 · 4　　　　　　　　　　165

3부　해방 이후

I. 인구급증과 도시 포화, 1945~1960　　　178

　1. 산업화 이전 시기의 도시 상황　　　　　179
　2. 귀환동포와 피난민, 적산 처리　　　　　201
　3. 최초의 대학과 화력발전소　　　　　　　212
　4. 시가지 변화　　　　　　　　　　　　　217
　해안 매립의 역사 · 5　　　　　　　　　　223

Ⅱ. 공업도시로의 대전환, 1961~1970   225

    1. 성장 여명기의 도시 상황   226
    2. 꿈틀대는 도시   240
    3. 거대 산업시설의 입지   254
    4. 시가지 변화   271
    해안 매립의 역사 · 6   276

Ⅲ. 성장의 늪, 1971~1990   280

    1. 성장기의 도시 상황   282
    2. 동마산의 탄생과 삼역 통합   299
    3. 외부 교통망의 확충   306
    4. 시가지 변화   309
    해안 매립의 역사 · 7   318

Ⅳ. 정체기와 도시 통합, 1991~2010   326

    1. 변화 외면한 도시 정책   327
    2. 떠난 이와 남은 이   345
    3. 이름을 잃다   350
    4. 시가지 변화   360
    해안 매립의 역사 · 8   365

4부 변화의 양상과 요인   382

    참고문헌   395

1부
경술국치 이전

◆

I. 전통시대
   1. 마산창 설치 이전
   2. 마산창 설치부터 개항 이전까지
   3. 개항

II. 개항기, 1899~1910
   1. 신마산의 형성과 도시 상황
   2. 일본인의 이주와 정(町)·리(里) 확정
   3. 전통 도시 원마산(마산포)의 복원
   4. 시가지 변화

I.
전통시대

1. 마산창 설치 이전

선사시대부터 마산 지역에 취락지가 있었다는 사실은 수많은 연구와 유적 발굴을 통해 이미 증명되었다. 현동·구산·진전·진동·진북·내서 등지에서 청동기시대 고인돌과 고대 취락지가 밝혀지고, 회원동 무학여중 공사(1967) 때 붉은간토기(적색마연토기 赤色磨研土器)가 출토됨으로써 당시의 취락이 마산 인근 전역에 분포하고 있었음을 확인시켜 주었다. 2018년에는 현동에서 660여 기에 이르는 가야시대(3~5세기) 고분군과 청동기~조선시대에 이르는 각종 유구 1천여 기가 대거 출토됨으로써 이러한 사실이 재확인되었다. 현동 유적에서는 항해용 선박을 형상화한 배모양 토기(주형토기 舟形土器)가 최초로 출토돼 대외교류를 기반으로 성장한 가야의 해양문화를 상징적으로 보여주기도 했다.

현동에서 출토된
배모양 토기

　마산은 삼한시대의 변한에 속한 여러 부족 중 주조마국(走漕馬國)의 한 지역이었다고 비정하기도 한다. 변한 외에 마산 지역에 등장하는 정치집단은 『삼국사기』에 나타나는 원시적 부족국가 포상팔국 중 골포국이다. 『삼국사기』에 의하면 포상팔국의 침입을 받은 가라(加羅=阿羅)가 신라에 구원을 요청하였고, 이에 응한 신라에 의해 포상팔국은 패퇴하였다. 3년 뒤 포상팔국 중 골포·칠포·고사포 3국[1]이 다시 전쟁을 일으켰지만 3국 연합군은 철저히 괴멸당했다. 비록 패하긴 했으나 당시 강대국인 신라를 상대로 패전 후 다시 전쟁을 일으킨 사실로 보아 상당한 세력을 갖춘 정치집단이었던 것으로 추정된다.

　3세기 말 포상팔국 전쟁이 끝난 뒤 정치세력이 재편되면서 4세

1　골포(骨浦)는 마산과 창원을 중심으로 한 국가였으며, 칠포(柒浦)는 마산시 진동만을 중심으로, 고사포(固史浦)는 현재의 고성 지방을 중심으로 한 국가였다. 이 밖에도 『삼국사기』에는 사천(泗川) 지방을 중심으로 한 사물국(泗勿國)과 위치를 알 수 없는 보라국(保羅國)이 있었다고 기록하고 있는데 포상팔국 중 나머지 세 국가는 나타나지 않는다.

기 이후 탁순국(卓淳國)이라는 정치집단이 마산과 창원 일대를 중심으로 형성되었다. 탁순국은 진해 웅천 지역과 칠원 일부 지역까지 통치하였으며, 당시 한반도 남부 지역을 통하여 선진문물을 수입하고자 하였던 일본과의 관계도 활발했던 것으로 추정된다. 탁순국은 백제와 신라의 가야 진출과정에서 김해 금관국이 신라에 복속된 532년에서 541년까지의 어느 시기에 신라에 의해 패망했다.

신라는 문무왕 17년(677)부터 9주 5소경제로 행정구역을 재편하였다. 9주 중 경주와 김해를 아우르며 한반도 남동쪽에 위치한 양주에는 12개 군이 있었으며 그중 하나가 굴자군(屈自郡)이었다. 굴자군은 골포(마산)·칠토(칠원)·웅지(웅천)에 각각 현을 둠에 따라 마산 지역은 골포현이 되었다. 그 후 35대 경덕왕 16년(757) 행정구역 정비 때 굴자군을 의안군(義安郡)으로 개명하면서 골포현·칠토현·웅지현도 각각 합포현·칠제현·웅신현으로 변경되었다.

고려 성종(982~997)기에 전국 각지의 여러 포구에 조운기지를 설치하였다. 이후 정종(1035~1046)대에 이를 12조창으로 개편하고 각 조창에 조운선과 조군을 배치하여 인근 군현에서 수납한 세곡을 개경까지 운반하였다. 이때 12조창 중 하나로 마산에 석두창(石頭倉)이 설치되었다.

고려 말기인 충정왕(1349~1351) 이후부터 왜구의 잦은 침탈과 해난사고, 관원의 부정 등으로 고려시대 조운제도는 서서히 쇠퇴해져 마침내 우왕 2년(1376)에 조운제도는 폐지되었다. 왜구의 침입이 수그러진 공양왕(1389~1392) 때 다시 부활되었지만 제도와 운영은 이전만 못했다.

석두창은 기록에만 남아 있을 뿐 위치조차 정확히 못 밝히고 있다. 위치 추정은 크게 두 가지가 있다. 현재의 용마산과 자유무역지역 후문까지의 어느 지점(현 산호동 일대)이었다는 주장과 석두창이 있던 남성동 해안가에 조선시대 마산창을 다시 건립한 것이라는 주장이다.

고종 18년(1231)에 시작된 몽골의 고려 침략은 40여 년이 지난 후 강화조약으로 끝났다. 그 과정에서 삼별초는 진도와 제주도로 근거지를 옮겨 가며 몽골에 저항하였으나 결국 원종 14년(1273)에 평정되었다. 삼별초가 몽골에 대항하던 무렵의 마산 지역은 석두창을 중심으로 한 상업적 성격과 이를 보호하기 위한 수군 및 동남도병마절도사영이 있어 군사도시적 성격을 가지고 있었다. 이런 까닭에 삼별초는 합포를 수차례 공격하였다. 원종 12년(1271) 2월 감무를 생포해간 것을 비롯해 그 이듬해 11월에는 합포에 정박하고 있던 전함 22척을 소각하고 몽골군 봉졸(烽卒) 4명을 생포해가기도 했다. 다음해 1월에는 전함 32척을 불살랐는데 이때 몽골군 10명이 전사하였다.

삼별초가 평정된 다음해인 고려 충렬왕 원년(1274) 정월, 일본정벌에 나선 원 세조의 뜻에 따라 여몽연합군이 합포에 주둔하였다. 이에 따라 자산성을 정동행성으로 삼고 전함건조 및 군사훈련 등 일본정벌을 위한 준비를 대대적으로 전개하였다. 3만 3천여 명의 군사와 뱃사공·도선공·수리공 6천 7백 명이 탈 크고 작은 배가 마산만에 몰려들었다. 마산만 일대는 이들 배로 가득찼을 터였다. 한 순간에 마산은 군사요충지가 되었으며 역사 이래 최대인구가 모여들었다. 『고려사』에서는 이때의 정경을 '역에는 기마들이 줄줄이 이어서 있어 온갖 사무가 눈코 뜰 새 없이 번잡하였다. 기한은 급박한데 독촉이 번개와 같아 백성들의 고통이 이루 말할 수 없었다'고 기록하고 있다.

그해 10월 초순, 일본정벌을 위한 정동군이 출정하였다. 최초의 전투에서 하카다(博多)를 점령하는 등 우세를 점했으나, 그날 밤 갑자기 들이닥친 태풍으로 엄청난 피해를 당해 모든 것을 포기하고 퇴각할 수밖에 없었다. 원나라로서는 처음 겪는 패전이었다. 하지만 원은 포기하지 않고 개경에 정동행성을 설치하여 2차 원정을 준비하였다. 1281년 2차 원정군은 합포(마산)에서 출발하는 동로군과 중국 절강성에서 출발하는 강동군으로 나누어 편성되었다. 규모는 동로군 함선 900척에 4만여 명, 강동군 함선 3,500척에 10만여 명으로 1차 원정에 비해 훨씬 큰 규모였다. 그해 5월 3일, 2차 원정군을 격려하기 위해 충렬왕이 직접 합포까지 내려와 3개월간 자산성에 머물며 군사를 격려했고 김해에 다녀오기도 했다. 하지만 2차 원정 역시 태풍 때문에 실패하였다.

두 번에 걸쳐 여몽연합군에게 승리한 일본은 1차 전쟁을 문영의 역(文永の役), 2차 전쟁을 홍안의 역(弘安の役)이라고 부른다. 이후 일본은 태풍으로 승전한 두 차례의 전쟁을 두고, 신풍(가미카제 : 神風)의 도움으로 세계 제일의 대규모 침략군을 물리쳤다는 허황하고 왜곡된 자부심을 가지게 된다.

비록 두 번에 걸친 일본 원정이 실패로 돌아가기는 했지만 동정(東征)의 근거지였던 합포에는 당시 조선소와 주둔군 숙소 및 군영

몽고정 표지석

들이 빼곡히 들어차 있었을 터였다. 도시의 규모와 성격 측면에서 본다면 일본 원정기였던 이 시기(1274~1281년) 합포는 수많은 군사들이 들끓던 번창한 군사 항구도시였다. 당시의 흔적[2]이 지금도 남아 있다.

2차 원정이 실패한 다음해인 1282년 충렬왕은 일본정벌 당시 관

---

2 창원시 마산합포구 자산동의 '몽고정' 우물을 말한다. 2차례에 걸친 여몽연합군의 일본 원정과 관련한 우물로 추정되고 있다. 1920년대 중반 진주로 가는 철도가 놓이면서 원래 우물 조금 옆인 지금의 위치로 옮겨졌다. 이 우물은 원래 '고려정' 혹은 '광대바위샘'으로 불렸으나 일본인들이 '몽고정'으로 개명하고 1932년 우물가에 '蒙古井(몽고정)'이라는 표지석을 세웠다. 1906년경까지 이 우물에는 '서성리수백년지음정(西城里數百年之飮井)'이라 표시되어 있었다.

마산회원구 합성동 합포성 유적

민의 노고를 치하하면서 마산 지역의 지명을 의안군은 의창현으로, 합포현은 회원현으로 변경시켰다.

고려 후기, 왜구의 크고 작은 침범이 많았다. 그중 공민왕 23년(1374) 4월 왜선 350척이 합포를 공격하였는데 가장 큰 규모의 침입이었다. 왜구의 침입은 우왕 때 더 극심해져서 우왕 2년(1376) 12월에는 왜구가 의창현과 회원현을 공격하여 민가를 불사르기도 했다. 이런 노략질은 다음해에도 계속되었으며 마산 인근 지역에 왜구 침범이 가장 많았다. 마산이 일본 원정 기지였기 때문이었을 터였다.

왜구에 대한 방어와 일본 원정 때문에 군사적 성격이 강했던 합포는 회원현이란 이름으로 조선 건국 이후까지 존속하였다. 그러다가 조선조 제3대 태종 8년(1408)에 의창현과 회원현을 합쳐 의창현

(義昌縣)의 '창(昌)'자와 회원현(會原縣)의 '원(原)'자를 따 창원부로 승격시켰다. 7년 후인 태종 15년(1415)에는 창원도호부가 되었다. 이때의 부성(府城)은 고려 우왕 4년(1378)에 축조한 합포성[3](현 마산 회원구 합성동 소재)이었다. 합포성은 방어상의 목적 때문에 해안에 바로 접하지 않고 내륙에 입지하였다.

창원도호부는 부로 승격된 지 59년 후인 성종 8년(1477) 부성(府城)을 현재의 창원시 의창구 소답동과 동정동 일대로 옮겼고, 임진왜란이 끝난 선조 34년(1601) 대도호부로 승격되었다. 도체찰사 이원익의 '창원부사 김응서와 창원부민들이 힘을 모아 왜적을 막아냈으므로 포상해야 한다'는 장계 때문이었다. 행정치소가 떠난 합포성에는 경상우도병마절도사영만 남았다가 이마저도 선조 6년(1603) 진주로 옮겨갔다. 부성과 경상우도병마절도사영이 떠나가자 마산은 다시 남해안의 여느 포구들과 같은 모습으로 되돌아갔고, 1760년 마산창 설치 때까지 크게 달라지지 않았다.

마산이라는 지명의 기원에 대한 설은 여러 가지이지만 그중 박희윤이 주장한 몽골군 관련설이 가장 합리적으로 보인다. 그는 고려시대 몽골군이 합포에 진주했을 때 "산호동 종합운동장 일대에 몽골군의 녹마장이 있었던 것으로 추정되고, 이로 인해 용마산 등 말과 관련된 지명이 생겨났으며 용마산의 아래에 있는 포구라는 의미와 일본 원정 당시 말들을 실어 나르던 포구라는 의미에서 마산(馬山)으

---

[3] 성이 있던 곳의 동명이 합성동(合城洞)인 까닭은 합포성이 있었던 곳이기 때문이라는 설과 성 안팎에 있던 내성리와 외성리를 합쳐 만든 동이기 때문이라는 설이 있다.

로 불리게 되었을 것이다"라고 하면서 지명이 사용되기 시작한 시기는 고려 후기로 추정했다.

2. 마산창 설치부터 개항 이전까지

광해군 즉위년인 1608년 경기도에 처음 실시한 대동법은 이후 강원도·충청도 등으로 확산 혹은 축소되다가 숙종 3년(1677) 경상도에 시행되고, 숙종 34년(1708)에 황해도를 마지막으로 100년 만에 함경도와 평안도를 제외한 전국에 시행하게 된다. 이후 영조 36년(1760) 경상도 관찰사 조엄의 건의로 경상도 지방의 대동미를 보다 효율적으로 운반하기 위하여 창원 마산창과 진주 가산창을 경상도의 좌우 양창으로 설치하였으며, 1765년 밀양 삼랑창을 후조창으로 설치하여 경상도에 3곳의 조창을 두었다.

마산창의 관할구역은 창원·함안·칠원·진해[4]·거제·웅천·의령 동북면·고성 동남면의 8개 지역이었다가 1765년부터 거제와 고성은 위치 관계로 거제 견내량의 속창에서 관장하였다. 이 당시 이미 창원에는 사창·진창·차역창·영송창·해창[5] 등의 5개 창고가 소속되어 있었지만 마산창은 이들과 달리 대동미를 보관하기 위

---

[4] 여기서의 진해는 지금의 진동(현 창원시 마산합포구 진동면)이다. 1907년 일본에 의해 그 이름을 웅서면(현 창원시 진해구)에 넘겨 주었다.

[5] 사창(司倉)은 읍의 일반 창고, 진창(賑倉)은 구휼미(救恤米) 창고, 차역창(差役倉)은 역사(役事)를 위한 창고, 영송창(迎送倉)은 환영과 송별을 위한 창고, 해창(海倉)은 해산물을 보관하는 창고다.

해 1760년 해창 부근에 새로 건축하였다. 규모와 위상에서 최상위였다.

마산창 개창에 맞춰 조덕상이 쓴 「유정당기문(惟正堂記文)」에 마산창 설치 배경을 기록하고 있다. 다음은 그 요약문이다.

> 영조 35년(1759) 조엄이 경상도 관찰사로 부임하고 보니 영남은 변두리이지만 물산이 많고, 땅은 넓으나 관폐가 심해 백성들이 고통을 겪고 있었다. 이때 조덕상이 진주목사를 제수받아 공(公)께 인사를 올리는 자리에서 지금 호서지방과 남해지방은 조창이 있는데 어찌 영남에 설치하지 않을 수 있는가 하고 아뢰니 공이 그렇다고 하여 많은 사람의 근심을 상세히 적어 조정에 알리고 창원부 마산포 등 8곳에 조창을 지었다. 조선이 떠날 때엔 풍악을 울리고 술을 대접했으며 대포를 쏘아 장도를 축하했다.

이렇게 지어진 마산창 건물 가운데 세곡미 호송관으로 조정에서 내려온 조운어사가 머물렀던 건물이 '유정당(惟正堂)'이었으며 마산창의 중심 건물이었다. 유정당 건축 후에 이곳을 찾은 박사해와 김이건이 시문을 남겼다.

조창 유정당 - 박사해	漕倉 惟正堂 (朴師海)
새로 지은 당(堂)에 와 앉으니	坐來新棟宇
나그네 마음 상쾌하게 맑아지네.	蕭灑客心淸
바닷빛은 난간 사이로 스며들고	海色檻間入

섬 노을은 자리 밑에서 일어나네.	島霞席底生
경위가 치밀하지 않았더라면	倘非經緯密
어찌 규모가 넓었으리오.	那得設施宏
남쪽 지방이 태평함을 알겠거니	南路知高枕
변방 백성들이 즐겨 지었다오.	蠻氓可樂成

송조선가[6] – 김이건　　　　　　送漕船歌(金履健)

비로소 두 조창 지어 세곡을 저장하고	始建兩倉儲稅穀
이어 많은 배 건조하여 바닷가에 대었다네.	繼造衆艦艤海澨
늦은 봄 중순에 세곡을 다 싣고는	暮春中旬裝載了
좋은 날 받아도 갈 길은 아득하네.	卜日將發路渺渺
저녁 등 밝힌 뒤 옥절이 임하고	玉節來臨燈夕後
각 고을 관리들 많이도 모였네.	州郡冠盖知多少
나를 듯 헌걸하게 우뚝 솟은 집은	翼然傑構究兀起
저 물가의 좌창과 우고라네.	左倉右庫干彼涘
…	…

두 시에 묘사된 내용에 의하면 유정당은 1760년 개창 당시 지었으며 건물은 바닷가를 내다보며 앉았다. 규모가 상당히 크고 웅장했을 뿐 아니라 시공 수준도 최상급이었던 것으로 보인다. 아쉬운 것

6　시의 중간 부분만 소개한 것이다. 시에서는 마산창만이 아니라 진주 가산창까지 포함하고 있다. 이 시에서 말하는 양창 혹은 좌창우고는 마산과 진주의 두 조창을 말한다.

은 마산창의 전체 상황과 시설물에 대한 기록이 남아 있지 않다는 점이다. 유일하게 남은 것이 『창원보첩』에 첨부되어 있는 의정부찬정 외부대신 박제순에게 보낸 창원감리의 보고서이다. 이 보고서에도 마산창의 건물명과 규모만 적혀 있을 뿐이다. 유정당(惟正堂)이라 불렸던 대청 7칸을 중심으로 동별당 6칸 · 서별당 5칸 · 동고 15칸 · 서고 13칸 · 좌익랑 2칸 · 우익랑 2칸 · 행랑 3칸까지 총 8동 53칸이라는 기록이 그것이다.

다행한 것은 유정당 사진이 남아 있다는 것이다. 마산포 개항 후 각국 거류지 경매가 모두 다섯 차례 마산포 해관에서 진행되었는데 제2회 경매까지는 당시 마산포 해관으로 사용되던 마산창에서 진행하였고 제3회부터는 1901년 1월 1일 각국 공동조계지로 이전한 마산포 해관에서 진행되었다. 이 사진은 1900년 4월 30일 오후 2시 마산창에서 있었던 제2회 경매 때의 실경이다. 사진 중앙에 보이는 팔작지붕의 7칸 건물이 '유정당'이다. '마산포 각국 거류지 제2회 경

마산창 유정당(惟正堂. 1760년 건축)

매 정황에 관한 보고'라는 제목으로 일본 해군소속 군함 오시마(大嶋)호의 첩보주임 이쥬인 고(伊集院俊)가 1900년 5월 1일자로 작성한 보고서에 첨부되어 있으며, 미국 의회도서관에 소장되어 있다. 경매 중이라 차일을 쳐놓긴 했지만 조창 건물의 형태를 잘 알 수 있다. 이 외에 김의환의 논문 「조선을 둘러싼 근대 러일관계연구」(1968)에도 측면 모습이 잘 보이는 사진이 실려 있다.

부성(府城)에 이어 경상우도병마절도사영마저 떠나 조용한 포구로 돌아간 마산포가 도시적 맹아를 띠기 시작한 것은 마산창 설치 때문이다.

조운은 대동미의 수납과 운반을 통해 지역 간의 유통기능을 촉진시켰고, 이렇게 형성된 교통요충지나 화물의 집산지에는 자연스럽게 정기시장이 발달하였다. 마산포에도 그 영향이 나타났다. 또 하나의 이유는 조선 후기의 사회 변화다. 17·18세기에 전국적으로 인구가 크게 증가하면서 비농업 인구가 급증했고 이에 따라 자급자족적인 경제질서가 조금씩 무너지기 시작했다. 농민층이 분화되고 임노동자가 출현하는가 하면 농지가 없는 농민들과 자연재해로 인한 유민들이 도시로 모여들었다. 이런 변화가 마산포에도 영향을 미쳤다. 이 두 가지 조건, 즉 '조운제도의 사회경제적 기능'과 '조선조 후기에 발생한 봉건적 사회질서의 붕괴'가 마산포를 역사 속에 다시 등장하게 했다. 해로와 육로의 결절점이라는 지정학적 요인도 크게 작용하였다.

이와 같은 조건과 변화 속에서 마산창 부근에 인근 지역 관원들의 왕래가 잦아지고 객주와 강경 상인은 물론 각지의 상인들이 모여들었다. 이들이 지역 주민들과 왕래하자 자연스럽게 조창 주변에 민가가 들어서 동성·중성·오산·서성·성산·성호 등 6개리가 형성되었다. 현 마산 도시의 주심부에 위치한 이들 6개리는 쇠퇴하지 않고 계속 발달하였고 당시의 지명도 대부분 현재의 동명으로 사용되고 있다. 이것이 오늘날 마산이라는 도시의 시작이었다.

마산포의 번성함은 인구를 통해서도 잘 나타난다. 『호구총수』(1789)를 보면, 마산포를 중심으로 한 서면의 인구가 7,898명으로 이는 부내면(4,386명), 남면(6,059명), 북면(5,056명), 동면(6,053명) 등 창원의 다른 면에 비해 월등히 많았다. 마산포가 이처럼 새롭게 형성되자 새강(江)이라 불렀고, 예부터 있었던 현 산호동 해안의 오산진은 구강이라 불렀다.

조창과 더불어 발달하기 시작한 마산포는 중서부 경남의 대표적인 곡물 및 수산물 집산지로서 화폐경제와 함께 발달한 굴지의 시장이었다. 조운선 전용 선착장인 서굴강과 민간 전용인 동굴강을 중심으로 오산선창·어선창·백일세선창[7]·서성선창 등 4개의 선창을 가진 유수한 어항이었다. 선창은 어선과 상인들로 붐볐고 '일창원이강경'이라는 말이 있을 정도로 전국적으로 유명해졌으며 동해 원산, 서해 강경, 남해 마산이라고 하여 전국 3대 수산물 집산지로 명성이 높았다. 실제로 19세기 이후에는 동북산 어류가 원산포에 집하되었다가 마산포를 거쳐 은진과 강경까지 선운되는 등 동해안과 서해안을 연결하는 원격지 상업의 중개항구로 발전하여 경상도 시장

---

7 백일세선창의 백일세(百一税)란 수입의 백분의 일을 세금으로 납부하는 제도를 말한다.

권의 중심이 되었다. 1800년대 말에 이르러서는 선창에 객주가 130여 호에 달했으며 어물과 곡물을 실은 수백 척의 상선이 출입하여 해안에 빈 곳이 없을 정도로 상업이 발달했다. 그랬던 만큼 『만기요람(萬機要覽)』「재용편(財用篇)」에서는 전국 각 도에 모두 1,061개 향시 중 국내 최대의 장시 15개를 소개하면서 경상도에 있는 276개 향시 중 최대 장시로 창원 마산포장 하나만 기록하고 있다.

규모가 작은 장시는 장이 서는 날만 사람이 북적였지만 규모가 좀 커지면 도매거래와 금전대부업을 주로 하는 객주들의 상설점포가 생기고 속칭 도가(都家)라 불렸던 동종 상인들의 집회소가 생겼다. 또한 평일에도 시장을 찾는 사람들에게 음식과 잠자리를 제공하는 주막도 장터 주위에 생기면서 5일장이었지만 적지 않은 상설점포들이 자리를 잡았다. 마산포의 장시도 이처럼 상설시장으로 변해 갔다. 또한 마산포 객주들은 각종 수산식품들을 취급하거나 숙박·창고·운반업 등을 하기도 하고 영세어민들에게 대부를 하거나 어음을 발행하는 일종의 금융업도 하면서 상당한 정도의 상업자본을 축적해 나갔다. 마산포가 이처럼 큰 상권을 형성하게 되자 19세기 후반에 이르러 일본 상인들도 진출했다.

갑오경장(1894) 다음해 지세를 현물에서 금납으로 개정함에 따라 마산포의 조운 기능은 자연히 소멸되었다. 그러나 부산포·마산포와 낙동강 근해 상업에 종사하는 토착민의 선박이 3백여 척에 이르는 등 마산포의 해상유통활동은 조운기능과 상관없이 계속 활발히 전개되었다.

이처럼 어시장을 중심으로 한 마산포의 상권은 활발했지만 항만은 천연의 지형을 그대로 이용하였다. 인위적 시설이라고는 초보적 공법으로 만들어진 석축돌제 등 원시적 접안시설뿐이었다. 또한 마산포의 번성함에 비해 이곳을 약간 벗어난 곳들, 즉 자산동에서 남쪽으로 이어진 현재의 신마산 방면과 북쪽 일대는 작은 동리들과 그에 속한 농토로 이루어져 아직 농경사회를 벗어나지 못하고 있었다.

3. 개항

1) 개항기의 정황

제국주의의 개항 압력에도 불구하고 쇄국정책을 견지한 조선은 19세기 중엽에 후발자본주의 국가인 일본에 의하여 강제로 개항되

율구미 주재 러시아 사관 및 부영사 가족

었다. 침략적 성격을 띤 강화도조약은 1876년 10월 부산 개항을 낳았고, 이어서 1882년 미국과의 조미조약을 시작으로 열강들의 진출이 본격화되었다. 서구적 질서에 대한 제도적 결합이라는 점에서 한국사는 이른바 개항 이전의 질서와 개항 이후의 질서라는 두 역사단계로 구분된다. 개항 이전을 전통사회로, 개항 이후는 근대사회로 규정함으로써 개항 이후의 역사단계를 근대사라고 부른다.

마산에서의 러·일 각축은 직접적이고 적극적이었다. 이미 제정러시아 대장성에서 1900년에 발행한 『조선에 관한 기술(記述)』에서 '마산포와 군산을 일찍이 영국에서도 장래성 있는 항구라고 평가하였다'고 했다. 또한 군산만은 자연적인 조건이 편리하지 못한데 반해 마산포는 그렇지 않다면서 마산항의 상업성과 입지를 극찬하고 그들이 일본보다 마산항을 선점해야 하는 당위성까지 설명하였다. 이처럼 마산이 개항된 배경에는 19세기말 제국주의의 식민지정책 속에 잠복하고 있던 러시아의 인식이 바탕에 깔려 있었다. 결국 마

율구미 주재
러시아군 체조장의
사관 및 수병

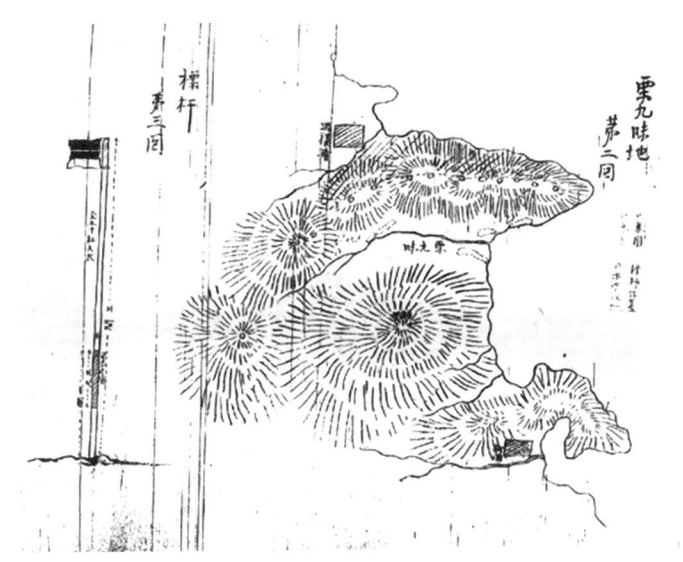
율구미 러시아 토지 경계 표시도 (왼쪽에 표간의 형태가 그려져 있다)

산의 개항은 러시아의 남하정책과 일본의 대륙정책이 작용하였으며 이에 영국 등이 부분적으로 가세했던 것이다.

러시아와 일본이 마산포를 놓고 치열한 각축을 벌이는 과정에서 실제 러시아는 율구미에 약간의 군사시설을 설치하고 군대까지 주둔시키기도 했다. 그 과정에서 러시아의 주 조선공사 파블로프 일행이 개항 나흘 뒤인 1899년 5월 5일 만추리아 호를 타고 마산포에 왔다. 그들은 대한제국의 관리와 토지소유주를 만나지도 못한 상태에서 자복봉 능선[8]을 따라 30여만 평의 토지에 표석 500본, 표목 500본으로 표식을 하고 러시아의 깃발이 달린 5.4m의 표간(標杆·

---

8 현 마린애시앙 부영아파트의 남쪽, 즉 MBC경남의 송신탑이 있던 이시미곶 능선을 말한다. 이 지역 일대를 율구미라고 부른다.

표목)을 자복포 배후의 구릉 상단과 가포 인접 해안에 각각 12개씩 을 세웠다. 그림 〈율구미 러시아 토지 경계 표시도〉에 잘 나타나 있다.

　이러한 러시아의 저돌적인 행위는 일본을 크게 자극시켰다. 일본은 마산포의 상황을 일일이 본국 정부에 보고하면서 마산포를 선점하기 위해 노력하였다. 이처럼 마산포를 놓고 벌어진 러시아와 일본 사이의 다툼은 결국 마산포사건과 양국 단독조계 추진이라는 결과로 나타났다. 하지만 러시아 단독조계는 러일전쟁 패배로 자연스럽게 사라지고 말았으며 일본의 단독조계 역시 끝내 실현되지는 않았다.

　『오스트리아-헝가리제국 외교보고서』에 나타나는 문건을 보면 마산포로 진출할 의사를 가진 나라는 러시아와 일본, 영국뿐 아니라 프랑스도 있었다. 석탄하역장과 해군병원의 부지로 사용하기 위해 마산포 부근에 진출을 원했던 것으로 보인다. 동경에 체류하던 오스트리아·헝가리제국 외교관의 외교보고서 일부이다.

No 65
1901년 9월 17일, 동경
조선에서의 프랑스와 러시아

존경하는 백작 각하! 제가 이미 이전의 보고에서 자주 말씀드렸던 바, 조선 내에서의 프랑스의 활동은 일본신문에 계속 표제화되고 있습니다. (…) 신문들에 의하면 이전의 러시아와 마찬가지로 이제 프랑스도 석탄하역장과 해군병원의 부지로 사용하기 위해 마산포 부근에 위치한 작은 항구를 양도해 줄 것을 원하고 있다는 것입니다. (…)   암브로

2) 개항

마산포는 군산·성진과 함께 1899년 5월 1일 개항되었다. 개항에 앞서 1898년 5월 26일 창원군수를 창원감리서리로 겸무토록 하고 마산포에 남아 있던 구 조창전운사아문을 감리서아문으로 전환하여 신임 감리서리에게 1년 이내에 개항준비를 마치도록 명령하였다. 대한제국 정부는 해관측량사를 마산포에 파견하여 5월부터 8월까지 측량을 마치게 하였다.

외부대신의 명령을 받은 창원감리는 곧바로 창원군 외서면의 해

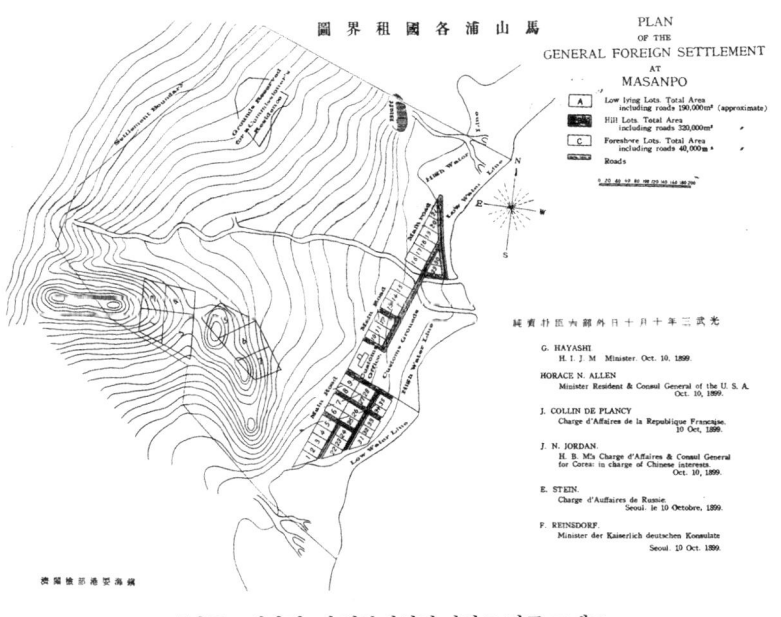

「각국조계장정」에 첨부되었던 마산포 각국 조계도

안인 신월리와 월영리 일대의 토지 13만 8,880평을 구획하여 각국 공동조계지로 정하고 이를 1899년 5월 1일 각국 대표자인 이탈리아인 부산세관장 스카글리오티(A. Scagliotti)에게 인도함으로써 마산포가 개항되었다. 각국 대표자인 스카글리오티는 대한제국 정부로부터 마산 각국 공동조계지를 인도받은 뒤, 곧바로 창원감리서의 별방(마산창의 한 건물)에 부산세관 마산출장소를 설치하였다. 출장소 주임으로는 독일인 아르노우스(Arnous), 보조로는 일본인 관세사 후지모토 쇼타로(藤本鍾太郎)와 다카하시 가키치(高橋嘉吉)를 임명하여 조계지 구획업무를 보게 하였다. 조계지 설계는 인천·목포·군산 등 6개 개항지의 조계계획을 맡았던 네덜란드인 스태든이 맡았다. 이에 일본정부는 5월 22일 부산의 일본영사관 마산분관을 설치하고 외무서기생(外務書記生) 가와카미 다츠이치로(川上立一郎)에게 분관 주임사무를 대행케 하였다. 부산 주재 일본영사관은 러시아에 대한 견제와 일본정책을 철저하게 수행하기 위해 순사부장과 한 명의 순사까지 파견하기도 했다.

각국 공동조계지로 구획된 토지는 제1등지(갑지구·A지구·Low Lying Lots·저지구), 제2등지(을지구·B지구·Hill Lots·산지구·고지구), 제3등지(병지구·C지구·Foreshore Lots·해변지구)의 3종으로 구분하였다. 그리고 공동조계지의 경계선에 '마산포 각국조계'라고 음각한 경계표석을 경계선 양단의 만조점과 구역 경계선이 꺾어지는 지점마다 세움으로써 마산 개항이 실질적으로 시작되었다. 하지만 각국 공동조계는 이후 국가 간 세력이 재편되면서 사실상 일본의 전관거류지처럼 되어 버리고 말았다.

3) 개항 때의 도시 상황

개항 이후의 도시 변화를 알기 위해 1899년 개항 당시 마산의 도시 상황에 대한 여러 기록들을 종합·정리하였다.

1. 마산포는 자연발생 취락으로서 현 남성동 일대에 삼각형 모양의 시가지를 이루며 형성되어 있었고, 동·서 2개의 굴강과 서성선창·백일세선창·어선창·오산선창 등 4개의 유수한 선창을 가지고 있었다.
2. 마산포는 마산창을 중심으로 2천여 호의 한옥이 조밀하게 들어서 있었으며 노변에는 상점이 있었다. 노변에서 떨어진 안쪽은 대부분 주거용 건물이었으며, 해면에 접한 도로변이 번성하였다.
3. 마산포의 도로는 보행전용 혹은 손수레나 지게 정도의 통행이 가능한 폭 2m 가량의 좁은 길이 거미줄처럼 얽혀 있었다.
4. 마산포를 약간 벗어난 지역, 즉 남쪽으로 지금의 신마산 방면과 북쪽으로 양덕동 방면은 민가가 산재한 경작지로 농경사회의 모습을 띠고 있었다. 취락은 해안 쪽에 현재의 산호동(당시 오산리)과 봉임동 일대, 내륙에는 월영·신월·완월·자산·성호·교방·상남·회원·석전·회성·양덕·합성지역에 자리 잡고 있었다.
5. 외부와 연결되는 도로는 크게 세 개가 있었다. 마산포를 기준해 북쪽 방향으로 현 양덕동을 거쳐 창원을 경유하여 부산으로 가는 창원가도와 남쪽으로 도립의료원을 지나(도립의료원

본관과 장례식장 사이의 길) 월영리와 삼진지역을 거쳐 진주로 가는 진주가도, 그리고 칠원·창녕·현풍·성주를 거쳐 서울로 가는 길 등이다. 진주 방향에서 볼 때 마산포의 입구라고 볼 수 있는 현 몽고정 부근에 '천하대장군'과 '지하여장군'이라고 쓴 장승이 여러 개 서 있었다.

6. 해안선은 천연의 형태 그대로였으며 해안에는 최단 70m에서 최장 200여m가 넘는 간석지가 있어서 전 해안에 걸쳐 매립하기에 용이한 조건을 갖추고 있었다. 특히 당시 창원군이었던 봉암지역 앞에는 남쪽 방향으로 최장 약 1km나 되는 간석지를 끼고 있었다.

다음은 1908년 일본인 다부치 도모히코(田淵友彦)가 쓰고 박문관(博文館)에서 펴낸 『한국신지리』에 수록된 마산 관련 내용이다.

한인가(마산포를 뜻함)는 마산만 안쪽의 북쪽에 각국 거류지로부터 20여 정(丁, 109.1m)에 있으며 구마산이라고도 칭한다. 수천여 호에 인구가 약 4,500에 이르는데 옛날 조공미를 모은 집산지로서 함경도의 원산, 충청도의 강경과 더불어 팔도 3대 항구 중 하나로 일컬어 온 곳으로서 경상남도에서는 시가(市街)로서 제3위를 점한다.

마산 개항 당시에는 일본 상인들이 모두 여기에서 조선인들과 혼거하여 살았다. 또한 본 항(港) 무역의 대부분을 점하고 있는 미곡은 가을과 겨울, 출하의 계절에 오직 이곳에서 모든 것이 이루어지므로 일본인들도 여기서 거주하는 사람이 많은데 1904년 6월 현재 호수는 42호이고 남자 89명·여자 56명이다.

구마산의 개시일(開市日)은 매월 3회로 5일·15일·25일에 열리는데 장날에는 부근 10리 내지 20리 떨어진 지역으로부터 주민들이 모인다. 특히 쌀이 출하되는 계절에는 조선화폐 취급고가 5만 관 이상 달하기도 한다.

구마산은 또한 어류집산지로서 염장어를 위시하여 해삼·명태 등의 건어물을 취급하는 상점이 20여 호이며 매년 취급고가 수십만 원까지 오른다. 어류는 일본어선 및 한국어선으로 공급하고 판로는 경상도·전라도로부터 충청도 방면까지 이른다.

일본인 중에서 구마산에 일본어 학교를 열어 한국인 자제의 교육에 착수한 사람이 있다. 현재 학생이 수십 명에 달하며 점차 발전하고 있다.

추산정(17~18세기 건축)

이 시기 마산포 사람들을 하나로 묶어준 두 건축물이 있었다. 하나는 추산정이다. 현 시립추산어린이집 앞(추산동 41-6번지 일대)에 서 있었다. 17~18세기경 건축한 것으로 추정되는 목조 단층건물이었다. 주위에 고목이 무성했고, 대청에 서면 마산만이 훤히 내다보였다. 공기 좋고 경치도 좋아 여름에는 피서객들이 모였고, 봄가을에는 시회장과 활터로도 사용됐다. 식민지 시대에는 민족혼을 일깨웠던 상징적인 건물이었다. 마산의 3·1운동도 추산정 활터에서 시작됐다.

다른 하나는 교방동 관해정이었다. 대청에 앉으면 마산 앞바다가 보인다고 이름 붙인 정자이다. 강원도 간성, 전라도 고흥, 충청도 비인 등에도 관해정이 있었지만 전국에서 가장 이름이 높은 곳은 이곳 마산의 관해정이다. 한강 정구(1543-1620) 선생이 이곳 경치를 사랑하였고 선현의 유적을 경모하여 오가면서 즐기던 자리에 제자들이

관해정(17세기 초 건축)

뒷날 스승을 기리며 임진왜란 후 지은 정사(情舍)로 그 이름을 취백당(聚白堂)이라 불렀다. 정구 선생 만년에 병을 다스리며 잠시 머물기도 했다. 후에 창원 사림에서 이곳에 회원서원을 세웠는데, 이때부터 관해정 앞 계곡을 '서원곡'이라 불렀다. 회원서원은 흥선대원군의 서원철폐령으로 훼철되고 관해정만 지금까지 남아 있다. 관해정 앞 노거수 은행나무는 정구 선생이 직접 심은 것으로 알려져 있다.

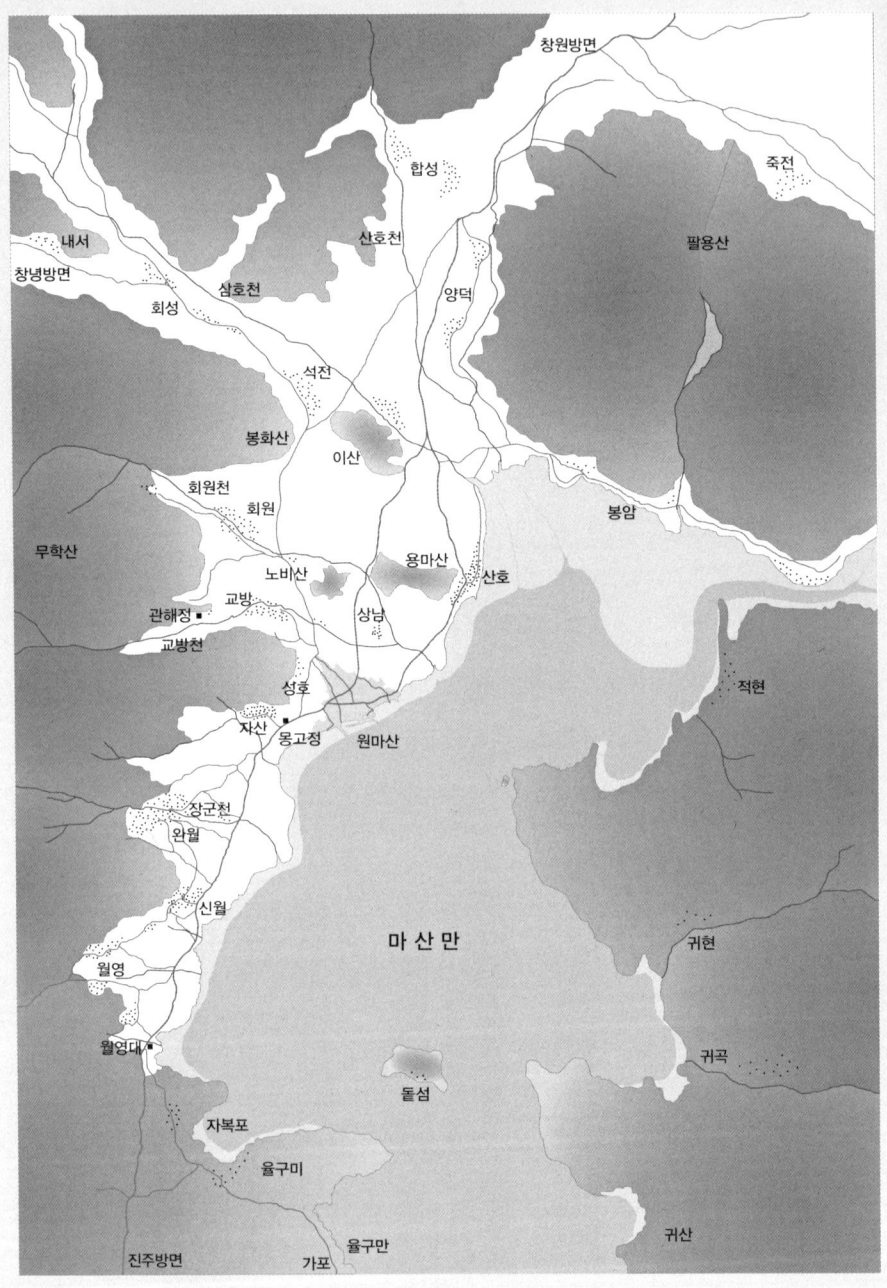

1899년 마산

II.
개항기, 1899~1910

 1876년 최초의 개항[9]부터 1910년 경술국치까지 34년 간은 기존의 모든 질서가 새롭게 재편되는 시기였다. 도시도 마찬가지였다. 신도시가 생기고 도시 규모가 커진 곳도 있었지만 쇠퇴되거나 정체된 도시도 많았다. 커진 도시는 마산을 비롯한 개항장이 대부분이었고, 쇠퇴한 곳은 행정 중심의 전래도시들이 많았다.
 1905년 을사늑약으로 한반도를 장악한 일제는 식민 지배를 위해 본격적인 기반구축사업을 추진하였다. 철도는 1899년 경의선 일부 개통을 시작으로 1905년 경부선과 마산선, 1906년 경의선과 경인선, 1910년에는 평남선까지 설치하였다. 간선도로는 1907년부터 1910년까지 진남포-평양을 위시한 14개 노선 총연장 2천여 km를 뚫

---

[9] 조선은 1876년 체결한 '강화도 조약'에 따라 부산(1876), 원산(1880), 인천(1883) 등 세 개의 항구를 차례로 개항하였다.

었다. 그런가 하면 1906년경부터 부산·인천·진남포·원산·청진·목포·신의주·성진·마산 등 여러 개항장에는 항만개축과 세관 설비공사를 실시하였다.

1. 신마산의 형성과 도시 상황

각국 공동조계지는 사람도 집도 말도 글도 모두 일본이었다. '각국 공동'이라 했지만, 러일전쟁을 기점으로 한반도 전체가 사실상 일본 것이었다. 일본인들은 개항지인 각국 공동조계지를 '자신들이 건설한 새로운 마산'이라며 '신마산'이라 불렀다. '마산'이라고도 했다. 반면 한국인들의 도시 마산포는 '구마산'이라 불렀다. 오래되어 낡았다는 의미였다. 마산포의 한국 사람들은 이를 못마땅해 했다. 하지만 지배자와 피지배자 관계였다. 일제강점기 내내 그렇게 불리었고, 그 관습이 지금까지 내려왔다. 신·구 속에 담긴 뜻은 오래전에 퇴색되었지만 지명은 아직 살아남아 있다. 이 책에서는 일본인들이 불렀던 구마산을 옛 지명 그대로 '마산포' 혹은 '원마산'이라고 부르겠다. 원마산은 이곳이 원래 마산이라는 의미로 유장근(전 경남대 사학과 교수 1952~2022)이 최초로 사용하였다.

1899년 개항으로 도시개발이 시작되기 전의 신마산 지역은 B. L 심슨이 촬영한 사진[10]에서 잘 볼 수 있다. 동쪽 마산만 해변으로 내

---

[10] 이 사진은 박영주 지역사학자가 발견하였다. 1905년 뉴욕과 런던에서 출판된 『The Re-Shaping of the Far East, Vol. 2, by B. L. Putnam Weale』에 수록되

1900년경 신마산 일대 전경(B. L. 심슨 촬영)

려가는 옅은 경사지의 논밭 사이에 군데군데 건물들이 들어서 있던 한가롭고 평범한 농어촌이었다. 앞바다는 내수면처럼 잔잔했고 토질·수질·기온까지 사람살기에 적당한 천혜의 땅이었다. 월영리와 신월리에 취락이 제법 있었지만 해안과는 좀 떨어져 있었다.

일본군의 마산 진출은 1905년 5월 마산선 철도가 건설될 때 시작되었다. 그리고 4년 뒤인 1909년 7월 육군중포병대대가 월영동(전 국군통합병원 자리, 현 월영마을아파트 단지)에 자리를 잡았다. 마산선 철도는 1902년 박기종이 설립한 영남지선철도회사가 1904년 1월에 착공한 마산과 삼랑진 간의 철도였다. 이를 일본 군부가 러일전쟁을 빌미로 사업권을 강제로 접수했다. 1905년 5월 25일 군용선으

어 있다. Wikipedia에 의하면 B. L. Putnam Weale의 본명은 Bertram Lenox Simpson(1877 - 1930)이며 중국에 진주한 영국군의 통역사를 거쳐 언론인 및 저술가로 활동하였다.

로 개통했다가 그해 11월 1일부터는 민간인도 사용할 수 있도록 했다. 마산선 철도의 종착역이기도한 마산역은 일본인들이 사용하기에 편리하도록 조계지 가까운 곳에 설치하였다. 마산역 설치와 때를 같이해 마산역과 가까운 거류지는 물론 원마산까지 대대적인 건축공사가 일어나 여관방은 빈 곳이 없을 정도였다. 마산역 개설 5년 후인 1910년 7월 5일에는 원마산(마산포) 쪽에도 구마산역(현 3·15대로 6호광장 자리)을 개설하였다. 경부선과 같은 해 개통된 이 철도로 인해 마산은 일본과 한반도 내륙을 연결시키는 결절점이 되어 도시화가 급속히 진행되었다.

철도 개통 다음해인 1906년 메이지 정부의 권력자였던 다나카 미츠아키(田中光顯)가 한국황실 위문대사로 내한했을 때 통감 이토 히로부미와 마산 완월리 토지 35만 평을 100년간 임차하기로 계약하였다. 마산에 살고 있던 자신의 양아들 다나카 손(田中遜)에게 주기 위해서였다. 장군동 장장군묘 인근 일대의 이 토지를 다나카 손은 농장으로 가꾸고 '겟포엔(月浦園)'이라 불렀다.

개항 직후부터 마산항은 일본과의 수출입이 활발했다. 국내 다른 개항장에 비해 물동량은 작았지만 각종 선진제품들이 수입되고 철제 기선도 정박하였다. 수출은 주로 곡류들이었고 수입품은 생활용품 등 소모품이었는데 수입액이 수출액보다 적게는 두 배, 많게는 네댓 배까지 되었다. 수입품들은 주로 오사카(大阪)와 도쿄(東京)에서 생산된 것들이었다.

마산 최초의 회사는 모두 일본인에 의한 것들이었다. 김예슬의 논문에 의하면 따르면 1905년 6월에 설립한 권업사(勸業社, 수성동)

가 최초였고, 이어서 1906년 6월 마산수산주식회사(창포동, 다른 기록에는 1905년), 1908년 6월 마산금융주식회사(추산동, 다른 기록에는 1906년)가 설립되었다. 이들은 모두 회사 설립과 관련한 공식기록에 의한 것들이기 때문에 기록이 없는 개인사업장이 빠져 있으며, 설령 회사이더라도 사실상 영업활동을 시작한 시기와는 약간의 차이가 있을 수도 있다. 권업사와 마산금융주식회사를 원마산에 설립한 것은 신마산보다 활발했던 원마산의 상권 때문이었을 것으로 추정된다.

개항 후 마산의 일본인들은 다양한 사업을 펼쳤다. 금융업도 시작되었다. 1905년 12월 25일 개설한 일본제일은행 마산출장소는 1907년 현 마산합포구 월남동 월남성당 자리에 건물을 신축하였다. 마산금융주식회사, 진주농공은행 마산출장소, 창원지방금융조합도 이 시기에 개설되었다. 사채업자도 약 20인이 있었으며 전당포 10여 개소도 영업을 시작하였다. 보험업도 번성하여 1905년부터 1910년까지 개설한 보험회사가 11개소나 되었다.

마산역 앞 광장(현 월포벽산블루밍아파트 일대)

마산수산주식회사는 창포동 3가에서 주로 일본인을 상대로 한 생수산물 판매장이었으며 1910년 9월에는 청과를 파는 대규모 매장을 개설하기도 했다. 목재상이 10개소 있었는데 모두 신마산에 소재하고 있었던 반면 13개소나 되는 석유상들 중 11개소는 원마산에 있었다. 업주가 대부분 일본인이었음에도 원마산에 모였던 까닭은 선박의 양과 생활필수품 판매량이 신마산보다 월등히 많았기 때문이었다. 마산의 대표적 산업이었던 양조업은 1904년 1월 일본인 아즈마 츄유(東忠勇)에 의해 세워진 아즈마(東)양조장을 필두로 신마산 곳곳에 세워지기 시작했다.

일본인들의 이주와 정착으로 이 시기 조계지에는 주택임대업을 위한 임대주택 건설이 많았다. 이로 인해 건설 관련 업체들이 속속 자리 잡기 시작해 1910년경에는 17명의 토목건축 청부업자가 있었다. 전문 건설업체도 많아 1909년에는 미장업이 35명, 목공업이 40명 정도로 조합까지 구성하고 있었다.

개항 이후 하루가 다르게 밀려오는 외국자본의 경제 침식에 맞서 지역의 상권을 지키기 위해 전국 개항장에는 상인단체들이 조직되기 시작했다. 마산도 1900년 5월 마산포 객주를 중심으로 마산상호회가 조직되었다. 원산(1882)·한성(1884)·부산(1889)·인천(1896)·목포(1898)에 이어 여섯 번째였다. 마산상호회는 당시 마산포 시장의 주도권을 잡고 있던 객주들로 구성된 자주적인 상권단체였으며 민족의식이 강했다. 1906년 조선인상업회의소로 바꾸어 운영하다가 경술국치 이후 일제의 압력 때문에 1914년 8월 28일 해산총회를 가졌다. 이때 운영비 잔액 500원을 민족학교였던 사립창신학교의 육영사업비로 기증하였다. 현재 창원시 상공회의소는 마산상호회의 설립연도인 1900년을 창립연도로 기념하고 있다. 그런가 하면 1908년 5월에는 다나카 손 외 29명이 발기하여 일본인만 참여하는 마산상업회의소를 창립하였다.

개항과 함께 일본의 종교도 마산에 들어왔다. 1902년 정토종 포교소가 설치되었고 이어서 서본원사 출장소(1903. 3.), 진언종 풍산파 마산포교소(1908. 8.), 일련종(1909. 3.), 조동종 포교소(1909. 8.), 천리교 마산포교소(1910. 4.) 등이 세워져 일본인을 상대로 포교하면서 한국인에게로 세력을 넓혀 갔다.

근대식 교육기관도 이 시기에 생겼다. 마산 최초의 학교이자 한국인들이 다녔던 현재의 성호초등학교가 마산공립소학교란 이름으로 1901년 4월 개교하였다. 창원군에 있던 소학교가 마산으로 이전해 개설한 학교였다. 양계 등 농축산 기술을 가르친 간이실업학교를 부설로 두기도 했다. 마산공립소학교는 1904년 지방 유지들의 성금 2,000여 원으로 교사(校舍)를 지었고, 후에 마산공립보통학교-마산성호공립심상소학교-마산성호공립국민학교 등으로 개명되었

마산심상고등소학교(현 월영초등학교 자리)

으며 간이실업학교는 1920년경 폐쇄되었다. 일본인을 위한 최초의 교육기관은 1904년 1월 조계지 남쪽 하마마치(濱町) 3정목(창포동 3가) 해안의 한옥을 빌려 개교한 일본인소학교였는데 1904년 6월 공립마산심상소학교가 되었다. 1906년 9월 마산심상고등소학교로 바뀌자 혼마치 5정목(월남동 5가) 러시아인 소유 건물로 이전하였다가 1907년 10월 현 월영초등학교 자리로 이전하였다. 당시 통감부 철도관리국 마산임시건설부 소유의 땅과 건물이었다. 다음해인 1908년 2월 11일 기원절(일본건국기념일)을 기해 새 교사 준공식을 거행하였다. 후에 원마산에 거주하는 일본인 자녀 1~3학년의 통학 편의를 위해 현 무학초등학교 자리에 분교를 둔다. 마산심상고등소학교의 고등과가 훗날 공립마산중학교(현 마산중 및 마산고)로 병합된다.

공립이었던 위 두 학교 외에 1906년 5월, 당시의 마산포교회(현 문창교회)가 독서숙을 설립하였다. 이 독서숙은 1908년부터 '창신'이

상남동 사립창신학교(현 제일문창교회 자리)

라는 교명을 사용하였다. 창신학교는 1909년 8월 사립학교령에 의해 초등과정의 정규학교로 인가를 받았으며 남녀공학이었다. 선교사의 도움과 마산 지역 유지들의 지원으로 1909년 상남동 87번지(현 제일문창교회 자리)에 서양식 교사를 건축하였다.

이런 공식적인 교육기관 외에 원마산 주민 스스로 교육기관을 만들기도 했는데 바로 1907년 7월 10일 국내 최초로 개교한 '마산노동야학'이었다. 원동상회(원동무역주식회사의 전신) 대표인 민족자본가 옥기환의 주도로 설립된 이 학교는 남성동 69번지에 있는 창고를 수리하여 1년 과정으로 한국어·일본어·산술·한문 등을 무료로 가르쳤다. 노동야학 학생들은 주로 선창 어물상의 고용원이거나 공장노동자·농민·도시빈민의 자식들이었다. 교사는 창신학교 교사와 청년지식인 및 보통학교 졸업생들이었는데 무보수였으며 교육방침은 민중의 각성과 계몽이었다.

전국에서 인력거를 가장 먼저 공식 교통기구로 인정하여 운행한 곳이 마산이었다. 마산이사청은 〈인력차영업취체규칙〉을 제정하여 1908년 5월 22일부터 시행하였다. 서울과 경기도 일원은 같은 해 8월 15일부터 시행하였다. 인력거에 대한 규정이 이처럼 빨리 만들어진 이유는 신마산과 원마산이라는 두 도시의 공간적 조건 때문이었다.

1907년 봄, 야나기마치(柳町, 신창동)에 일본식 목조 2층 회전무대식 극장 마루니시자(丸西座)가 건립되었다. 비단 장막이 걸린 일본 전통연극 전용극장이었으며 규모는 크지 않았다. 일본인들을 위한 연설회, 활동사진회 등 각종 행사에 이용되어 매일같이 붐볐다.

최초의 병원은 1904년 가을 창포동 3가에 도쿠나가 고이치(德永
즘一)가 시작한 사립마산병원이다. 이 병원이 훗날 도립마산병원이
된다. 당시 국내에 대학 의학부 출신 의사는 경성, 부산, 마산뿐이었
다.

신문도 이 시기에 나타났다. 최초의 신문은 1905년 스미다 마사
요시(隅田政吉)가 히로시 세이조(弘淸三)의 자본으로 활자와 인쇄기
등을 구입하여 월 6회 발행한 마산시보였지만 1906년 말 폐간되었
다. 1908년 10월 1일에는 도리고에 엔지로(鳥越圓次郎)가 마산신보
를 발간하였으나 경영난으로 경성일보사에 매각된 뒤 남선일보로
개명되었다.

한편 을사늑약으로 이미 국권을 상실한 대한제국의 융희 황제(순
종)가 1909년 1월 10일 오전에 통감 이토 히로부미(伊藤博文), 총리
대신 이완용 등과 함께 마산을 순행했다. 부산에서 철도를 이용해
도착한 융희 황제는 마산이사청 건물(현 경남대학교 평생교육원 자리)

순종의 마산 순행(당시 마산경찰서, 현 문화동 행정복지센터 앞)

마산신사 개관 행사(1909. 3.)

을 행재소로 삼았는데 황제의 방문 때 환영 인파가 쇄도했다. 황제는 통술거리라고 불리는 문화북1길을 지났다. 정식 명칭은 교마치(京町)였지만 일본인들이 '마산의 긴자(銀座)'라 불렀던 거리다. '韓帝陛下御南巡歡迎大松門(한제폐하어남순환영대송문)'이라 크게 써 붙인 환영문과 태극기가 완월교, 지금의 깡통집 앞에 세워졌다. 다리 아래로는 신월천이 흐르고 있었다. 방문 첫날 오후에는 마산포에 있던 창원부청(마산창 건물)으로 이동하여 원마산 한국인들을 소견하였고 둘째 날은 신마산 부두로 나가 일본 해군 함정의 관함식을 가졌다.

융희 황제 방문 직후인 1909년 3월 일본인들의 신사가 현 제일여고 자리에 들어섰고, 같은 해 10월 6일에는 동양척식주식회사 마산출장소가 수성동에 설치되는 등 마산은 본격적인 식민도시의 길을 걷게 된다.

개항 당시 각국 거류지에는 러시아 · 일본 영사관과 민간인 건물

1910년경 마산 어시장(『한국수산지』)

몇 채만 있었을 뿐 대부분의 일본인들은 마산포에 살고 있었다. 경술국치 전이었지만 이미 식민 지배를 위한 관아와 교육·금융시설을 비롯하여 요정·상점 등의 상업용 시설들이 일본인에 의해 들어섰으며 이밖에 종교시설과 교육시설이 지어졌다. 이 건물들은 대부분이 의양풍 혹은 일본식의 단층 건물이었다.

한편 이 시기 원마산은 인가가 조밀하고 상점이 번화했고 2천여 호의 한식가옥이 들어서 있었는데 상가는 주로 해변에 있었다. 아쉽지만 당시의 원마산 도시 상황을 시각적으로 확인할 수 있는 자료는 찾기 어렵다. 이런 사정이기 때문에 당시의 원마산 도시 사정을 일편이나마 알 수 있는『한국수산지』의 두 사진은 사료적 가치가 크다. 이 책의 간행연도가 1910년이니만큼 이 사진의 촬영 시기는 그 직전 시기였을 터이다.

원마산의 건축물 중 규모가 크고 특징 있는 건축물은 옛 시민극장 부지에 서 있던 마산민의소 공회당이었다. 마산민의소는 1908년 마산의 상공인들이 상권 수호와 자주·자치를 주창하며 설립한 자생조직으로 마산상호회 회원들이 주축이었다. 민의소 공회당에 대한 상세한 기록은 없지만 '대지 200평에 기와지붕을 얹은 단층 건물이었으며 강당에는 150명이 앉을 수 있었고 마당에는 300명이 설 수 있었으며 숙직실 및 부속건물이 있었다. 1908년 서울 종로에 지은 황성YMCA(현 서울YMCA) 강당에 버금가는 공회당'이라고 했던 건물이었다. 당시 황성YMCA 강당은 전국에서 가장 큰 집회시설이어서 황현이『매천야록』에서 '마치 산과 같았다'고 했던 건물이다. 그런 건물에다 비겼으니 마산민의소 공회당 건물도 대단했음을 알 수 있다. 더 자세한 기록이나 사진이 남아 있지 않아 아쉽다.

그런가 하면 원마산의 중심부인 현 SC제일은행 마산지점 자리에는 사각형의 1천 5백여 평 부지에 1760년부터 존속해 온 마산창이 개항과 함께 용도를 달리하여 자리 잡고 있었다. 마산창 주변은 좁은 길가에 잡화상과 미곡상 등이 줄지어 있었으며 주위에 공덕비를

고토 분지로가 촬영한 1901년 산호동 해안 일대(우측 섬이 돝섬)

비롯한 석물이 많이 서 있었다. 일본인들이 이곳을 이시무라(石町, 현 창동)라고 부른 까닭이 아닌가 싶다. 1898년부터 마산창 내에 마산포 우편물취급소가 설치된 후 1909년경에는 구마산우편소로 개칭되어 사용되고 있었다. 을사늑약 후 일본인들의 마산 이주가 본격화되면서 원마산에도 일본인들의 건축물이 늘어났으며 진출하는 인구 수도 상당해졌다.

원마산 시가지를 벗어나면 한적한 논밭이었다. 1901년 일본 지질학자 고토 분지로(小藤文次郎)가 용마산에서 촬영한 사진[11]을 보면 교방천 하류인 오동교 아랫부분(삼각형으로 튀어 나온 부분)과 산호동

---

11 사진의 출처는 「동경대학학술기관リポジトリhttps://repository.dl.itc.u-tokyo.ac.jp/」이다. 박영주 지역사학자가 발견하였다. 이 사진은 고토 분지로(小藤文次郎)가 1901년 1월 24일 부산을 출발하여 김해와 창원을 거쳐 1월 말경 마산포에 도착했을 때의 것이다. 그는 마산과 창원 지역뿐 아니라 부산·경주 등 경상 분지에 널리 분포하는 특정의 화강암을 '마산암'이라 이름 붙였고 지금도 학술용어로 통용되고 있다.

마산이사청(현 경남대 평생교육원 자리, 1908)

일대가 잘 나타난다. 돝섬과 삼귀 해안이 뚜렷이 보이고 그 뒤로 구산면과 멀리 거제까지 어렴풋이 보인다. 오동교 인근과 산호동에는 해안과 논밭만 있을 뿐 인공의 손이 전혀 닿지 않은 자연 그대로의 모습이다. 이처럼 신마산과 원마산의 번잡함과 달리 외곽지는 큰 변화가 없었다.

    이 시기에 건축된 대표적인 공공건축은 일본·러시아의 영사관(대내동, 1900), 우편국(월남동 4가, 1902), 마산공립보통학교(성호동, 1904), 마산역(중앙동, 1905), 심상고등소학교(중앙동, 1908), 이사청(대내동, 1908), 육군중포병대대(월영농, 1909), 마산신사(문화동, 1909) 등이며, 민간건축은 마산수산주식회사 판매장(창포동 3가, 1905), 제일은행출장소(월남동 3가, 1907), 마루니시자(신창동, 1907), 니시다주조장(홍문동, 1907), 마산민의소 공회당(창동, 1908), 망월루(두월동 2가, 1908), 창신학교(상남동, 1909) 등이다. 현존하는 건축물은 없다.

2. 일본인의 이주와 정(町)·리(里) 확정

1) 일본인의 이주

19세기 후반부터 시작된 일본인의 한반도 이주는 4단계로 구분한다. 1단계는 개항 직후의 이주로 외교관 및 그에 따른 공관 직원과 그 가족들이 대부분이다. 일확천금을 꿈꾸며 들어온 상인과 모리배도 일부 있었다. 개항 초기 마산으로 이주해 온 일본인들은 대부분 여기에 해당된다. 2단계는 청일전쟁과 러일전쟁의 붐을 타고 입국한 이들인데 조약상으로 정해진 개항장을 벗어난 지역에서도 전쟁을 빙자하여 활동하였다. 이민정책과 침략정책이 병행되었던 시기로 한국이주가 본격적으로 시작된 시기이다. 3단계는 을사늑약 이후로 일본인 이주가 급증한 시기다. 이미 일본은 청·러 세력을 몰아낸 후였고 통감부의 이민정책이 본격화되었기 때문에 개항지를 중심으로 급격히 이루어졌다. 마산도 이 시기에 일본인이 급증하였다. 4단계는 경술국치로 강점기가 시작된 후다. 이때 이주한 일본인들은 대부분 영구정착을 목적으로 왔다.

『마산과 진해만』(1911)에 의하면 마산 거주 일본인은 개항한 1899년에 33호 103명이었으며 이들은 생업 때문에 대부분 원마산에 거주했다. 1901년 부산 등지에서 살던 일본인들이 마산으로 이주하면서 인구도 80호에 259명으로 늘어났다. 이처럼 개항 후 5년은 일본인 인구증가 속도가 완만했다가 1904년 이후 급격히 늘어났다. 개항 당시 103명이던 마산의 일본인이 1910년에 무려 5,941명으로 증가하였다. 1905년경부터 시작된 급격한 인구증가 현상은 앞에서 말한 일본인의 한국 이주 3단계로 1905년 9월 러일전쟁의 승리와 11월 을사늑약 체결, 마산선 철도 건설 등이 원인이었다.

1899~1910년 마산의 일본인 수(『마산과 진해만』)

년도별		1899	1900	1901	1902	1903	1904	1905	1906	1907	1908	1909	1910
호수		33	70	80	99	95	154	340	677	868	989	1,132	1,548
인구	남자	87	189	160	203	191	359	717	1,233	1,826	2,009	2,360	3,163
	여자	16	61	99	130	136	270	531	937	1,393	1,678	1,961	2,778
	합계	103	250	259	333	327	629	1,248	2,170	3,219	3,687	4,321	5,941

개항기 마산의 인구

(일본인의 숫자는 앞의 표를 인용한 것이며 비어 있는 칸은 확인할 수 없었던 것임)

연도	총인구	일본인	기타	한국인(추정)	출처
1899		103		호수 : 2,000여 호	가츠키 겐타로(香月源太郎), 『韓國案內』
1907	11,881	3,219	80	8,582명	손정목, 『도시사회경제사연구』
1909	11,022	4,321		6,000~7,000여 명	홍경희, 『한국도시연구』
1910	16,657	5,941	52	10,000~11,000여 명	홍경희, 『한국도시연구』

개항기 마산의 한국인 인구에 대해서는 많은 자료가 나타나지 않는다. 몇 가지 자료의 기록을 근거로 하여 이 시기 마산에 거주한 한국인과 일본인의 인구를 종합한 것이 표 〈개항기 마산의 인구〉이다. 이 당시의 인구 통계를 정확히 알 수 없기 때문에 이 정도밖에 만들 수 없었다.

당시 마산에 거주했던 한국인은 을사늑약 이후 6천~8천여 명이었다가 경술국치기에 1만여 명을 조금 넘긴 정도였다. 한국인과 일본인을 합쳐 총 1만 6천여 명의 마산 인구는 1910년대 내내 큰 변화 없이 유지되었다.

2) 정(町)·리(里)의 명칭과 경계 확정

신구 대조 조선전도 부군면리동 명칭일람 중 마산 부분

변경 전 명칭	변경 후 명칭, ()는 현 동명
월영리 일부	니시키마치(錦町·해운동), 하나부사마치(英町·화영동), 다카마치(高町·대창동), 월영리
신월리 일부	신월리, 오기마치(扇町·반월동), 유미마치 1·2쵸메(弓町1·2丁目·대성동1·2가), 도오리마치 1·2쵸메(通町¹²⁾1·2丁目·장군동1·2가), 미나토마치(湊町·월포동), 미야코마치 1·2쵸메(都町1·2丁目·중앙동1·2가), 나카마치(仲町·신흥동)
완월리 일부	도오리마치 3·4·5쵸메(通町3·4·5丁目·장군동3·4·5가), 미야코마치 3쵸메(都町3丁目·중앙동3가)
자산리	자산리
서성리, 성호리, 성산리 각 일부	신마치(新町·추산동), 사이와이마치(幸町·서성동)
서성리 일부	도미마치(富町·부림동), 고토부키마치(壽町·수성동)
동성리, 서성리, 중성리 각 일부	모토마치(元町·남성동)
성호리, 중성리 각 일부	이시마치(石町·창동)
동성리, 성산리 각 일부	다와리마치(俵町·중성동)
동성리, 중성리, 오산리 각 일부	요로즈마치(萬町·동성동)
동성리, 오산리, 상남리 각 일부	오동리
상남리 일부	상남리
성호리 일부	성호리
교방동, 회원동 각 일부	교원리
신월리, 완월리 각 일부	완월리

12 '도오리마치(通町)'는 원래 구마산역까지 지역을 길게 할애하여 '나가마치(長町)'라 부르고 11쵸메(町目)로 나누었다가 나중에 척산교까지 단축하여 '通町'으로 고쳤다.

한국의 최소 행정단위가 '동'과 '리'인 것과 달리 일본인 거류지에서는 마치(町)라는 일본식 동리명을 사용하였다. 이를 통일시키기 위해 총독부는 출범 하루 전날인 1910년 9월 30일 '동'과 '리'의 명칭을 일본식이나 한국식 중에서 선택하게 했다. 과도기적 지방통치 과정에서 시행되었다. 일본식과 한국식 중 택일하라고 했지만 이미 일본 세상이어서 종래의 한식 동리명이 채택될 수 없었다. 이즈음 마산도 각 동과 리의 명칭이 일본식 마치(町)로 바뀌었다. 그리고 이 때 마산포 6개리의 경계도 확정되었다. 앞의 표〈신구 대조 조선전도 부군면리동 명칭일람 중 마산 부분〉은 이때 확정된 마산의 각 리의 명칭이다.

『마산항지』에 의하면 1908년 4월 23일 미마스 구메키치(三增久米吉) 이사관이 일본인 기관장과 유지들을 불러 신마산의 가로명을 의논 결정하였다. 이때 거류지의 남북으로 통하는 가로 간선을 중심으로 혼마치(本町, 현 월남동), 교마치(京町, 현 두월동) 등의 명칭을 부여하였다. 공동조계지 설치 직후부터 일본인 임의로 지명을 지어 사용하고 있었지만 공식적으로는 이때 결정되었다. 그 후 민단에서 각 경계에 나무패를 붙여 지명을 표시하고 어린 벚나무 5천 그루를 각 가로에 4칸(7.2m) 간격으로 심었다. 이어서 1909년 원마산의 6개 리 명칭과 경계도 확정했으며 그때까지 결정되지 않았던 일부 지역의 명칭과 경계도 결정하였다. 이렇게 결정된 명칭은 총독부의 정명 제정 이후에도 그대로 사용되었다.

정의 경계를 결정하는 구획방법은 신마산과 원마산이 완전히 달랐다. 신마산은 길을 중앙에 두고 지역을 구획한 반면, 원마산은 길을 경계로 하여 지역을 나누었다. 두 도시의 정 구획방법이 달랐던 것에 특별한 의도가 있지는 않았다. 가로를 중심으로 지역을 구분할 때는 반드시 가로가 일정한 규격과 형태로 정돈되어 있어야 하지만 꾸불꾸불한 좁은 골목길뿐이었던 원마산은 도로를 중심으로 구획할 수 없었던 것이 이유였다. 현재 사용하는 동의 명칭은 해방 후 바꾼 것이지만 동의 경계는 이때 일본인이 만든 것을 지금도 그대로 사용하고 있다.

3. 전통 도시 원마산(마산포)의 복원

총독부의 토지조사사업에 따라 마산에서도 1912년「사정지적도」가 완성되었다. 여기서는「사정지적도」가 1910년경의 상황이 반영된 것이라 보고 최초 토지이용도의 기점을 1910년으로 하였다.

1) 복원도의 작성범위

복원작업의 범위는「사정지적도」를 광범위하게 복원한 후 지목과 토지의 형상을 보아 결정하였다. 주거용지였던 것으로 보이는 토지들이 일정한 면적이나 선형을 이루면서 집합되어 있는 영역을 대상으로 한 것이다. 설정된 범위는 각종 자료 속에 나타나는 당시 원마산의 주거용지 경계와 비교하면서 조정하였다. 이 과정에서 지적도에서 복원한 주거지 영역과 다른 자료에 나타나는 주거지 영역이 거의 일치하고 있음을 확인할 수 있었다.

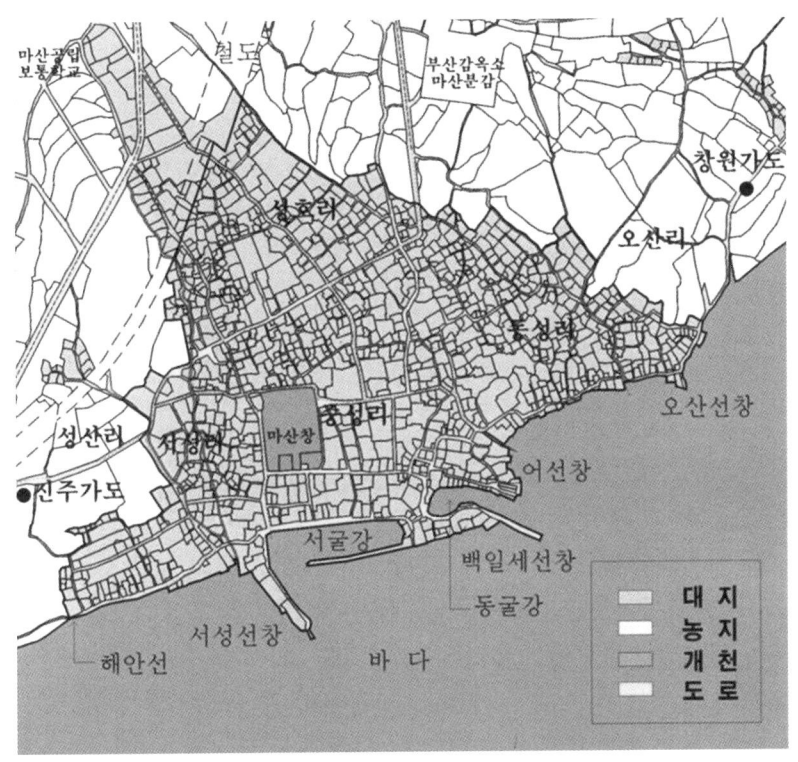

1910년경 마산포(원마산) 복원도

「사정지적도」만으로 1910년 당시의 토지이용도를 정확하게 작성할 수 없었던 부분은 1905년 철도가 개통되면서 형태가 없어진 마산선 철도부지 내의 노도와 대지였다. 토지이용도에 그려신 이 부분의 형태는 주위에 형성되어 있는 도로 및 대지의 모양을 참고하여 추정 복원한 것이라 사실과 다를 수 있다.

2) 복원도의 작성방법

먼저 최초의「사정지적도」원본을 같은 크기로 복사한 후 분할과

합병으로 변형되기 이전의 토지형태를 추적 복원하여 CAD를 이용해 도면화시켰다. 모번(母番)과 자번(子番)의 변화관계를 이용하였으며 복원된 「사정지적도」는 각 필지의 사정토지대장과 비교 색인하였다. 이렇게 작성된 「사정지적도」를 앞에서 공개한 지도 등의 자료를 이용하여 보정·참고·비교함으로써 복원도면의 정확도를 높였다. 「사정지적도」에는 서굴강 앞 방파제가 나타나지 않기 때문에 토지이용도의 작성과정 중 별도의 판단을 요하는 부분이었다. 이를 위해 1899년 일본해군에 의해 제작된 「마산포 및 부근 지도」, 같은 시기 김경덕의 「매축청원도」 등의 자료를 이용하여 형태와 크기를 추정하여 삽입하였다.

3) 복원도를 통해 본 원마산(마산포)

(1) 도로

원마산 내 각 도로는 창원가도를 중심으로 수계와 능선 그리고 등고선에 따라 자연발생적으로 형성된 얼개를 갖추고 있다. 폐쇄형이 많았던 원마산의 도로는 각 필지에 이르는 골목들이 비록 폭은 좁지만 거미줄처럼 얽혀서 연결되고 있었다. 조창 주변에는 직교격자형이 발달하였으나 동쪽으로 취락이 확산되면서 자연취락형의 미로형 세도(細道)가 많이 생겼다.

보행이나 손수레와 지게만 통행이 가능할 정도의 폭 2~3m 도로 일부는 후에 확장되어 현재의 직선도로가 되었고, 그 밖의 골목들은 지금까지 원래의 모습으로 존속하는 것이 많다. 당시 원마산이 외부

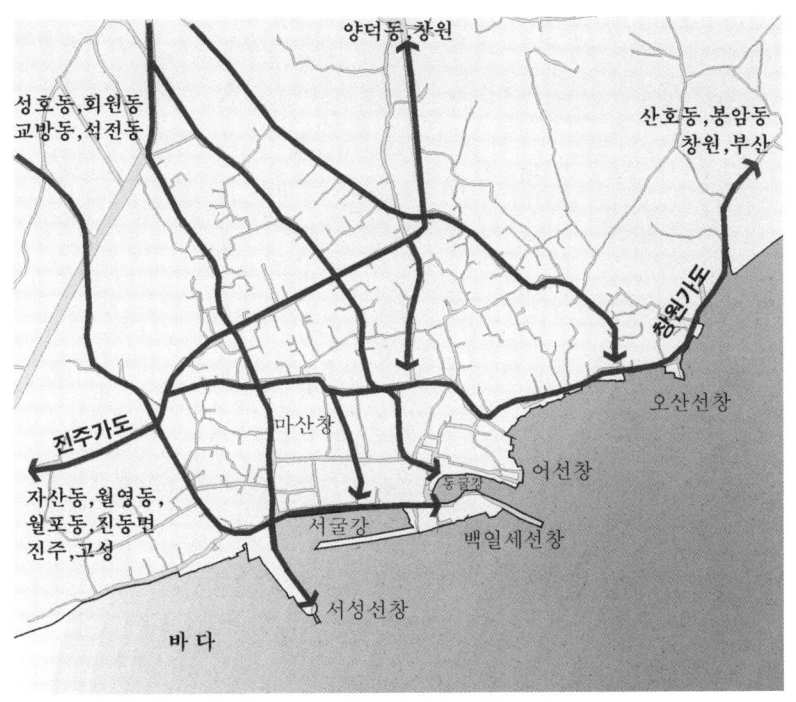

원마산의 주요 도로망

와 연결되는 도로체계를 도로의 형상과 인근 지역의 위치를 감안하여 그린 도면이 그림 〈원마산의 주요 도로망〉이다. 이 그림에서 굵은 선으로 표시된 도로가 당시에 가장 번화했던 도로인데 인근의 회원·성호·교방·석진 지역이 원마산 어시장과 연결되고 있음을 알 수 있다.

(2) 해안선

각종 기록에서 나타나는 마산의 네 개 선창, 즉 서성선창·백일세선창·어선창·오산선창의 위치는 서굴강과 동굴강을 중심으로 직선거리 약 500m의 해안에 걸쳐 있었다. 동굴강의 면적은 2,000㎡ 정도였으며 서굴강은 4,500㎡ 가량의 규모였다. 동굴강과 서굴강에 대해서는 김준이『마산시사사료집』제1집에서 그 용도를 말한 바 있다.

　　서굴강은 인공으로 구축된 듯한 방축이며 여러 파도를 막고 범선들이 정박하는 곳으로서 방축 위에는 수백 년 된 포구가 무성해 있었으며 그 위치는 현 남성동우체국 지점이 된다. 동굴강 역시 서굴강과 같은 부두로서 북선(北鮮)서 온 명태 배가 풍랑을 피하기 위해 정박한 곳이다.

　　해안은 위 두 굴강을 중심으로 발달했다. 서굴강은 마산창과 관련한 관용기능을, 동굴강은 민간인들의 영업과 관련한 민용기능을 담당하며 서로 발전했다. 그러나 19세기 후반 조운제도 폐지 이후부터 이런 현상은 없어지고 두 굴강 주변에는 어업과 항만 관련 상가들이 집단을 이루고 있었다.

　　김준의 글에서 특이한 점은 '서굴강… 방축 위에는 수백 년 된 포구가 무성해 있었으며…'라는 부분이다. 여기서 말하는 포구는 포구나무, 즉 팽나무를 말한다. 염분에 강한 팽나무가 포구 근처 많이 서

1900년대 초 원마산 전경

식했기 때문에 경상도에서는 팽나무를 포구나무 혹은 포구라고 부른다. 한여름 뱃사람들의 땀을 식혀 주기 위해 잎 많은 팽나무를 심었던 것 같다. 20세기 초에 촬영한 것으로 추정되는 〈1900년대 초 원마산 전경〉 사진 우측을 보면 김준의 글처럼 서굴강 방축에 무성했던 팽나무를 식별할 수 있다.

4. 시가지 변화

개항 즉시 월영리와 신월리 일대에 각국 공동조계지의 도시건설이 시작되었다. 일본인들이 신마산이라 이름 붙였던 조계지는 원마산의 남쪽 2km지점 해안이었다. 도시의 지형상 최남단이었고 해양으로 진입할 경우 가장 먼저 나타난다. 동서쪽이 바다와 산으로 둘러싸여 북쪽 원마산 방향만 시역의 확장이 가능한 좁은 공간이었다.

이 시기 가장 큰 변화는 1905년 개통된 마산선 철도였다. 경부선과 연결되는 이 철도로 인해 마산은 해상과 육상의 연결이 용이한 교통요충지가 되었다. 마산역 건설 때 마산역 방향으로 휘어져 있던 상군천 하류를 현재 모습처럼 직선으로 바꾸었다.

일본인들은 조계지를 건설하면서 해안에 바로 석축호안을 축조하였지만 일부는 매립을 하기도 했다. 조계지 내 대지의 크기는 20×30m(면적 600㎡)였는데 지금도 이 규격의 토지가 일부 남아 있다.

시내 곳곳에는 그때까지 볼 수 없었던 양풍을 모방했거나 일본식으로 지은 관공서와 학교 등을 비롯해 은행·공장·요정 등 민간 건축물들이 조금씩 들어서기 시작했다. 대부분 일본식 목조였다. 그런가 하면 일본의 한국이주 정책의 일환으로 1905년 2월 율구미 남쪽 해변에 일본 치바켄(千葉縣) 수산연합회의 어민 20명이 정착하였다. 마을 이름을 치바무라(千葉村)라고 했다.

개항과 함께 찾아온 일본인의 이주와 근대적 도시시설 출현, 일제에 의한 동리의 명칭변경 등 그때까지 경험하지 못했던 일들을 겪으면서 원마산도 조금씩 변하기 시작했으며 토지 소유권도 일본인에게 상당히 넘어갔다.

1) 시가지 확산

개항 초기 조계지에는 두월동(당시 京町, 현 통술거리, 문화북1길)·월남동(당시 本町, 현 3·15대로)의 중심도로변과 해안도로였던 문화동14길 주위에 상가가 형성되었다. 대부분 일본식 목조 주상복합건물이었다. 주거지는 월영 마크리움아파트(옛 일성펌프) 및 신동아빌라·문화동행정복지센터 일대에 형성되었다. 하지만 이외 지역은 현 고운로까지 도로만 개설되었을 뿐 건물은 들어서지 않았다. 원마산이 있는 북쪽으로는 조계지의 경계인 반월사거리까지만 시가지가 조성되어 조계지 경계를 넘지 않았다. 조계지의 산사면(山斜面, 현 문화·대창·화영동)과 서쪽 산록의 월영동에는 소수의 한국인이 거주하고 있었다. 그러나 러일전쟁 이후 일본인의 이주가 급증하자 일본인들의 영역이 확대되었다. 행정권이 넘어간 을사늑약 이후라 조계지 경계가 무의미해졌다.

1906년 마산역과 장군교 사이의 사선(斜線)형 도로인 중앙남3길이 개설될 즈음 현 반월중앙동행정복지센터와 예경요양병원(전 파티마병원) 일대에 건물이 들어서기 시작해 경술국치 즈음에는 중앙남3길까지 시가지가 조성되었다. 고운로 서쪽의 경사지는 신사(神社, 현 제일여중 자리, 1909)만 조성되었을 뿐 도로와 건축물이 없었다.

개항 때 각국 공동조계지를 위치에 따라 세 등급으로 구분했을 때의 제2등지(고지대)를 제외하고 제1등지(저지대)와 제3등지(해변지대)가 시가지화되었다. 간선도로를 제외하면 50~60% 정도만 건물이 들어섰기 때문에 밀도가 높은 것은 아니었다.

이 시기 원마산의 시가지 확산은 크게 없었다.

2) 도로의 신설과 확장

1905년 5월 마산-삼랑진 간을 연결하는 철도 마산선이 개통되었다. 삼랑진에서는 서울과 부산을 연결하는 경부선과 이어졌다. 이 철도로 마산은 해로와 육로를 연결하는 교통의 결절점이 되어 큰 성장기를 맞는다. 마산선 개통 직후에는 마산역(현 월포벽산블루밍아파트)만 있었으며, 원마산의 한국인들이 이용한 구마산역은 1910년 7월 5일 개설하였다.

각국 공동소계시에는 1899년 개항 직후부터 도로가 개설되었다. 조계지의 중심지인 혼마치(本町, 현 월남동)의 3·15대로와 교마치(京町, 두월동)의 문화북1길 일대 도로를 시작으로 조계지 전체의 주요 도로가 개설되었다. 하지만 현 고운로의 서쪽 경사지는 도로가 나지 않았다. 중앙 간선도로인 3·15대로는 북쪽으로 뻗어 나와 마산역까지 연장되었다.

원마산에도 약간의 변화가 있었다. 1905년 철도가 개설될 때 현 코아양과점에서 육호광장까지 나있던 좁은 길을 7m 폭으로 확장하였다. 장래에 있을 구마산역을 대비한 것이었을 터였다. 현 불종거리의 일부다. 불종거리는 오래전부터 코아양과점에서 건너편 창동으로 들어가는 길(동서북10길) 입구쯤에 불이 났을 때 급히 알리기 위한 종과 종대(鐘臺)가 있었기 때문에 지어진 이름이다.

1906년 마산역과 장군교를 잇는 사선형의 현 중앙남3길이 개설되었다. 이 길과 완월동7길을 이용하여 신마산과 원마산이 연결되었다. 그림 〈1906년 개설한 사선형 도로〉에 나타나는 이 사선형 도로가 이처럼 일찍 개통된 이유는 신마산과 원마산을 연결하는 도로가 옛 도로(진주가도, 도립의료원 사잇길, 완월동7길) 밖에 없었기 때문이다.

1906년 개설한 사선형 도로(현 중앙남3길, 화살표)

1908년 북성로가 개설되었다. 마산포에 일제가 뚫은 최초의 신작로였다. 목발 김형윤 선생이 『마산야화』에서 "이 길에 있는 회원교(회산다리)에 '융희 2년(1908) 건립'이라고 새겨진 표석이 있었는데

마산역과 1906년 개설한 중앙남3길(1910년 경)

해방 후 삭제되고 단기 연호가 박혔다"고 애석해 했던 길이다.

1909년 신사가 조성되자 진입도로인 문화북4길의 바닥을 조약돌로 깔고 길 양옆에는 수형 좋은 벚나무를 식재하였다.

외부로 연결되는 도로 중 부산으로 가는 길은 1909년에 우마차가 통행할 수 있는 신작로로 개수되었다. 마산 최초의 외부도로 확장공사였다. 또한 서쪽으로 진동 지역을 지나 진주로 가는 좁은 길은 1908년 6월 폭 5m로 확장공사가 시행되어 1911년 3월 완성되었다.

1909년 육군중포병대대가 월영동(전 국군통합병원 자리, 현 월영마을 아파트 단지)에 사리를 잡자 조계지에서 바로 진입할 수 있는 도로(원영남로)를 개설하였다.

1910년 현 마산합포구청 앞을 지나는 3·15대로 자리에 폭 3m 도로가 개설되어 신마산과 원마산을 연결시켰다. 2년 후인 1912년 15m 폭으로 확장된 것으로 미루어 공사용 임시도로인 것으로 추정된다.

해안 매립의 역사 · 1

　마산 도시변천사는 매립의 역사라 해도 과하지 않다. 특히 근대 도시의 형성기였던 일제강점기는 그 정도가 심했다. 매립과 함께 지형과 시가는 물론 교통과 산업도 변화하였다. 그러므로 매립에 대한 정확한 기록은 마산의 도시 변화를 포함해 이 도시의 변천 과정에 대한 이해에도 도움이 된다.

　마산만의 매립은 강점기 마산 도시의 구조변화에 결정적인 요인으로 작용하였다. 매립은 도시의 지형적 한계를 극복시키기도 했으며 도시의 중심권을 바꾸기도 하였다. 대규모 토지를 확보하여 엄청난 재력가가 된 이도 있었고 때늦은 매립으로 신세를 망친 사람도 있었다. 한편 매립으로 조성된 마산의 대규모 부두건설은 강점 후기에 발발한 중일전쟁과 태평양전쟁의 군수용품 수송이 목적이었다.

　이 책에서는 매립의 과정과 공법 · 비용 등에 대해서는 언급하지 않는다. 단지 도시의 구조와 범역을 알 수 있는 매립의 시기와 위치 · 규모 · 시행자 등에 한해서만 다룰 것이다. 시기의 기준은 편의상 공사가 완공된 날로 하며 완공일자는 토지대장 등의 공식기록을 따랐다.

　개항기부터 일제에 의해 시작된 마산만의 매립은 1920년대 후반 이후부터 집중적으로 진행되었다. 매립의 주체는 개인 · 기업 · 마산부 · 총독부 등 다양했지만 모두 일본인에 의한 것이었다. 그 결과, 합방 전 자연해안이던 마산의 해안선이 해방 때는 전부 직선호안으로 변해 버렸다. 해방 뒤라고 달라진 것은 별로 없었다. 1960년대 이후 산업화와 함께 시행된 마산만의 매립은 주체가 한국인·한국기업·한국정부였다는 것만 달라졌을 뿐 그 목적이 경제적 이익이었다는 점은 마찬가지였다.

개항을 계기로 항만 건설의 중요성과 간석지의 매립 필요성을 인식한 한국인과 일본인의 매립 시도가 다양하게 있었다. 이 중에는 계획만으로 끝난 것도 있다. 계획에 그친 사업 중 한국인의 경우는 사실상 약해져 버린 국력 탓이었으며, 일본인의 경우는 을사늑약과 경술국치 사이의 시기에 갑자기 무소불위의 권력을 쥔 일본정부와 군부 혹은 민간인들이 무리하게 추진하다가 뜻을 이루지 못한 사례였다. 여기서는 실제로 시행된 매립만 소개한다.

1. 마산선 철도 건설시 마산역 일대 매립

최초의 매립이며 일본군부가 시행하였다. 1904년 체결한 한일의정서 제4조의 규정을 이유로 일제는 조계지 북쪽 끝에서 원마산 쪽으로 약 12만 평의 한국인 토지를 일본 철도감부의 군용 철도용지로 무상 점용하였다. 이때 일본 철도건설대는 마산역 부지와 철도 부설용지로 사용하기 위하여 현 월포벽산블루밍아파트 일대의 해안을 매립하였다. 매립 시기는 철도공사가 시행된 1904~1905년으로 추정된다. 이 매립으로 월포동이 생겼다. 당시에는 미나토마치(湊町)라고 불렀다.

일본군 철도건설대는 공사장 인근 야산을 허물어 매립토로 사용했다고 전해지는데 야산의 위치나 매립의 규모와 방법 등에 대해서

마산역 건설 때 시행한 매립지

는 정확히 알 수가 없다. 다만 지도를 통해 매립 전후의 변화를 알 수 있을 뿐이다. 지도에 나타난 면적은 대략 3만 6천여 평이며 이 매립공사 때 장군교 지점부터 남쪽으로 휘어져 바다와 연결되었던 장군천이 지금처럼 직선으로 변경되었다. 그림 〈마산역 건설 때 시행한 매립지〉에서 철로 옆 직선해안 부분이 이때 매립된 곳이다.

2. 각국 공동조계지 해안도로 호안공사 때의 매립

각국 공동조계지의 경계 가운데 해안선 부분은 해수의 간조선과 만조선을 고려하여 결정하였다. 그러나 조계지의 북단과 남단, 그리고 중앙부의 일부는 만조선이 깊어서 매립을 한 후 호안공사를 했다. 이에 관해서는 스와 시로(諏方史郎)가 『마산항지』에서 "…창원교에서 비스듬히 신월동으로 향하여 오르는 도로는 매축한 것으로서 나는 도로 옆의 조류를 따라 들어온 물이 고이는 여울에서 서너 차례 망둥어 낚시를 해본 적도 있다. 거류지에서 오는 노선은 여기서 끊어지고 그 동쪽 일대는 일면의 갈대밭이다…"라며 조계지의 북쪽 신월천 하구 일대가 간석지였음을 기록해 놓았다. 조계지 호안공사 전후의 각종 자료를 보면 이곳이 만조시 바닷물이 들어왔던 곳이라는 것을 쉽게 알 수 있다. 면적은 세 곳 합쳐 5천 6백여 평이었다.

3. 육군중포병대대 이전 건설로 인한 매립

1909년 진해의 육군중포병대대가 현재의 월영동(옛 국군통합병원 자리, 현 월영마을아파트 단지)으로 이전하면서 진입도로 일부와 부대가 끼고 있던 자복포 일부를 매립하였다. 그림 〈육군중포병대대 건설 때 시행한 매립〉에서 '연병장(練兵場)'이라고 적혀 있는 곳이 매립지이다. 그러나 이 매립공사 역시 일본군부에서 무단으로 시행했기 때문에 자료가 남아 있지 않다. 다만 부대 이전 후 달라진 해안선의 형태를 지도로 확인하여 추정할 뿐이다. 면적은 진입도로 쪽 4천 5백여 평, 자복포 2만여 평이다. 이 지도에 나타나는 연병장 외에 북쪽 해안 일대에 약간의 매립이 더 시행되었다.

4. 옛 고려모직 부지의 매립

1912년 토지조사 이전의 시기에 간석지였던 오동동 16번지와 17번지(추정) 일대(현 서광아침의빛아파트 자리)를 일본인이 매립하였다. 「사정토지대장」을 보면 16번지의 235평은 한국인 윤군옥이었

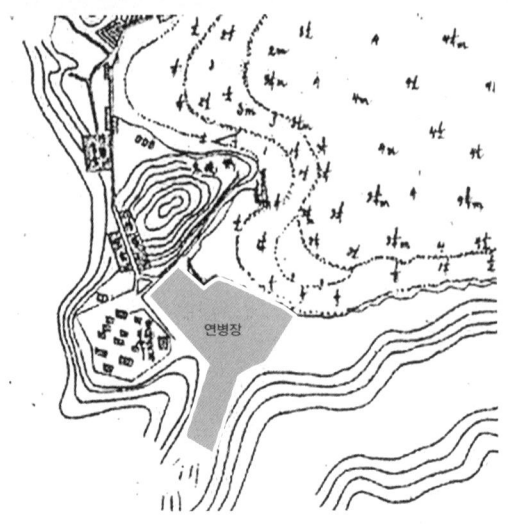

육군중포병대대 건설 때
시행한 매립

고, 17번지의 1,139평은 일본인 ○도 고쵸(○銅幸朝)인데 지도를 이용하여 추정한 매립면적은 2천 4백여 평이었다. 그 후 한두 번 소유권이 바뀐 뒤 1925년 진주에 사는 시미즈 사타로(淸水左太郎)가 매수하였다.

뒤에 나오는 야마다 노부스케(山田信助)의 매립 관련 서류를 보면 남서쪽으로 연결되어 시미즈매립지(淸水埋立地)라는 표시가 있고 본 매립지의 해안도로와 연결되는 도로가 있으며 1947년 항공사진에도 나타난다. 하지만 1910년대 후반에 제작된 지도에는 이 매립지가 나타나지 않는다. 이런 정황으로 보아 토지로서 등기는 되어 있었지만 사실상 사용 가능한 토지가 아니었던 것으로 추정되기도 한다. 이 터는 1939년 조선물산주식회사로 이전되고 해방 후 고려모직 터가 된다.

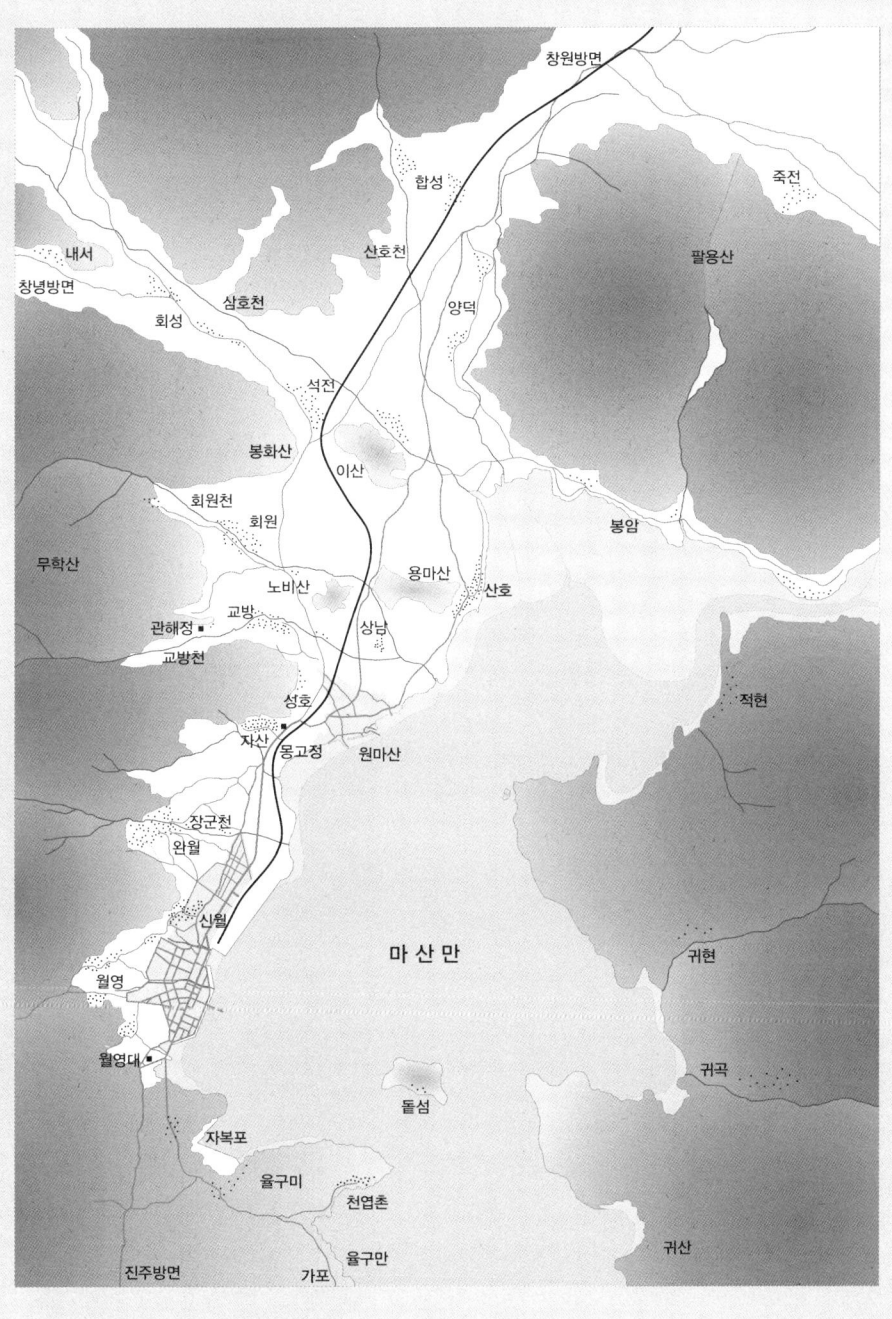

1910년 마산

2부
일제강점기

◆

I. 강점 1시기, 1911~1920
1. 신마산의 정체와 도시 상황
2. 마산부 제정
3. 마산창 철거
4. 시가지 변화

II. 강점 2시기, 1921~1930
1. 시가지 확장과 도시 변화
2. 중앙마산의 형성
3. 원마산(마산포)의 도로망 확산
4. 시가지 변화

III. 강점 3시기, 1931~1945
1. 원마산·신마산 연담화와 도시 상황
2. 행정구역 확장과 인구 변화
3. 꽃과 술의 도시
4. 시가지 변화

I.
강점 1시기, 1911~1920

경술국치 후 총독부 식민통치가 시작되자 통감부시대에 착수했던 식민지배의 기반구축사업이 본격 추진되었다. 토지조사사업을 비롯하여 교통·운수·통신 등의 사회기반시설 및 재정·금융체계를 정비하였다. 식량과 원료의 공급을 위해 원시산업은 육성하고 공업에 대해서는 억제정책을 폈다. 일제의 공업정책은 1910년 12월 공포한 「조선회사령」(이하 회사령)에 집약되어 있다. 식민지인 한국에 초보적인 산업과 일본의 국내공업을 보조하기 위한 원료가공업 정도만 가능케 하여 한국의 근대공업 발전을 억제하려는 것이었다. 그 때문에 1910년대 도시인구 증가율이 연평균 1.6%로 총인구 증가율 2.6%보다 낮았다.

일제에 의한 철도 건설은 병합 이전부터 적극적으로 실행하여 경의선 일부를 1899년 최초로 개통한 이후, 경부선(1905)·마산선(1905)·경의선과 경인선(1906)·평남선(1910)을 설치하였다.

경술국치 후 10년간은 호남선(1914)·함경선(1914)·평양탄광선(1918)·박천선(1919) 등이 개설되어 1919년에는 철도 총연장이 2,197㎞에 달했다. 도로 건설도 착수하였다. 이미 경술국치 전에 14개 노선 총 2,000여㎞의 간선도로를 건설한 일제는 1911년부터 1917년까지 7년 동안 공사비 1천만 원을 투입하여 1·2등 도로 34개 노선 2,600㎞를 건설하였다.

이와 같이 강점 1시기에 매년 총독부 예산의 20~30%를 교통부문에 지속적으로 투입한 결과 1919년에는 철도와 도로의 길이가 1910년에 비해 약 두 배로 늘어났다. 투입된 예산은 한국인의 혈세로 충당하였고, 토지는 공공용지라는 명분으로 사유지를 강탈하였으며, 공사에 투입된 한국인들은 무보수에 가까운 저임금으로 혹사 당했다. 특히 도로공사에는 해당 지역 민중들의 부역으로 시행되었는데 도로공사가 끝난 후에도 매년 봄가을에 도로수선 명목으로 매 호당 수십 명의 부역이 부과되었다.

육상교통 뿐만 아니라 해운을 강화하기 위해 세관을 건립하고 항만을 축조하거나 개수하였다. 1906년부터 각 개항장에 착수했던 항만 및 세관 설비공사를 경술국치 후에도 지속적으로 추진했으며 개항장 외의 항만들도 정비하였다. 그런가 하면 1909년부터 1918년까지 10년간 막대한 비용과 인력을 투입해 토지조사사업을 실시하였다. 토지조사사업은 한반도의 식민지적 재편을 위한 작업이었다. 토지의 소유권·가격·지형 조사를 통해 전 국토의 지적도를 작성하고 등기제도를 정비하였다. 이미 점진적으로 자리잡아 가던 토지 사유권을 법적으로 인정한다는 것이었지만 조사과정에서 엄청난 규모의 토지가 일본인들 손으로 들어갔다.

이처럼 강점 1시기 한반도는 대변화를 겪었다. 이 변화는 일본의 상품 및 자본 수출과 원료 확보를 위한 이른바 시장 조건의 정비인 동시에 그 자체가 자본의 본원적 축적과정이었다. 이런 점에서 이 시기를 '식민 지배를 위한 기반구축기'로 보는 것이다.

1. 신마산의 정체와 도시 상황

개항 이후 1910년까지 성장 일변도였던 마산은 진해에 신도시가 건설되면서 사정이 달라진다. 당시의 상황을 설명하는 두 가지의 자료가 있다. 하나는 히라이 아야오(平井斌夫)와 구누기 마사지(九貫政二)의 『마산과 진해만』으로 "1911년 1월 마산의 개항이 폐쇄되면서 산업이 위축될 것 같았지만 원마산의 왕성한 교역과 상거래, 진해만 군사시설의 건축, 진해 신시가지의 건설 등에 의해 오히려 폐쇄 전보다 시장이 활발해졌다"고 한 내용이다. 다른 하나는 장지연의 『마산기행』인데 "한때 번성의 극치를 이룬 마산은 진해에 군항을 설치한 이래 마산의 상인들이 진해 쪽으로 넘어가는 이가 많아 요사이는 오히려 1911년 이후 인구가 줄어들고 점포들도 과거에 비해 활기를 잃었다"고 한 것이다. 두 주장은 각각 나름의 근거가 있을 것이다. 하지만 개항기 이후 발간된 자료들과 1911년에 시작되는 남성동 해안 매립공사 등을 보면 장지연의 글처럼 '과거에 비해 활기를 잃었다' 하더라도 도시 전체가 크게 위축되지는 않았던 것으로 보인다.

1910년대 신마산(도로의 꺾어진 지점 안쪽이 현 통술거리, 공터는 현 월영초)

1911년 1월 1일, 진해군항을 보호한다는 구실로 마산항은 폐쇄되었다. 3년 후에는 형식적으로만 남아 있던 각국 공동조계지가 해제(1914. 3. 31.)되고, 마산부로 행정구역이 개편되는 등 제도적 변화가 있었다. 하지만 이 시기(1911~1920)는 개항 이후 급속하게 형성되었던 신마산의 변화가 답보상태에 들어갔기 때문에 '정체기'라고 불러도 좋을 만큼 사회 변화가 적었다. 일본인의 수가 줄어들었고 도로가 새로 개설되지도 않았으며 개항기에 비해 건물도 많이 싯시 않았다. 그러나 이런 현상은 신마산 지역에 국한되었을 뿐 원마산은 달랐다. 대규모 매립이 시행되고 근대식 도로가 개설되는 등 그때까지 경험하지 못했던 큰 변화가 있었다.

강점 1시기의 마산 도시 상황을 가늠하기 위해 1910년 전후 간행된 두 편의 문헌을 소개한다. 이 두 자료는 전국을 대상으로 발간한 문헌의 마산 부분이기 때문에 정확도가 낮을 수 있다. 또한 저자가 일본인이어서 조사와 비교의 대상, 그리고 상황을 바라보는 입장과 관점에 일정한 편견이나 한계도 있을 수 있다. 같은 시기 한국인이 간행한 문헌에는 참고할 만한 내용이 없었다.

요시다 에이자부로(吉田英三郎), 『조선지』(町田文林堂, 1911), 587쪽

마산부 : …시가는 신마산과 구마산으로 나누어져 있는데 신마산은 순수한 일본풍으로서 가로에 청결한 상점이 즐비하고 모든 관아 및 일본인은 대부분 이곳에 있다. 구마산도 지금은 거의 신마산과 인가가 연접하여 조선인과 일본인이 잡거한다. 거리의 외관은 신마산에 필적하면서 항구의 주변은 번성하여 매월 5일 되는 날을 기해 시장을 열고 상업이 매우 활발하다. 산업은 상업을 주로 하며 그 다음이 어업이다. 공업은 아직 초보적 단계이며 정미업·비누·금물·기와 제조·술·양조 등이다. 총인구는 일본인이 1,656호에 인구가 6,310명이고 조선인이 1,570호에 7,100여 명이다.

주요 산물은 쌀·콩·우피·연초·목죽세공·어류·수산제조물 등이고 부청·진해만사령부방비대·지방재판소·구(區)재판소·헌병분대·경찰서·우편국·감옥분감·소학교·공립보통학교·지방금융조합·세관감시서·조선해수산조합지부·기타 회사조합 등이 있고 구마산 및 신마산에 정거장이 있다.

『최신조선지지〈중〉』(朝鮮及滿洲社出版部, 1918), 19~22쪽

① 교통 운수 : 마산에는 외국으로 통하는 선박은 없지만 일본과의 항로는 대판상선회사의 대판-인천 간 정기선이 매월 4회 기항하고 있다. 그 외 연안 항로로서는 조선 우선(郵船)회사의 부산-여수선, 부산-거제선의 정기선이 매월 2회 발착하는 것과 진해기선조합이 경영하는 마산-진해 간의 1일 7회 왕복하는 작은 기선 3척이 있다. 육상운수는 철도를 이용해 삼랑진에서 경부선으로 접속하여 남북 각 도읍과의 교통이 편리하고 도로는 경상남도 도청 소재지인 진주로 통하는 2등도로, 칠원 및 창원으로 통하는 3등도로가 있다. 무엇보다도 거마(車馬)의 통행이 자유로울 뿐만 아니라 특히 마산-진주 간에는 매일 자동차편이 있는데 거리는 17리(里, 1리는 4km) 22정丁, (1정은 109.1m)이며 4시간이 소요된다.

② 시가 : 신마산과 구마산의 두 구역으로 나누어져 있는데 신마산은 산록이 수려하고 가로의 구획이 정연하면서 시가지에 청결한 상점이 즐비하다. 철도에서 동쪽으로 약 1리의 거리에 구마산으로 연결된다. 개항 후 거류지(신마산)를 설치하였으며 신시가지는 대부분 전부 일본인 상가로서 이루어져 있다.

구마산은 옛날부터 군읍으로서 알려진 소위 조선 마을로서 시구의 체제는 협소하고 불결하다. 그러나 조선인과 일본인이 혼거하면서 일반 상업은 신마산에 비해 번성한 편이다.

③ 시장 : 신마산에는 어시장·식료품시장이 있고 구마산에는 잡화시장인 세 개의 시장이 있다. 어시장은 마산수산회사의 경영에 의해 수산물의 위탁판매를 한다. 식료품시장은 생과·야채류의 위탁판매를 하지만 무엇보다도 매일 개시하는데 비해 구마산 시장은 매월 음력 5일·10일을 기해 개시하고 시장의 일일 판매고는 어시장 약 200원, 식료품시장 약 70원, 구마산 시장은 약 1,600원이다.

④ 호수 : 3,490호에 인구는 1만 5,890인이다. 그중 일본인은 1,135호에 4,497명이며 조선인은 2,341호에 1만 1,351명이고 중국인 11호에 36인, 구미인 3호에 6명이 살고 있다.

⑤ 관아 및 학교 : 마산부청·창원군청·마산경찰서·마산지방헌병분대·마산우체국·부산세관 마산지서·부산지방법원 마산지청·부산감옥 마산분감·진해만중포병대대·조선주차군경리부 마산파출소·마산지방금융조합·동척 마산출장소·마산상업회의소·마산부립병원·마산학교조합·공립보통학교·공립마산심상고등소학교 등이 있다.

이밖에 1915년 당시 마산부내를 연결하는 육상교통으로 마산승합마차가 운행되고 있었다. 운임은 1구(區)부터 5구(區)까지 나누어 받았으며 원마산에 있는 주차장(동성동 본초당한의원 뒤편으로 추정)을 기준으로 마산부 내를 각 5구로 나누어 가깝게는 재판소(현 마산법원)로부터 멀게는 요새사령부의 관사(현 월영마을아파트 단지)까지 운행했다.

강점 1시기 마산의 인구 변화(『조선총독부 통계연보』)

연도	한국인	일본인	외국인	합계	일본인 비율(%)
1910	10,664	5,941	52	16,657	35.7
1911	9,847	6,199	46	16,092	38.5
1912[13]		5,672			
1913	9,494	5,262	41	14,797	35.6
1914	9,626	4,684	59	14,369	32.6
1915	11,424	4,677	44	16,145	29.0
1916	11,351	4,497	42	15,890	28.3
1917	11,450	4,225	46	15,721	26.9
1918	10,932	3,795	49	14,776	25.7
1919	12,054	3,831	82	15,967	24.0
1920	11,923	4,172	70	16,165	25.8
1920 / 1910	111.8%	70.2%	134.6%	97.0%	

앞의 두 문헌 내용으로는 도시 상황을 정확히 알기 어렵다. 또한 앞에서 언급한 것처럼 도시가 정체되었다는 사실도 찾아보기 어렵다. 그러나 표 〈강점 1시기 마산의 인구 변화〉를 보면 이 시기 마산의 인구 상황을 잘 알 수 있다. 1910년 마산의 인구는 16,657명이었

---

[13] 1913년까지의 마산부 경계는 1914년 이후의 경계와 달리 상당히 넓었기 때문에 1911년부터 1913년까지의 마산인구는 매우 많다. 그러나 1911년과 1913년의 통계연보에는 '마산', '구마산', '창원', '진해', '웅천'을 각각 별도로 구분해 놓았으므로 '마산'과 '구마산'을 본 표에서 적용하였다. 하지만 1912년에는 이런 구분 없이 인구의 합계만 기록하고 있기 때문에 총인구수가 무려 138,294명으로서 본 인구변화 추이와 상관없는 통계자료다. 착오를 막기 위해서 표에서 제외시켰다.

는데 다음해인 1911년에는 16,092명으로 약간 줄어들었다가 1910년대 내내 14,000여 명에서 16,000여 명에 머문다. 그 가운데 일본인은 1910년 경술국치 당시 5,941명이었다가 다음해인 1911년에는 6,199명으로 강점기 중 가장 많았다. 하지만 그 뒤부터 서서히 감소하기 시작해 1910년대 내내 4천 명 전후를 오르내렸다. 당시 줄어드는 일본인의 정황을 『마산항지』에서는 "퇴거자가 속출하고…건물을 해체하여 부산과 대구 등지로 이축도 많이 하였다"고 기록하고 있다. 진해 신도시로 이주한 이들도 많았다. 이처럼 일본인 수가 줄어든 반면 한국인의 수는 경술국치 당시 10,664명이던 것이 경술국치 직후 약간 줄었다가 해가 거듭될수록 아주 미미하게 증가추세를 보여 1920년에는 11,923명이었다. 비율로 보면 1910년과 1920년까지의 10년 동안 한국인은 111.8%로 다소 늘어난 반면 일본인은 70.2%로 줄었다. 마산부 전체 인구 중 일본인 비율이 시간이 흐를수록 점차 낮아졌던 것이다. 손정목은 이러한 현상에 대해 진해의 군항화로 개항장이 폐쇄되고 세관의 사전허가 없이는 선박출입이 일체 금지되는 등의 변화 때문이라고 했다.

한편 『마산과 진해만』에 의하면 1911년 4월 기준으로 마산 거주 전체 일본인 6,657명 중 3,081명인 46%가 장군천 이북에 거주하였다. 장군천 이북에서 원마산 입구까지의 지역에는 주거지가 많지 않았던 시기였음을 감안할 때 일본인 중 상당수가 그들의 생업을 위해 원마산에 거주했음을 말해 준다.

신마산은 정체된 시기였지만 원마산은 그렇지 않았다. 상거래는 우천이 아니면 언제라도 많았으며 특히 5·10일 장날에는 시내 곳곳이 혼잡할 만큼 사람 왕래와 거래가 많았다. 산업은 상업이 주였고 다음은 어업이었다. 공업은 재래식 디딜방아밖에 없던 상황에서 1911년 일본인 나츠메 데츠죠(夏目哲三)가 발동기식 정미소를 설립한 정도의 초보단계였다. 그러나 일한와사전기주식회사 마산지점이 1911년 3월 16일 설치

일한와사전기 마산발전소(합포구청 자리, 1911)

허가되어 중앙동 현 마산합포구청 자리에 발전소를 건립하고, 같은 해 5월 23일 최초로 전기를 송출함으로써 상황이 달라지기 시작했다. 이 전기 공급은 대구 · 대전 · 광주보다 몇 해 앞선 것이었다.

　원마산 쪽에 사람이 몰리자 공연장도 생겼다. 1910년대 건립한 고토부키자(壽座, 지금의 수성동 46-1, SC제일은행지점 옆 골목 신정탕 자리)였는데 2단 좌석의 다목적 문화공간이었다. 지금은 좁고 한적한 뒷골목이지만 당시에는 통행량이 많아 상당히 빈잡했던 길이었다. 1921년 7월 '사의 찬미'로 한 시대를 풍미한 윤심덕이 홍난파와 함께 이곳에서 공연했고, 영화 '아리랑'을 만든 나운규와 무용가 최승희도 무대에 올랐던 유서 깊은 극장이었다.

　일제강점기에 생긴 기생조합 권번도 원마산에 생겼다. 권번은 시문 · 음곡 · 습자 · 가무 · 예의 등을 4년 과정으로 가르쳤고 교육 받

은 기생들의 요정 출입을 지휘·감독하는 곳이었다. 당시 마산의 권번은 오동동의 남선권번과 문창권번이 유명했다. 1920년 9월에 설립된 남선권번은 마산 토호들의 자금으로 운영됐다. 영남판소리 명창 김애정(1924~1993, 오동동 출신)이 남선권번에서 가무를 배웠다. 일제강점기부터 시작된 오동동 요정들은 한국전쟁을 거치면서 더 번성했다. 군인·군속들과 사업 관계를 맺은 이들이 자주 들락거렸다. 춘추원, 청수원, 마산별관, 송원 등이 오동동의 이름난 요정들이었다. 매일 밤 오동동 좁은 골목에는 기생들의 노랫소리와 장구소리가 흘러넘쳤다. 1956년 가수 황정자가 부른 '오동동 타령'은 오동동 기생의 애환을 담은 대중가요였다.

일제가 한국을 강점한 뒤에도 마산의 한국 자본가들은 자신의 상권을 지켜 나가기 위한 노력을 게을리하지 않았다. 일본 자본가들이 그들의 영역이었던 신마산 상권을 쥐고 있었던 반면, 한국인 자본가들은 원마산 상권을 지키고 있었다. 이들 대다수는 어시장 객주였다. 이미 앞장에서 밝혔듯이 원마산의 상당한 토지가 일본인들에게 넘어갔지만 여전히 어시장의 상권만은 지켜지고 있었다. 이처럼 일인들의 침탈 기도를 뿌리치고 어시장 상권을 지킬 수 있었던 것은 조선시대 이래 유지되어 온 객주제도 덕분이었다. 객주들은 계 조직을 통해 일본 자본가는 물론 외부의 자본침투도 굳게 막았다. 객주들의 계 조직은 이후 상민조합·합포사로 이름을 바꾸면서 마산 지역 한국인 자본가들의 구심점 기능을 했다. 이들은 다수의 저축조합까지 운영함으로써 상권을 유지·강화하였으며 운송업에도 진출하여 역의 화물운송업을 맡았고 곡물무역업에서도 많은 활동을 했다.

문창교회(추산동, 1919)

포교당 정법사(추산동, 1912)

  이와 같은 꾸준한 자본축적이 1920년 4월「조선회사령」폐지 후 회사 설립으로 이어졌다. 이처럼 활발했던 원마산의 상황(商況)을 노리고 하자마(迫間)가 매립(본 장 매립 부분을 참조)을 시작하였고, 그 결과 1915년경부터 원마산 상권의 공간적 변화가 시작되었다.

  1901년 조선예수교 장로교회 공의회가 조직되면서 마산교회가 태동되었다. 창동 시민극장 뒷골목 한영택 장로의 집에서 예배를 드린 것이 그 효시다. 이후 이승규 등이 입교하고 1903년 마산포교회로 개명하였다가 1919년 로마네스크 양식의 석조 단층 예배당을 신축하면서 문창교회가 되었다. 1만 6천 원의 건축비를 모아 무학산에서 채굴한 화강석으로 지었는데 국내 석조 교회건축의 효시다.

  근대 마산불교는 1912년 4월 8일 양산 통도사 주지였던 천보(天輔) 김구하 큰스님이 일제하 마산 지역의 포교를 위해 사답을 팔아 현 추산동 포교당(정법사)에 설법전을 창설함으로써 시작되었다.

  이 시기 마산의 교육기관으로는 경술국치 이전부터 있던 마산공립소학교(현 성호초등학교), 마산공립심상고등소학교(현 월영초등학교), 사립 창신학교, 노동야학 외에 1910년에 설립된 완월리의 사립성지학교가 있었다. 그리고 1913년에는 남녀공학이던 창신학교에서 의신여학교가 독립하여 개교하였으며 1915년에는 장군동 2가에 마산공립실과여학교(현 마산여고 전신)가 개교하였다. 1910년대 초기에 벌써 여학교가 3곳이나 되었을 만큼 마산은 여성의 신교육에 관심이 높았다. 창신학교에는 안자산(安自山, 본명 안확, 1910~14 · 1916~20 재직), 한메 이윤재(1913~18), 한결 김윤경(1913~17)이 교사로 재직했으며 학생으로는 고루 이극로(1910~12)가 재학하였다. 창신학교는 마산 지역 민족운동의 중심 역할을 했다. 1907년 옥기환을 중심으로 개교된 전국 최초의 마산노동야학은 1914년 10월 창동에 교실 여섯 개를 가진(140평) 교사를 마련하였다.

1913년 오동동 현 삼성생명 건물과 옆 공터(한국은행 마산지점이였던 현재 주차장 자리) 및 천주교 마산교구청 일대에 부산감옥 마산분감이 들어섰다. 1910년 7월 1일 신마산 반월동 일대에 터를 잡았지만 일본인들의 반발로 부림시장 쪽 경무청으로 옮겼다가 이곳으로 이전한 것이었다. 당시만 해도 이 위치가 도시 지역에서 벗어난 곳이었는데 1920년대에 시가지가 확산되자 '도시 내의 형무소'라는 지적과 함께 외곽으로 이전하라는 요구가 일기도 했다.

같은 해(1913) 민간단체인 마산문예구락부가 조직되었다. 이 단체에서는 순 한문으로 만들어진 『문예구락부 시권(試券, 창간호)』을 간행하였으며 하자마(迫間)의 창고(전 경남은행 창동지점 자리)에서 홍보영화를 상영하기도 하였다. 이때쯤 수성동 현 오동동행정복지센터 일대에 유곽거리가 형성되어 해방 때까지 지속되었다.

이 시기는 도시 변화가 많이 없었던 만큼 건설공사도 크게 없었

조선식산은행 마산지점(남성동, 1918)

지만 신마산에 집중되었던 건축공사가 서서히 원마산 방향으로 뻗어 나오는 변화를 보였다. 건축물도 개항기에는 식민 지배를 위한 공공건물 신축이 많았으나 이 시기에는 기존건물의 증개축이 많았으며 공공건물보다는 산업용 건물이 많이 들어섰다. 건물의 구조도 목조에서 벽돌조로 바뀌어 갔다. 1910년대 초에 해체된 마산창 부지 일부에 1918년 근대식 조선식산은행 지점(현 SC제일은행 자리)이 들어섰다. 이때 지은 건물은 1970년대까지 존속하다가 현 건물 신축 때 철거되었다.

1919년에 간행된 지도에 의하면 현 삼성생명 부지에 부산감옥 마산분관과 인근 통술골목 안에 동척 마산출장소가 있었으며, 전 북마산파출소 앞의 우신뉴타워아파트 일대에 조면공장이 있었다. 그리고 현 성호초등학교의 서편(환주산 북쪽산록) 약 250m 지점에 피병원(避病院, 전염병 환자 전용 병원)이 있었다. 피병원은 신마산 현 마산여고 뒤편에도 있었는데 신마산은 일본인 전용이며 원마산은 한국인 전용으로 추정된다.

이 시기에 건축된 대표적인 공공건축은 마산기업전습소(마산창유정당 해체 이축, 상남동, 1911), 헌병분견대(월남동 3가, 1912)[14], 구마산우편소(남성동, 1913), 부산감옥 마산분감(오동동, 1913), 마산실과고등여학교(장군동 3가, 1915) 등이며, 민간건축은 일한와사전기발전소(중앙동, 1911), 고토부키자(壽座, 수성동, 1910년대), 마산포교당(추산동, 1912), 의신여학교(상남동, 1913), 조선식산은행(남성동, 1918), 노동야학교(창동, 1919), 문창교회(추산동, 1919), 마산창고주식회사(남성동, 1920) 등이다. 이 중 현존하는 건축물은 마산헌병분견대(등록문화재 제198호)뿐이다.

2. 마산부 제정

1895년 을미개혁으로 태종 13년(1413) 이후 480여 년간 지속되어온 8도제가 폐지되고 부제(府制)가 시행되었다. 전국에 23부를 두고 336군을 부가 관할함으로써 종래의 부, 목, 군, 현 등으로 다양하게 불리던 행정구역들을 군으로 통칭하였다. 이때 마산은 진주부 관

---

14 선행연구를 확인 없이 인용해 헌병분견대 건립년도를 1926년이라고 한 『전통도시의 식민지적 근대화』(2005)의 오류를 바로잡는다.

할의 21개 군 중 창원군에 속했다. 그러나 이 제도는 부제의 인위적인 획정이 마찰을 빚어 실시 1년 3개월 만에 폐지되고 말았다. 이어서 1896년 병신개혁으로 13도제가 채택되었다. 이때의 13도는 종래의 8도를 바탕으로 경기·강원·황해의 3개도를 제외한 나머지를 남북 양도로 분할한 것이었는데 오늘날의 도(道) 구역이 이때 결정되었다. 13도 외에 7부(광주·개성·강화·인천·동래·덕원·경흥), 1목(제주), 331군을 두었으며 마산은 경상남도 창원군에 속했고 경상남도의 수부는 진주였다. 그 후 광무 3년(1899)에 창원군은 개항에 따른 조치로서 군산·성진과 함께 창원부로 승격되어 창원감리서를 두고 감리로 하여금 개항장의 관리업무를 보게 하였다. 광무 7년(1903) 창원부는 다시 창원군으로 바뀌었으며 이때 전국은 3부·1목·339군으로 변경되었다.

마산에 일본영사관이 설치되었다. 개항 직후인 1899년 5월 22일 부산주재 일본영사관 마산분관으로 시작해 다음해인 1900년 4월 영사관으로 승격, 현 경남대 평생교육원 자리에 영사관을 신축하였다. 1905년 을사늑약이 체결되자 통감부와 이사관 제도를 발포하여 마산의 일본영사관은 1906년 2월 이사청으로 개칭하였다. 이에 따라 9월 24일 개항상의 감리서를 폐지히고 창원군을 다시 창원부로 개칭하여 감리의 소관업무를 부윤에게 인계하였다.

경술국치로 조선총독부가 개청되기 하루 전날인 1910년 9월 30일, 일제는 통치기구에 관한 일련의 관제를 발포하여 강점 직후 과도기적 지방통치기구를 확립하였다. 이 개편과정에서 마산은 이전의 창원부에서 마산부라는 명칭으로 바뀐다. 이전의 11개 부는 모두 개항장 혹은 개시장이었던 곳이지만 다시 개편된 부 12개는 모두 통감 치하의 일본이사청과 일본거류민단이 있던 지역이었다. 부청은 1910년 10월 1일 개청하였다. 이사청은 이 날로 폐지되고 마산을 포함한 전국의 이사청 청사가 부청사로 이름을 바꾸었다. 이렇게 마산은 창원부에서 독립적인 이름을 가진 마산부로 바뀌었지만 호칭이 달라진 것 외 지방행정 단위로서의 성격은 전혀 달라진 것이 없었다.

경술국치 후 3년이 지나고 어느 정도 식민통치의 틀이 잡히자 총독부는 1913년 10월과 1914년 4월에 걸쳐 다시 대대적인 지방행정 변경을 단행하였다. 이때 종래의 부군제(府郡制)를 폐지하고 부를 지금의 시와 같이 도시행정의 기본단위로 했다. 일본거류민단과 각국 공동조계도 폐지하여 지방행정을 일원화시켰다. 이때 마산은 경성 · 인천 · 군산 · 목포 · 대구 · 부산 · 평양 · 신의주 · 원산 · 청진 · 진남포 등과 함께 관하에 면을 가지지 않은 지방행정 기초단위로서의 부가 되었다. 이때 결정된 마산부의 관할구역은 마산부 외서면의 완월리 · 신월리 · 월영리 · 자산리 · 서성리 · 성호리 · 중성리 · 성산리 · 동성리 · 오산리 · 상남리 · 교방리 등이다. 그림 〈1914년 조선총독부가 고시한 마산부의 경계도〉에서 보는 것처럼 동쪽으로 마산만 해안선을 경계로 서쪽으로 대곡산과 무학산 정상, 남쪽으로 율구미, 북쪽으로 오동교부터 노비산까지였다. 이때 '오동동'이 생겼다. 오산리 중 마산부의 경계였던 오동교 남쪽 지역과 동성리 북쪽 지역을 합쳐, 두 리의 앞 자를 따 오동(午東)이 되었다. 오산리는 지금의 산호동이다.

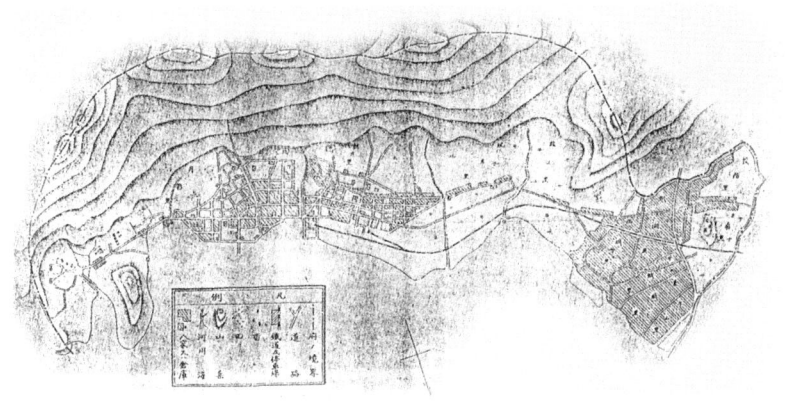

1914년 조선총독부가 고시한 마산부의 경계

19세기 말에 시작된 마산의 행정구역 개편은 이처럼 창원군(1895)-창원군(1896)-창원부(1899)-창원군(1903)-창원부(1906)-마산부(1910)-마산부(1914)로 바뀌는 혼란을 겪었다. 그 최종 변화라 할 수 있는 1914년의 개편으로 마산은 독립 시(옛 마산시)로서의 모습을 갖게 되었다.

3. 마산창 철거

1899년 각국 공동조계지에 자리 잡기 시작한 일본인들은 정착 직후부터 당시 모든 분야의 집산지였던 원마산으로 진출키 위해 지속적으로 노력하였다. 그 첫 사업이 마산창 부지를 중심으로 원마산에 폭 8~10m의 근대식 직선도로를 개설한 것이었다. 이미 1907년경 원마산 도로의 폭을 조금 넓히거나 형태를 곧게 하는 가로 개수공사가 마산경찰서 주관으로 있었지만 광폭의 직선도로가 뚫린 것은 이것이 첫 사례였다. 개설 시기는 1912년부터 1915년까지였으며 하자마(迫間)의 매립공사(1911~1914)와 동시에 시행되었다.

『마산항지』에 의하면 계획도로의 노선 때문에 민회가 공전되었고, 민회 의원끼리 패거리를 만들어 싸웠으며, 높은 지가 때문에 계획한 것만큼 공사를 시행하지 못했음을 알 수 있다. 그만큼 당시 원마산이 상업중심지로서 가치가 높았다는 말이다. 신설된 도로는 비용, 이해관계, 기존 도시체계 등을 고려하여 가능한 한 기존의 골목

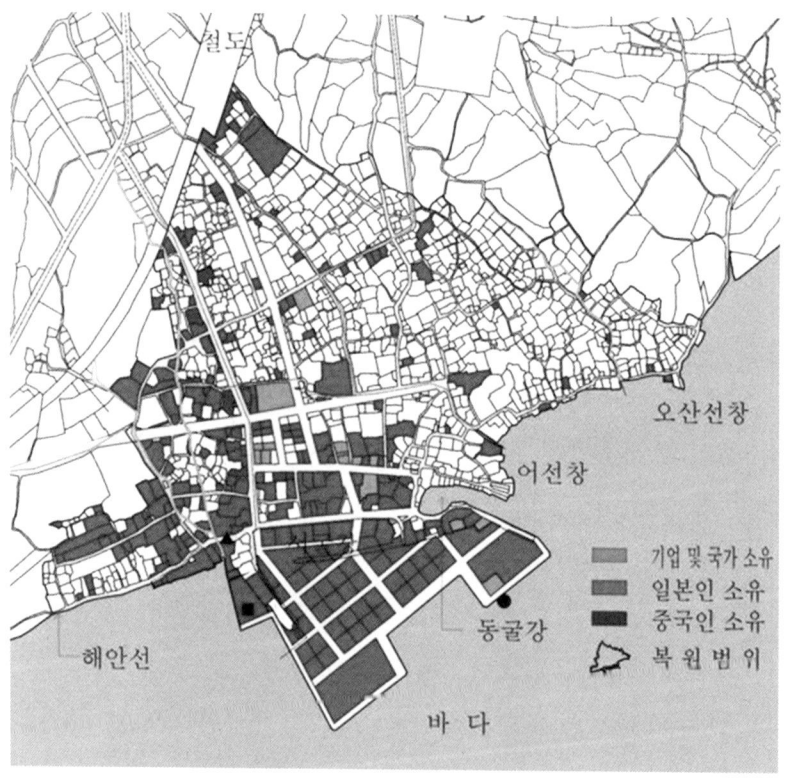

1910년대 시행된 매립과 도로 개설

길을 확장하여 개설하였다. 이 도로 개설은 도시계획으로 인한 원마산 최초의 것으로서 신마산에서 시작된 현 3·15대로와 이어졌으며 하자마 매립지의 도로와도 연결되었다.

1,500여 평의 마산창 부지에 근대식 도로가 뚫린 후 도로 외의 토지는 여러 필지로 분할 매각되었다. 이 변화는 이미 원마산 상권의 중심지였던 이 일대를 더욱 부각시켰다. 분할된 토지들은 대구 소재 주식회사 경상농공은행(현 SC제일은행 부지)을 비롯하여 일본인과 한국인이 상업용지로 사들였다.

근대식 도로의 개설이 가져온 원마산의 변화는 컸다. 동서 방향으로 동성동에서 부림동을 지나 신마산과 이어지는 현 남성로(현 SC제일은행 마산지점 앞 도로)가 이때 개설되었다. 이 도로의 동쪽 끝 부분(현 본초당한의원 뒤쪽)은 개인 소유지인데 토지 형태를 보아 정차장으로 추정된다. 교방동과 회원동 지역, 그리고 성호동과 추산동 지역이 원마산과 원활히 연결되도록 남북으로 이어진 두 도로(현 부림시장을 지나는 동서북7길, 동서북8길, 동서북9길과 창동 네거리를 지나는 창동거리길)도 이때 개설되었다. 성호초등학교로 진입하는 도로의 폭도 넓어졌다. 이러한 도로 개설공사들은 모두 1915년 이전까지 진행되었으며 그 후에는 큰 변화가 없었다.

영조 35년(1760)에 설립된 마산창은 조운제도가 없어진 뒤에도 창원감리서, 창원부청 등으로 사용되다가 이때 완전히 사라졌다. 유정당(惟正堂)을 중심으로 도열해 섰던 8동 53칸의 마산창 건물들도 이때 전부 헐렸다. 마산 일대에서 최대 규모로 최고의 위상을 가졌던 유정당은 치욕스럽게도 일본인의 손에 해체되어 '마산기업전습

기업전습소로 이축된 월남다리 옆 마산창 유정당

소'라는 낯선 이름을 달고 상남동 성동교(흔히 월남다리라 부른다) 북서쪽 모퉁이에 다시 개축되었다. 기업전습소는 일본 정부의 병합기념 천황은사금으로 각지에 설립한 실업장려 시설이었다.

1910년대 초에 있었던 '마산창 철거'와 '최초 계획도로 개설'은 이어서 나오는 최초의 상업용 매립이었던 '남성동 매립'과 함께 1910년대 원마산 도시구조를 완전히 바꾼 일대 사건이었다. 1910년대 전반기 동시(계획도로 1912~15, 마산창 철거 1912, 남성동 매립 1911~14)에 일어난 이 변화로 전통 도시 원마산은 본격적으로 식민지적 근대화의 길로 들어서게 된다.

4. 시가지 변화

1914년 지방제도 개혁이라는 명분으로 마산을 부(府)로 만들고 관할구역을 재편하였다. 사실상 2010년 마창진 통합 전 마산시의 시작이었다.

마산선 철도 개통 이후 활발하게 철도가 이용되어 역전 주위에 많은 건물들이 들어섰다. 또한 1908년 6월 폭 5m로 개수공사를 시작했던 진주로 가는 도로가 1911년 3월 개통되어 원마산과 신마산을 잇는 중앙 간선도로와 연결되었는데 이 도로 개설을 계기로 인근 지역이 마산권과 가까워졌다. 마산-진주 간 도로공사 당시 마산역 건너편에는 높이 12~15m의 언덕이 있었으며 그 꼭대기에 정자를 지어 역무원들의 휴식공간으로 사용하고 있었다. 이 언덕을 쓰키미오카(月見丘)라고 불렀는데 마산-진주 간 도로공사 때 평탄하게 깎아내렸다.

원마산과 신마산은 변화가 심했지만 도시 지역을 벗어난 완월·자산·교방·회원·산호·상남동 지역과 양덕·합성·석전·회성·봉암 등의 지역은 자연취락 형태 그대로였다. 1910년대 초중반 봉암동 마산자유무역지역 일대 간석지가 매립되어 일부는 논으로 사용되었으며 일부는 매립공사 중이었다.

1) 시가지 확산

1914년 4월 지방행정 단위를 변경하여 독립 시가 된 마산부의 관할구역은 동쪽으로 마산만 해안선과 서쪽으로 대곡산과 무학산 정상을 경계로 남쪽은 율구미, 북쪽은 오동교부터 노비산까지였다.

각국 공동조계지의 시가지는 개항 이후부터 점차 원마산 방면으로 확장되기 시작하여 1910년대에는 상당한 정도까지 뻗어 나와 있

육군중포병대대 전경

었다. 하지만 1910년 이후는 성장 추세가 꺾여 정체되었다. 시가지 변화는 물론 사회 변화도 많지 않았다. 신마산에 거주했던 일본인의 수도 줄어들었고 건물도 많이 짓지 않았고 도로도 개설되지 않았다. 고운로(제일여고 앞 도로) 서편 경사지에는 신사(神社)만 있을 뿐 이때까지 도로가 개설되지도 않았다. 다만 육군중포병대대가 자리 잡은 현 월영동 아파트 단지(옛 국군통합병원 부지)와 자복포(옛 한국철강 부지, 현 마린애시앙부영아파트 부지) 일대에는 군사적으로 필요한 시설들을 확대해 나갔다.

신마산은 정체되었지만 원마산은 변화가 많았다. 가장 큰 변화는 매립과 도로 개설이었지만 시가지 확산은 1910년 개설한 구마산역 영향이 컸다. 북쪽으로 교방천까지 시가지가 확산되어 삼각형이었던 원마산의 전체 형태가 변화하였다. 대부분 늘어난 인구를 수용하기 위한 주거지였다.

남성동 매립지에도 초기에는 우편소를 비롯한 몇 건물뿐이었지만 1910년대 후반에는 많은 건물들이 세워져 시가지화되었다. 남성동 매립과 때를 맞추어 마산창 부지에 도로가 개설되고, 남은 토지가 여러 필지로 분할되어 민간에 분양되자 건물들이 세워져 이곳이 중심상업지로 변했다. 대표적인 사례가 조선식산은행 마산지점(현 SC제일은행 마산지점 자리) 건축이었다.

2) 도로의 신설과 확장

1911년 진동 지역을 거쳐 진주로 가는 도로를 5m 폭으로 확장하였다.

1910년에 개통되었던 원마산과 신마산을 잇는 폭 3m의 도로가 1912년에 폭15m로 확장되었다. 현 3·15대로이다.

1913년경 원마산 최초로 근대식 도로가 개설되었다. 동서 방향으로 동성동에서 부림동을 지나 신마산과 이어지는 남성로(현 SC제일은행 마산지점 앞 도로)가 개설되어 1912년 개설된 위 3·15대로와 연결되었다.

같은 시기 창동 네거리를 남북으로 지나는 장동거리길과 부림시장을 지나는 동서북7길과 동서북8길, 동서북9길도 이때 조성되었다. 이 도로들은 남성동 해안의 매립지와 연결되었다.

1910년대 중반 성호초등학교로 진입하는 성호동5길의 폭이 확장되었다.

해안 매립의 역사 · 2

이 시기 이전에 시행된 네 차례의 매립은 모두 군, 철도, 조계지 조성 등 통치과정에서 시행된 공공사업이거나 경계와 용도가 불확실했던 해안 지역의 비정상적인 매립이었다. 본격적이라고 말할 수 있는 매립은 이 시기에 시작되었다. 강점기의 매립은 조선총독부의 정책적 필요에 의한 부두 조성용이 일부 있었을 뿐 모두 금전적 이익을 목적한 민간의 매립이었다.

5. 최초의 상업용 남성동 매립

경술국치 이전의 매립은 군부 혹은 공공기관에서 시행했거나 임의의 매립이었다. 이에 반해 남성동 매립은 민간이 공식적으로 허가를 득하여 상업용으로 매립한 최초의 사례였다. 이 매립은 대지 8,078평, 도로 3,560여 평 합계 11,640여 평에 이르는 대규모 사업이었다. 일본인 하자마 후사타로(迫間房太郎)에 의해 경술국치 직후 착공되어 1914년 준공되었다. 하자마는 당시 부산 제일의 땅부자로 1923년 잡지『개벽』에서 '그의 재산이 부산에 있는 10,031호 조선인 전체보다 많다'고 했고, 손정목이 한반도의 일본인 중 최고의 자산가로 소개한 자다. 도내 소작지의 3.5%, 소작농이 2천여 호였고 김해 진영면과 창원 대산면·동면 등 3개 면에 걸친 진영농장의 소유주였다. 마산포 사건 때 조선인 지주들을 꾀어 토지를 매수해 러시아의 마산 진출을 막는데도 일조하였다.

하자마의 매립지는 개항 초 한국인 김경덕이 시도했다가 실패한 바로 그곳이었다. 사업주는 하자마였지만 마산에서 일을 대행한 이는 일본인 히로시 세이조(弘淸三)였다. 경술국치 직후에 시행된 까닭인지 관련 기록을 찾기 어려워 「사정토지대장」과 「사정지적도」를 낱낱이 확인하였다. 신포동 115·116·117번지와 남성동 172번지부터 221번지까지의 총 52필지였다. 대지 8,078평 중 608평을 제외한 모든 토지는 매립 후 하자마의 소유가 되었다. 1936년 2월 22일 그의 아들로 추정되는 하자마 히데오(迫間秀雄)에게 전부 이전되어

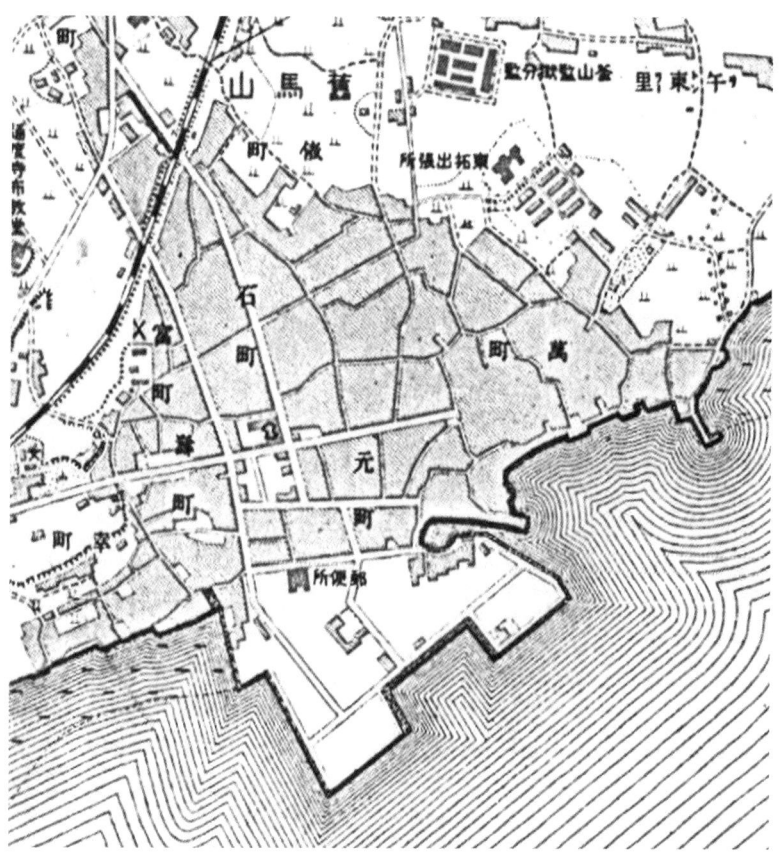

남성동 매립 후의 원마산(마산포)

해방 때까지 소유했다. 일제강점기가 끝날 때까지 이 많은 토지를 한 필지도 매매하지 않고 고가로 임대하였다.

매립지 해안에는 석축안벽(石築岸壁)이 조성되었고 1924년에는 석축돌제(石築突堤)의 방파제를 설치하고 물량장도 갖추었다. 부두는 어선과 소형 화물선들의 정박지로서의 기능뿐만 아니라 통영·거제 등 남해안 일대를 운항하는 연안여객선 부두로서 사용되었다. 매립지에는 원정우편소(元町郵便所, 현 남성동우체국)를 필두로 건축물들이 들어서기 시작했다.

이 매립으로 해안선에도 많은 변화가 있었다. 자연지형의 해안에 요(凹)형의 폭 약 300m에 이르는 석축호안과 정박장이 생겼다. 또한 해안선 진출로 수심이 깊어져 훨씬 발전한 형태의 부두를 갖게 되었다.

매립이 완료되자 종래의 어시장 대신 이곳이 해안을 끼게 되었다. 그러자 어쩔 수 없이 원마산의 중심 상권인 어시장이 해안을 낀 이 매립지로 이동하였다. 그런 점에서 이 매립은 해안도시인 마산의 경제권을 장악하기 위한 식민정책 중 가장 직접적이고도 적극적인 수탈 사례로 보는 것이다.

하자마의 매립으로 오랫동안 원마산 해안을 지켜온 네 개의 선창과 두 개의 굴강 중 서굴강과 서성선창·백일세선창은 완전히 그 모습이 사라졌고 동굴강과 어선창·오산선창은 형태만 유지하고 있었다. 동굴강은 매립에 포함될 위치였지만 하자마의 남성동 매립 후 상당 기간까지 존속하다가 1927년에 일부가 매립되고 1935년이 되어서야 완전히 없어진다. 이때 만들어진 원마산 해안은 1985년부터

1993년까지 시행된 구항 매립 때까지 70여 년 동안 마산항의 중심이었다.

6. 봉암동 간석지 매립

마산의 해안 전체에 70m에서 200m에 이르는 간석지가 있었지만 그중 유독 봉암동 현 마산자유무역지역 일대(당시 창원군)에는 최대 폭 1km에 달하는 대규모 간석지가 있었다. 마산포 주민들에게는 식량을 제공하는 보고(寶庫)였지만 일제의 눈에는 저비용으로 토지를 확보할 수 있는 매립 대상지였다.

봉암동 간석지 매립은 1916년 일본 육지측량부에서 측도하여 조선총독부가 발행한 1/5만 지도에 나타날 뿐이다. 시기는 경술국치 직후 착수하여 1913~15년 사이에 완료된 것으로 추정된다. 면적은 약 9만여 평이며 매립 주체는 밝혀지지 않는다. 봉암 지역 주민들이 오래전부터 이 매립지를 '청수(淸水)둑안'이라 불렀다는 점에서 시미즈(淸水)라는 일본인이 합법적인 절차 없이 임의로 매립한 것 아닌지 추정할 뿐이다.

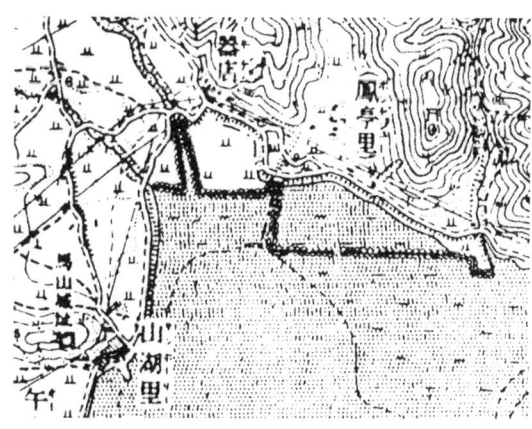

봉암동 간석지 매립
(1916년 조선총독부 발행 지도)

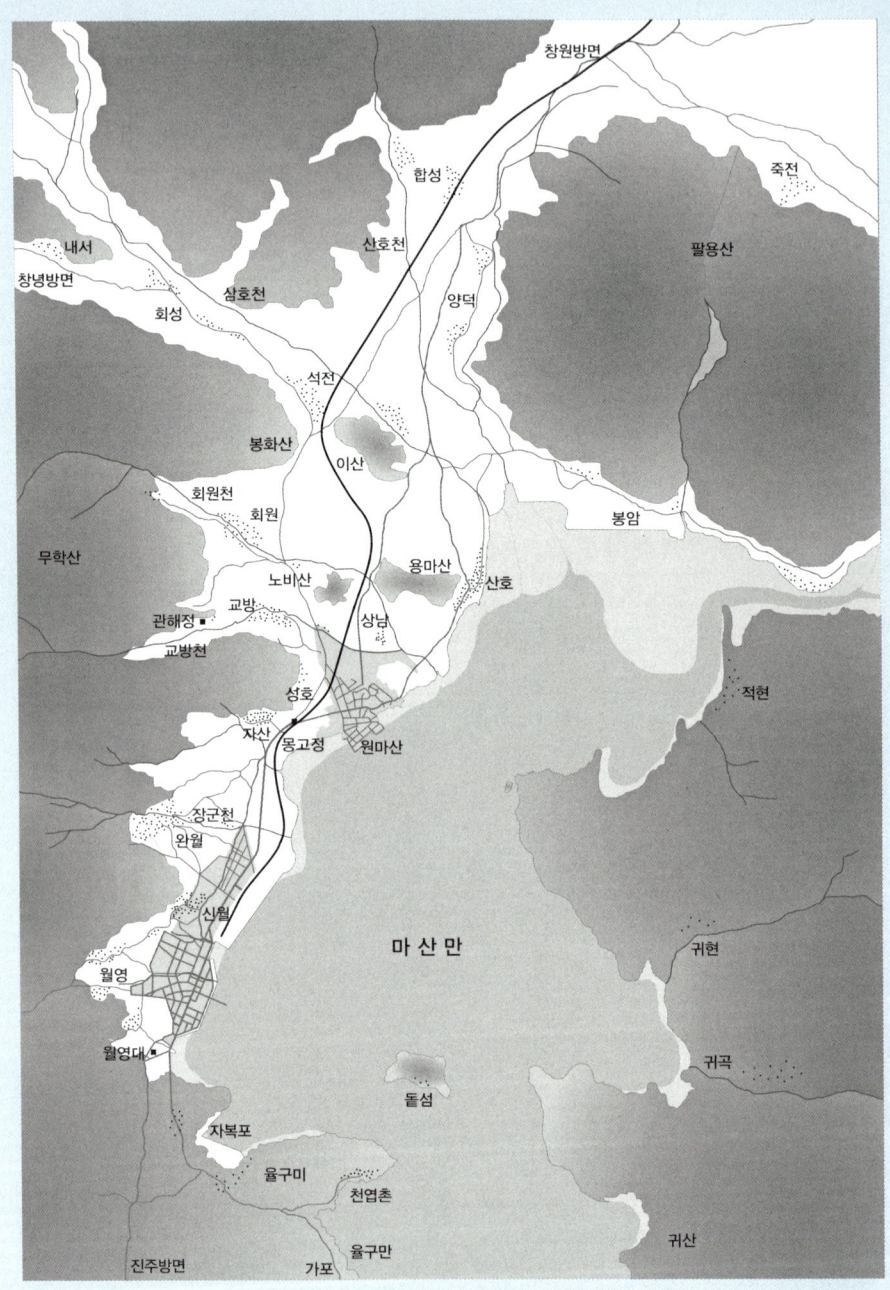

1920년 마산

II.
강점 2시기,
1921~1930

　이 시기 한국은 일제의 상품시장 및 원료공급지, 특히 식량공급지로 산업구조가 재편되었으며 일본 거대자본이 대거 한국으로 들어오기 시작했다. 흔히 산업수탈기라 부른다. 정치적으로는 3·1운동을 전환점으로 무단통치가 철폐되고 기만적인 문화정치가 표방되었으며 경제적으로는 산미증식계획이 강행되었고 1911년부터 시행되고 있던 '조선회사령'이 폐지되었다.

　1920년에 시행된 회사령 폐지의 요인은 제1차 세계대전에서 축적된 일본 국내 과잉자본의 해외신출이었지만 한국 내 식민지 공업화의 내적조건 성숙도 들 수 있다. 즉 1910년대의 식민지 기반구축기에 철도·도로·항만 등 사회기반시설의 확충과 금융기관의 정비, 1915년 12월 '조선광업령' 시행 이후 주요 광물자원의 생산증대, 풍부한 저임금 노동력 등 한국 내부의 공업화 여건이 작용했다.

　회사령 폐지로 산업시설이 증가하자 임노동자가 늘면서 도시인구가 증가했다. 1910년대 전국 인구 증가율 2.6%보다 낮았던 도시 인구 증가율(1.6%)이 1920~30년 사이에는 급격히 상승하여 연평균 7.1%를 기록했다.

1. 시가지 확장과 도시 변화

1920년대 마산의 도시 변화는 회사령 폐지로 인한 산업 변화와 중앙마산의 형성 및 매립, 그리고 시구 개정 사업으로 인한 원마산의 도로망 확산과 경남선 철도 개설 등이 큰 흐름이다.

강점 2시기 마산의 인구 변화(『조선총독부 통계연보』, 1921-3년 자료 미확보)

년도	한국인	일본인	외국인	합계	일본인 비율(%)
1920	11,923	4,172	70	16,165	25.8
1921					
1922					
1923					
1924	13,616	5,168	98	18,882	27.4
1925	17,148	4,824	109	22,081	21.8
1926	17,802	4,975	124	22,901	21.7
1927	18,019	5,095	129	23,243	21.9
1928	18,300	5,339	95	23,734	22.5
1929	19,309	5,592	87	24,988	22.4
1930	20,149	5,559	102	25,810	21.5
1930 / 1920	169.0%	133.2%	145.7%	159.7%	

표 〈강점 2시기 마산의 인구 변화〉를 보면 1924년에 18,882명으로 1920년 16,165명에 비해 4년 동안 2,717명(116.8%)이 늘었다. 많은 수는 아니지만 1910년대의 같은 기간보다는 증가세가 높아진 셈이다. 그리고 1930년에는 25,810명으로 1924년 이후 6년간 136.7% 늘어 후기로 갈수록 인구성장의 폭이 조금씩 높아지고 있다. 일본인은 1920년 당시 4,172명이던 것이 1924년에는 5,168명으로서 약 천여 명 늘어났고 그 뒤에도 조금씩 늘어나 1930년에는 5,559명이 되었다.

관동대지진(1923. 9. 1.) 이후 고양된 일본의 도시연구 열기가 한반도로 이전되었다. 서울·대구·부산 등의 대도시에서는 도시계획사업을, 그밖의 중소도시와 지방도읍들은 시구 개정사업이라도 하자는 분위기가 높아졌다. 마산도 예외일 수 없었다. 이런 흐름 속에서 오랫동안 철도용지로 묶여 있던 원마산과 신마산 사이의 중앙마산 지역을 이 시기에 개발하였다.

1920년대 초기까지는 신마산 조계지를 지나 장군동까지 도로는 개설되었지만 건물은 많이 들어서지 않았는데 1920년대 중반을 지나면서 상당한 정도의 건축물이 장군동 일대에 들어섰다. 이런 상황에서 시행된 중앙마산 개발은 마산의 도시구조를 크게 바꾸었다. 중앙마산 개발 후 토지를 민간에 매각하기도 했지만 공공업무용지로 많이 사용하였다.

신마산의 중심상권은 교마치(京町 : 두월동)였다. 현 경남대 정문 앞을 남북 방향으로 가로지르는 도로가 1928년 개설되기도 했지만 전체적으로 볼 때 큰 변화는 없었다. 이 시기에도 월영동과 신월동에는 한국인 취락이 있었고 이때까지도 신마산 조계지 중 고운로(孤雲路) 상부는 개발되지 않고 있었다.

장군천 하류의 철도용지 중 현 우방아파트 자리 5천여 평을 1924년 5월 일본인 전용인 중앙공설운동장으로 조성하기 시작하여 1926년 1월 26일 준공식을 가졌다. 히로히토(裕仁, 유인)가 비(妃)를 맞은 날(1924. 1. 26.)을 기념한 것이다. 이 운동장은 강점 말기 조선여자 근로정신대 집단수용소로 이용됐다가 해방 후에는 귀환동포의 집단주거지가 되었다.

1923년 현 무학초등학교 자리에 일본인 전용의 공립마산고등소학교(현 월영초)의 분교가 개설되었다. 간이시설로 도미마치(富町, 부림동)에 있던 분교가 이전한 것이었다. 원마산에 거주한 백여 명의 소학교 1~3학년 일본 아동들을 위한 분교였다. 제2소학교로 독립시키려는 계획도 있었지만 실행되지 못했다.

회사령 폐지로 시작된 일본 자본의 한국진출은 마산에도 많은 영향을 끼쳐 본격적으로 원마산에 일본기업이 진출하였다. 그런가 하면 회사 설립을 마음에 두고 있었지만 회사령으로 뜻을 이루지 못했던 마산의 토착자본가들도 회사를 설립하기 시작하였다. 한국인의 회사 설립은 주식회사마산정미소(1919. 10. 15. 설립, 자본금 10만 원)·남선양조주식회사(1919. 11. 14. 설립, 자본금 10만 원)·마산창고주식회사(1920. 5. 2. 설립, 자본금 10만 원)·원동무역주식회사(1920. 5. 16. 설립, 자본금 50만 원)·마산운수합자회사(1922. 9. 1. 설립, 자본금 7천 원) 등이다. 1910년대에는 한국인 회사가 단 하나도 없었고 1923년 이후로도 회사 설립이 드물었다는 점을 감안한다면 이때의 회사 설립에 대한 활기를 짐작할 수 있다. 이와 함께 1920년대 중반 이후 원마산은 도로 건설과 마산만 해안 매립, 중앙마산 형성 등 도시 변화가 많이 있었다.

1920년대에 설립된 마산의 주조회사는 합자회사 시미즈(淸水)양조장(1921), 하마다(濱田)주조장(1923), 무라사키(村崎)주조장(1923), 치시마엔(千島園)주조장(1925), 야마무라(山邑)주조주식회사 마산공장(1929), 쇼와(昭和)주류공업사(1929) 등이다. 일제는 1928년부터 개인의 자유로운 주류 제조를 금하고 이를 허가제로 전환해 면허를 발급했다. 일본식 주류는 전부 일본기업이 제조·생산하였다. 한국인이 탁주와 약주를 생산하기도 했지만 일본인이 독점했던 청주업에 비해 영세했다. 1920년 마산의 청주 양조량은 당시의 주조조합에 가입한 13개 공장에서 연간 4,400석이 생산되었다. 그때까지도 마산의 주조 생산량은 부산의 생산량 6,300석에 미치지 못했다. 그러나 1928년에는 당시 조합원 12개 공장에서 1만 1,000석을 생산하여 1만여 석을 생산한 부산업계를 제치고 한국의 지역별 주조 생산량 1위를 차지했다. 이후 마산의 청주업계는 호황을 지속했고 생산량은 해마다 증가했으며 마산의 청주는 국내시장 뿐 아니라 만주와 중국에까지 팔려 나갔다.

마산에서 생산된 장유는 품질이 우수하여 경남뿐 아니라 멀리 원산과 청진 등지에까지 판매되었다. 장유업은 일본인들이 독점하고 있었는데 1928년의 경우 마산의 장유 생산량은 5,000석 정도였다.

섬유공업은 회사령 폐지 이후 본격적으로 유치되기 시작한 산업이다. 1910년대 말에 가동되기 시작한 마산조면공장(상남동, 전

마산의 일본인 양조장(야마모토 미쓰오 山本三生의 『일본지리대계』 12 조선 편)

북마산파출소 건너편)을 1923년 6월 조선면화주식회사가 인수하여 1,300평 부지에 공장 280평과 하치장 50평 규모로 공장건물을 넓혀 1924년 10월에 준공했다. 마산조면공장은 한국인 노동자 100여 명이 노동조건 개선을 내세우며 파업을 일으켜 끝내 요구를 관철시킨 사건으로 유명하다. 이 노동쟁의를 기념해 독립기념관은 마산조면공장 터를 국내 항일운동사적지로 지정했다. 1927년에는 오타 세이이치(太田誠一)가 설립한 오타마사(太田麻糸)공장(해운동)이 부지 5,000평에 1,000여 평의 공장을 세우고 가동에 들어갔다.

이밖에 대표적인 한국인 기업 원동무역주식회사가 1920년 5월 16일 설립되었다. 어시장에서 원동상회를 경영하던 옥기환이 명도석, 김철두와 함께 발기한 이 회사는 마산 경제계에 진출한 최초의 한국인 무역회사였다. 설립 초기 대표는 옥기환이었으나 1923년부터는 독립운동가 남저(南樗) 이우식이 대표를 맡았다. 수익금으로 민족운동과 지역사회의 교육사업을 지원하였다. 이 때문에 원동무역주식회사가 있던 터를 독립기념관이 국내 항일운동사적지로 지정하였다.

금융기관으로는 농공은행이 모체가 된 조선식산은행 마산지점이 헌 SC제일은행 자리에 있었으며 이 외에 마산금융조합이 신마산에, 구마산금융조합이 원마산으로 구역을 분할해 영업하고 있었다. 이 밖에 농민을 대상으로 한 내서금융조합과 마산금융회사 등도 있었다.

1910년 신설된 구마산역은 교통 및 상업의 중심지 역할을 했다. 승객의 숫자도 마산역보다 많아 부산역과 대구역에 이어 번성했던 역이었다. 화물은 경부선·호남선·경의선·진해선 등과 연결되었다. 구마산역에는 신마산쪽으로 오가는 승합차가 27대가 있었으며 외부로 연결되는 자동차도 운행되었다.

 1923년 군북까지, 1925년 진주까지 철도 경남선이 개설되자 서부 경남과의 교역이 활발해졌으며 이로 인해 북마산역 주변으로 시가지가 확산되었다. 그리고 그 영향으로 규모 있는 점포들이 원마산에 들어서면서 시가지가 드러나게 확산되었다. 신마산의 상가는 교마치(京町 : 두월동) 거리의 양쪽에 형성되었지만 일본인조차도 원마산을 많이 이용했기 때문에 상거래가 그다지 활발하지는 않았다. 그러자 일본인들은 판매업보다는 여관 · 요식업 · 대금업 등으로 업종을 바꾸거나 원마산으로 영업장을 옮기기도 했다.

 1920년대 마산의 대표적인 시장에 대해 조선총독부 서무부 조사과가 간행한 『조선의 시장』과 『마산상공회의소 백년사』에 게재된 내용을 종합해 보면 다음과 같다.

 ① '구마산시장'은 부림동 · 수성동 · 남성동 · 동성동 · 창동의 도로 상에 있었기 때문에 면적과 규모 및 위치를 정확히 알 수는 없지만 도로 연장은 200칸(360m) 정도였다. 노상시장이었기 때문에 설비는 없었으며 개시일은 음력 5 · 10일로 월 6회 열렸다. 상인은 소매상 300여 명이었으며 5~7리 거리에서 사람들이 모여들었다. 이 '구마산시장'이 '도미마치공설시장(현 부림시장)'이란 이름으로 상설화되면서 건물도 갖추었다. 1924년 개설된 도미마치공설시장은 마산에서 가장 큰 시장으로, 건물은 연와조의 장가(長家) 점포 3채 외에 아연지붕의 바라

1930년대 도미마치공설시장(현 부림시장)

크식 건물 여러 동이 있었다. 수많은 노점 상인들이 어울려서 언제나 크게 붐볐다.

② 1923년 신마산 반월동에 '오기마치(扇町)공설시장'이 들어섰다. 부지 2,281평에 81평과 25평의 건물 두 동을 지었으며 건물과 건물 사이로 적당한 크기의 도로를 냈다. 상설시장이었으며 주요 취급품은 야채·곡류·어류였고 28명의 소매상이 있었다. 점포주는 모두 신마산의 일본인이었으며 이용자도 신마산 거주 일본인들일 뿐 원마산 주민들은 이용하지 않았다. 개설 초기에 전화 주문까지 받으면서 배달도 하는 등의 친절

전략을 구사했지만 개설 1년도 못 되어 쇠퇴하고 말았다.

③ 경술국치 이전에 일본인들이 주식회사 체제로 발족시킨 마산수산(주)를 1920년 재편성하여 창포동 3가에 경매시장인 '마산수산시장'을 개설했다. 시설은 해면에 접한 96평 규모의 목조건물이었다. 양·음력설과 추석을 제외하고는 매일 오전 7시부터 11시까지 영업하였고 해산물만 취급했다. 중매인 11명이 있었으며 모든 거래는 경매로 이루어졌다. 출품하는 사람은 진해와 거제에서 주로 왔으며 구입자는 마산에 거주하는 사람들이었다. 원마산 남성동에 출장소를 두고 영업했다.

④ '마산 우시장'도 있었다. 사설로서 1924년 오동동(교방천 옆 서편 공공주차장 일대)에 마산축산조합이 운영하다가 1926년부터 마산부 직영으로 바뀌어 운영되었다. 면적은 1,044평이었으며 시장 주위에 목책이 둘러쳐져 있었다. 개시일은 음력 5·10일로 월 6회였다. 중개자 15명이 활동하고 있었고 인근 5리 이내의 사람들이 소를 매매하기 위해 찾았다.

⑤ 중앙동 1가에 1925년 1월 사설 '마산청물시장'이 개설·인가되었다. 89평의 부지와 64평의 건물에서 매일 오전 9시부터 정오까지 개설하였다. 취급품은 야채 및 과일류였으며 중매인 11명이 있었다. 출품자는 시모노세키(下關)·모지(門司) 및 마산 부근 일대의 과수원 경영자였다.

3·1운동을 정점으로 시작된 문화정치가 마산에도 영향을 미치면서 소위 '문화운동'이 전개되었다. 마산구락부에서 마산학원(1920), 신마산청년회에서 월영노동야학교(1921)를 설립한데 이어 1922년에는 수학 연한 3년제 을종 실업계 학교인 마산공립상업학교가 현 상남동 상남성당 일대에 설립되었다. 마산공립상업학교 설립에는 지역유지들의 지원이 많았다. 이밖에 1923년 5월 22일 추산동 통도사 포교당은 배달강습학당의 낙성식을 거행하고 유소년들을 교육했다. 배달강습학당은 1927년 4월 5일 마산구락부가 운영하던 마산학원을 병합하여 배달유치원으로 개원하였으며, 1940년에 대자유치원으로 이름을 바꾸어 지금까지 이어지고 있다. 1929년 4월에는 문창교회에서 의신유치원을 개원하였고, 일본 사찰 조동종 복수사(福壽寺)가 사회교화사업으로 가난한 한국인 아동의 교육과 직업훈련을 목적으로 한 야학을 운영했다. 3년 과정이었으며 전교생은 대략

마산공립상업학교(상남동, 현 용마고 전신)

120여 명이었다. 1925년에는 재봉을 가르쳐 주목을 받기도 했다. 1915년 개교했던 공립마산실과고등여학교는 1925년 공립마산고등여학교(현 마산여고·마산여중 전신)로 변경되었다.

일본인에 의해 모든 사회 분야가 달라지면서 한국인의 생활방식도 변하였다. 1918년경만 하더라도 마산포 장날에 단발한 한국인이 보이면 신기하게 쳐다보았지만 1년이 지난 1919년경에는 단발에 양장차림을 한 사람들이 부쩍 많아져서 1920년대 중반에는 전체 한국인의 절반을 차지할 정도였다. 상투머리를 한 사람들이 전혀 없지는 않았지만 이들 대부분은 막일하는 사람과 농민이었다. 짚신도 이 시기에는 많이 사라지고 대부분의 사람들이 고무신을 신었는데 마산에는 주로 오사카(大阪)와 고베(神戶)의 고무신이 주로 공급되었다. 개중에는 구두를 착용하는 사람들도 더러 있었다. 이런 가운데 3·1운동 이후 마산 사람들의 배일감정은 더욱 심해져『마산항지』에서는 그 당시 분위기를 다음과 같이 기록하고 있다.

> 대정 8년(1919) 중춘(仲春) 각지에 배일선전의 만세소요(3·1독립운동)가 일어나면서부터 배일사상이 더욱 심각해졌다. 좁은 길에서 일본인을 만나면 한 걸음도 양보하지 않고, 심하게는 일본인 교사에 대하여 선생이라 부르던 것이 이때부터 모 군이라고 고쳐 부를 정도로 악화되었다.

1923년 9월 1일 관동대지진 때 수많은 한국인이 무고하게 죽었다는 소문이 나자 일본인에 대한 적의는 더욱 커져 마산포에 살고 있는 일본인을 불태워 죽이지나 않을까, 혹은 지금 마시고 있는 샘물에 독약을 넣을 거라는 소문이 나돌기도 하여서 헌병·경찰·소방조까지 임시 야경을 서기도 했다.

1910년대에 이미 시외버스는 있었지만 시내에는 승합마차만 있었을 뿐 자동차는 없었다. 시내 전용 자동차가 등장한 것은 1922년부터 시작된 원마산의 도로 개설 및 확장공사가 시행된 이후부터로 알려져 있다. 민간사업자의 버스 운행은 마산역(현 중부경찰서 앞 월포벽산블루밍아파트 자리)에서 구마산역(현 육호광장)과 북마산역(현 회산다리에서 남쪽으로 약 500m 부근)까지를 3개 구간으로 나누어 다녔다. 1928년에는 택시도 서너 대 출현했다. 시외교통은 통영·창녕·함안·진주 등지로 연결되었다.

이 시기 최초의 한국인 전용 종합운동장이 건설되었다. 1921년 한국인들의 순수한 기부금으로 조성한 현 육호광장 마산회원구 선거관리위원회 일대의 '마산구락부운동장'이다. 일본인 전용인 중앙공설운동장(현 마산합포구청 옆 우방아파트 자리)보다 5년 앞선 시점이었다. 면적은 3천여 평이었으며 마산 사람들에게 최초로 근대 스포츠를 체험시킨 곳이다. 마산구락부는 민족자주 의식으로 시작한 마산민의소의 이념 계승을 천명한 시민조직이었다. 주로 교육과 체육·계몽 활동에 치중했던 문화운동단체이자 청년운동단체였다. '제비산운동장'이라고도 불린 마산구락부운동장은 1936년까지 약 15년간 마산인들의 체육문화활동의 중심지로 사용되었다. 1923년 5월 28일에는 '전 조선 자전거 겸 마라톤 대회'가 이곳에서 열렸다. 이 대회에서 자전거는 전설의 엄복동, 마라톤은 문판개(시인 우무석의

1920년대 마산구락부 운동장(마산야구협회)

외조부) 선생이 우승했다. 1922년 8월 26일 마산구락부 회관에서 한국인들이 모여 마산의 근대적 체육단체인 마산체육회가 창립된 것도 이 운동장 개설과 유관했을 터이다.

한편 러시아 혁명 이후 세계적 추세였던 사회주의운동과 노동운동 및 청년운동이 마산에 첫선을 보인 것도 이 시기였다. 마산구락부 외에도 조선노동공제회, 노농동우회, 신인회, 공산청년회, 무정부주의 단체인 마산아나키스트 그룹, 신간회 등 민족운동과 계급운동을 기치로 내건 자주적 움직임이 적지 않았다.

1905년 마산역 부지로 매립했던 해안 방축 너머는 월포해수욕장(지금의 경동메르빌, 월포벽산블루밍, 한성가고파 아파트 앞 길 건너)으로 변해 있었다. 방축을 따라 키 큰 소나무들이 늘어서 있었고 방축 아래는 금빛 모래밭이었다. 위치가 신마산이었고 한국인에게는 해수욕이 아직 익숙하지 않을 때여서 주로 마산의 일본인들이 이용했다. 서울에서 마산까지 피서특별열차가 운행됐을 정도로 명성이 높았던 해수욕장이었다. 목발 김형윤 선생이 "원산의 명사십리에 못지않은 곳이다. 물결이 잔잔하면서 차지 않고 멀리까지 얕았다. 모래가 깨끗하고 해변 공지에 창창한 송림이 쭉 늘어져서 백사청송(白沙靑松)의 경치였다"고 격찬했던 해수욕장이었다. 1930년대 중반 중앙부두용 매립공사 직전까지 사용되었다.

1927년 5월 상수도 공사를 착수하여 1930년 3월에 준공하였다. 계획급수 인구는 1만 6천 명으로 1인 1일 170리터, 1일 최대 급수량 $2,720 m^3$, 급수 방식은 저수지를 이용한 자연유하식, 공사비는 45만 1,173엔이 소요되었다. 수도의 본원지는 반룡산(현 팔용산)의 저수지, 지금의 봉암수원지이고 이 물을 6.1km 밖 추산동 정수장을 거쳐 시내에 공급되도록 하였다. 봉암수원지는 마산의 토목업자 혼다쓰지고로(本田槌五郞)가, 정수장은 경성의 조선토목공업사가 공사를 했다. 통수식은 1930년 6월 6일 거행했다. 도지사와 진해요항사령관 등 마산 지역의 일본인 우두머리들이 모두 참석해 잔치를 벌였고, 총독 사이토 마코토(齋藤實)가 보낸 '山明水淸(산명수청)' 넉 자의 축하 글을 정수장 입구 머릿돌에 음각으로 새겼다.

1920년대는 대규모 매립공사가 시작된 시기였으며 이때 시작된 매립공사는 해방 때까지 활발하게 시행되었다. 1920년 후반에는 모더니즘 영향의 철근콘크리트조 건물이 나타났다. 건물의 용도는 회사령의 폐지와 문화정치 결과로 공장 및 상업시설과 유치원에서 고등학교까지 교육시설이 많이 들어섰다. 근대식 건축미를 갖춘 철근콘크리트 2층의 원동무역주식회사 사옥은 1927년 8월에 착공하여 1928년 4월 준공식을 가졌다.

1920년대의 건축은 개항기 때 이미 지어 놓은 각종 공공시설들의 이전과 증개축 공사가 많았다. 개항기 조계지에 지었던 공공기관의 위치 편향에 대한 주민들의 불만여론도 이전 이유였겠지만 도시 관리의 장기적인 관점이 더 크게 작용했을 것이었다.

원동무역주식회사(남성동)

이 시기 원마산의 가옥은 대부분 좁은 골목가에 지은 초가였기 때문에 화재가 많이 발생하였다. 그래서 1910년대에 개설되었던 신설도로변에는 초가를 금하고 함석지붕과 기와지붕으로만 올리게 하는 건축제한령을 내리기도 했다.

이 시기에 건축된 대표적인 공공건축은 마산경찰서(중앙동 2가, 1921), 마산상업학교(상남동, 1923), 공립마산고등소학교 분교(자산동, 현 무학초, 1923), 오기마치(扇町)공설시장(반월동, 1923), 도미마치(富町)공설시장(부림동, 1924), 북마산 역사(상남동, 1923), 도립마산병원(중앙동, 1927), 마산공립보통학교 교사 증축(성호동, 1927), 마산우편국(중앙동, 1930), 반룡산저수지(팔용산, 현 봉암저수지, 1930), 정수장(추산동, 1930) 등이며, 민간건축은 마산수산시장(창포동, 1920), 호신학교(회원동, 1924), 마산조면공장(상남동, 1924), 오타마사공장(해운동, 1927), 배달강습학당(추산동, 현 대자유치원 1923), 내서금융조합(창동, 1928), 원동무역 사옥(남성동, 1928), 성요셉성당(완월동 성지여중고 내, 1928, 경상남도 문화재자료로 등록), 경성전기 마산지사장 사택(장군동, 1929년경, 1937년 남선합동전기로 변경, 창원시 근대건조물) 등이다. 이 중 현존하는 것은 성요셉성당(경상남도 문화재자료로 등록), 봉암저수지(당시 반룡산저수지, 국가등록문화재 제199호), 경성전기 마산지사장 사택(창원시 근대건조물) 등이다.

2. 중앙마산의 형성

'중앙마산'이라는 용어는 원마산과 신마산 사이, 즉 중앙 지역이라는 의미로 당시 문헌과 언론 등에서 관용적으로 사용했던 지역명이다.

오랜 역사와 함께 형성된 원마산을 2km거리에 두고 자리 잡은 신마산은 태생 때부터 이미 원마산과의 도시연담화가 예정되어 있었다. 개항 직후부터 원마산 쪽으로 도시 영역을 확장해온 일본인들은 경술국치 때 이미 조계지의 북쪽 경계인 신월천을 훨씬 넘어 장군천까지 진출해 있었지만 밀도가 심하지는 않았다. 인구증가가 없었던 것도 원인이었겠지만 이곳이 일본군부가 지정한 철도용지였기 때문

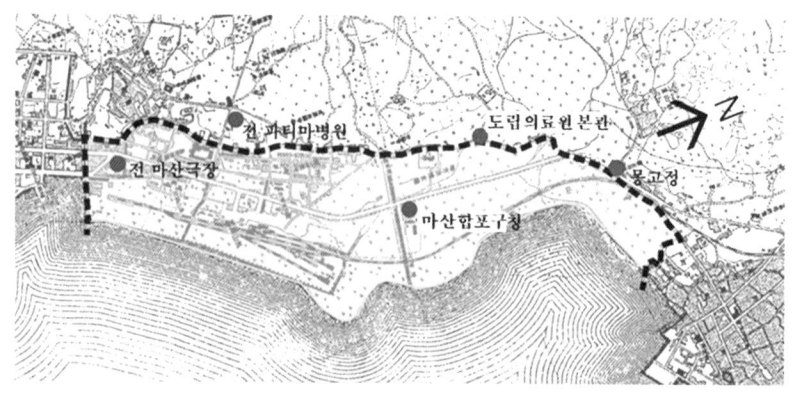

중앙마산의 철도용지 범위

이기도 했다. 신마산과 원마산 사이에 있는 지금의 장군동·중앙동 일대인 중앙마산의 철도용지는 원마산과 신마산 두 시가지를 둘로 나누었으며 이로 인한 주민 불편이 컸다. 그림 〈중앙마산의 철도용지 범위〉를 보면 위치와 넓이를 짐작할 수 있다.

1) 철도용지 강점

원마산과 신마산 사이의 지역(중앙마산)은 러일전쟁 직전인 1904년 일본의 군용 철도용지로 수용당했다. 하루아침에 날벼락처럼 땅을 잃고 토지매매와 경작은 물론 심지어 출입까지 통제를 받았던 마산포 주민들은 격분하여 창원감리에게 하소연했다. 창원감리 현학표는 이런 사실을 외부대신에게 보고하였고, 외부대신의 지시에 따라 조사에 착수했지만 별다른 성과는 없었다. 이어서 시작된 통감부 정치로 철도용지 강점계획은 일본 의도대로 시행되었다. 이렇게 탈취한 토지 중 일부는 훗날 마산 거주 일본인의 자녀교육비를 충당한다는 명목으로 일본거류민단의 손에 넘어가기도 했다.

이랬던 일제가 1920년대에 입장을 바꾸어 묶어둔 철도용지를 마산부에 넘겼다. 철도용지가 도시발전을 저해한다는 여론이 일기도 했지만, 본질적으로는 이미 자신들의 땅이 되어 버린 도시 한복판을 굳이 철도용지로 묶어둘 필요가 없었기 때문일 터였다.

2) 중앙마산의 출현

'중앙마산'이란 신마산과 원마산 사이에 있는 지역을 말하지만 두 도시와는 성격이 완전히 다른 도시공간이다. 1920년대에 발간된 『마산항지』(1926), 『마산현세록』(1929), 『조선과 건축』(1929) 등에서 언급하고 있는 '중앙마산'에 대한 기록을 정리 요약하면 다음과 같다.

① 중앙마산의 범위는 신월천에서 장군천을 거쳐 척산교에 이르는 철도용지 내 시가를 뜻했다.

② 마산은 마산포 · 신마산 · 중앙마산이라는 세 영역으로 나누어지는데 마산포 방면은 한인을 상대하는 상점이 많고, 신마산은 정비된 가로에 군인 및 관리를 상대하는 상점이 많으며 중앙부는 관아 · 학교 · 사원 · 철도 소재지가 있기 때문에 이와 관련한 사택이 많이 있다.

③ 1931년에는 중앙마산의 토지 5천 평을 경매했는데 그 부근에 매립도 5만 평을 할 것이고 향후 중앙마산이 상업지 혹은 관공서 지역으로 발전할 것이기 때문에 마산뿐만 아니라 타지에서도 입찰에 응할 사람이 많았다.

④ 완월·신월 두 개 동을 합하여 일본인 360호 1,500인, 한국인 750호 4,000여 명이 살고 있었다.

⑤ 중앙마산 중 일부 신마산에 접한 곳은 상황(商況)이 오히려 신마산 쪽을 능가하지만 그 외는 대부분 철도용지를 차용한 전답인데 중앙공설운동장(현 합포구청 남측의 우방아파트)을 포함한 장군천 이북에서 척산교(전 경남은행 자산동지점과 무학초등학교 사이)에 이르는 지역 때문에 신마산과 원마산이 전혀 공간적으로 융화되지 않으며 도시발전에도 장애가 되었다.

⑥ 도시의 서쪽 모퉁이에 있는 관공서 위치 때문에 불편한 점이 많고 도시발전에도 지장이 많았다. 특히 원마산 주민들의 불만이 심했다. 이런 이유로 교통이 편리한 중앙마산으로 관공서를 이전해 줄 것을 부민들이 원했다. 그러나 일부 관리들은 이를 원치 않았다.

⑦ 부민들의 불편을 해소하기 위해 1930년 마산우편국을 중앙마산으로 이전 신축하였고 같은 이유로 마산부청도 이전계획을 세우기 시작했다.

⑧ 마산부가 중앙마산의 도시계획을 잘 세워 세 영역을 합쳐 하나의 대도시로 만들어야 하고 이 일이 머지않아 성사될 것으로 믿고 있었다.

⑨ 이런 연유로 부에서는 이 용지를 불하하는 계획을 세워 기본조사를 마치고 총공사비도 예측하였다. 그 대상 용지 총면적 1만 1천여 평을 철도국에서 불하받아 이를 삭지(削地)성토하고 도로와 택지를 개설하는 계획이다.

⑩ 장군천의 장군교 상부 지역 일대가 다나카 손(田中遜)이 운영한 월포원이었으며 현존하는 장 장군의 묘는 월포원 내에 있었다.

⑪ 1929년 이전에 이미 철도부지가 마산부로 불하되었다.

⑫ 철도용지가 마산부에 불하된 이후인 1929년경에는 속속 신건물이 들어서고 있으며 부청과 공회당의 부지가 확정되었다.

⑬ 중앙마산 해면이 매축 중에 있으며 이 공사가 완료되면 중앙마산의 발전으로 마산 시가지에 큰 변화가 올 것을 기대하고 있다.

이상의 내용을 통해 1920년대 당시 중앙마산의 출현과 그 가능성 그리고 필요성을 잘 알 수 있다. 이러한 도시 상황이 반영되어 마산부는 중앙마산의 도시조성계획을 입안하였다. 행정서류 〈마산시가계획 인가의 건〉이라는 제목으로 계획·추진된 이 사업은 중앙마산의 도시조성 여론이 확산되고 있던 1924년 10월 30일 신청하여 1925년 5월 6일 총독부로부터 인가받았다.

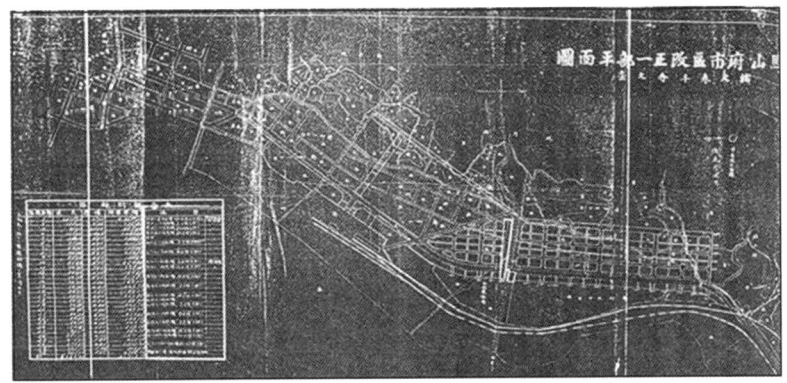

〈마산시가계획 인가의 건〉의 중앙마산 도로계획도

3) 중앙마산의 형성과 의의

 시작부터 거리를 두고 자리 잡은 신마산과 원마산은 일제의 강점이 진전되면서 확산되었지만 두 도시의 확산 방향은 완연히 달랐다. 원마산이 교방동과 상남동 방향, 즉 신마산의 반대 방향으로 확산된 반면 신마산은 원마산 방향으로 확산되었다.

 당시 마산부의 행정기관들은 대부분 조계지, 즉 도시의 남쪽 끝에 있었다. 개항기에 자리 잡았기 때문인데 원마산에서 보면 매우 먼 곳이었다. 식민지배 10여 년이 지나자 원마산 쪽 한국인 중 도시의 가장자리에 부청 등이 위치한 것을 불만스럽게 생각하는 이들이 늘어났다. 이러한 여론과 두 도시의 연담화라는 명분을 내세운 마산부는 어렵지 않게 총독부로부터 중앙마산의 철도용지를 불하받았고, 중앙마산은 빠르게 시가지화되었다. 개항기에 이미 조성되어 있었던 마산역 및 관사·마산공립고등소학교·마산고등여학교·창원군청·마산지방법원지청 외에 1921년에는 마산경찰서, 1927년에는 도립마산병원, 1930년에는 마산우편국, 1936년에는 현재의 마산합포구청 자리에 마산부청을 신축하여 이전하였다. 이러한 공공업무 시설의 중앙마산 집중은 강점 초기와 완전히 달라진 도시공간을 효율적으로 운용하기 위한 공간 재편이었다. 현재는 원마산·신마산·중앙마산의 범역이 특별히 구분되지도 않지만 중앙마산의 공간적 기능은 지금까지도 여전히 남아 있다. 마산합포구청·경찰서·세무서·우체국·법원지청·도립병원 등을 비롯하여 고지대에 있는 다수의 교육시설이 당시 자리 잡은 공공시설들이다.

도립마산병원(현 도립마산의료원 주차장 자리)

3. 원마산(마산포)의 도로망 확산

강점기 마산의 상가는 원마산과 신마산으로 뚜렷이 구분되어 있었다. 원마산 지역의 상가는 1910년대 새로 개설된 현 창동거리길과 부림시장 일대, SC제일은행 주변의 도로들이 중심 기능을 했다. 이밖에 남성동 어시장 근처의 해안 매축지에도 곡물상·해산물상·식료품상·포목상·잡화상들의 짐포와 노점상들이 즐비했다. 1920년대 후반경에는 구마산역의 유통기능이 강해지고 북마산역이 신설됨에 따라 추산동·상남동·교방동, 즉 현재의 북마산 쪽으로 시가지가 넓어졌다. 하지만 도시 시설의 수준은 낮았다. 원마산의 건물은 대부분 초가였으며 전기 대신 콩기름을 이용한 램프나 촛불을 사용하였다.

1) 도로

1920년대 원마산은 근대적 도로의 확산기였다. 1910년대가 창동과 남성동 지역에 한해 도로가 건설된 시기였다면 1920년대는 〈1930년 기준 원마산 복원도〉처럼 중성동·오동동·동성동 등으로 도로망이 확산된 시기였다. 회사령 철폐 이후 급증한 인구가 원인이었다.

도로가 신설 혹은 확장되자 도로를 중심으로 새로운 상권이 형성되었고 토지 소유권 변화도 생겼다. 창동 네거리를 동서 방향으로

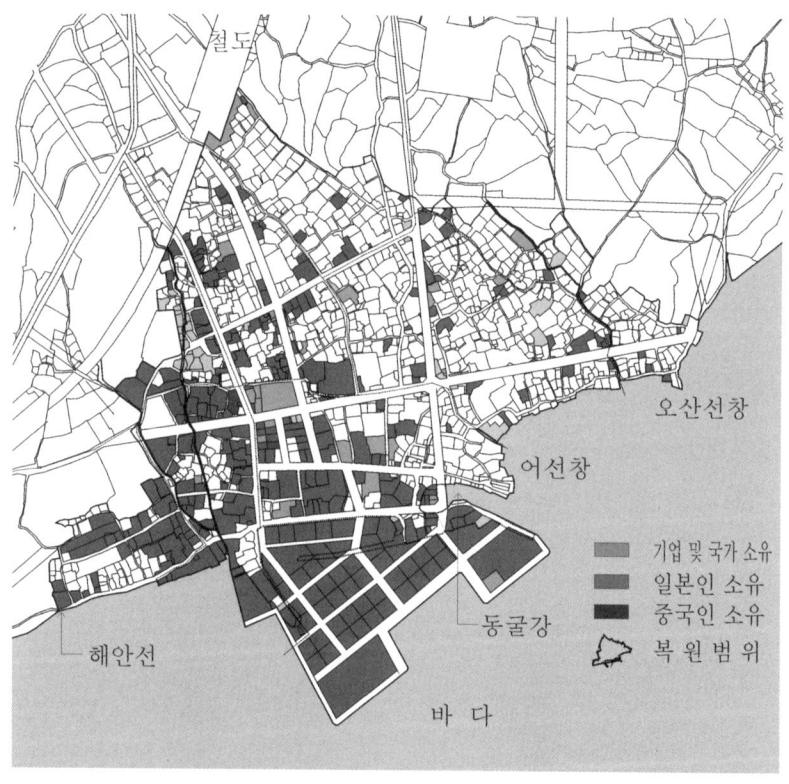

1930년 기준 원마산 복원도

관통하는 도로, 즉 부림시장에서 코아양과점으로 연결되는 도로변(동서북10길, 한때 마산에서 가장 번화했던 도로 중 하나)의 일본인 소유 대지가 1920년에 비해 1930년에 더 늘어나 그들의 원마산 침투가 심화되었다.

각국 공동조계지로 시작된 신마산 지역은 근대식 도로 개설로 생성되기 시작한 도시였던 만큼 도로 사정이 좋았다. 지금까지도 당시의 도로들이 대부분 그 모습 그대로 이용되고 있다. 하지만 원마산 일대의 도로 사정은 달랐다. 원마산의 도로 개설은 1910년대 초에 시행된바 있지만 그것은 신마산과의 연결 및 남성동 하자마 매립지와의 연결이 주요 목적이었다. 원마산 내부의 도로망은 여전히 부족하였다. 불종거리도 완전히 개설되지 않아 선창에서 구마산역까지 어물을 운반할 때도 지게나 작은 수레로 골목길을 오르내렸을 정도였다. 이런 상황이 10여 년 지속되다가 1920년대 중반 시구 개정 사업으로 도로 개설공사가 대거 시작되었다. 원마산 도로 개설사업의 주인공은 데라시마 도시히사(寺島利久) 부윤이었다.

제4대 마산부윤으로 부임한 데라시마 도시히사는 파리 주재 일본 영사관의 2등 서기관을 역임했으며 부임 직전에는 부산부 이사관이었다. 데라시마 부윤은 부임 초기부터 원마산 도로 확장에 부정(府政)의 역점을 두었다. 그는 언론을 통해 원마산은 오동동을 중심으로 북쪽(산호동, 상남동, 교방동)으로 확장 발전할 것이라고 밝히면서 원마산 도로 확장에 힘을 쏟았다. 지형적으로 남쪽 끝에 있던 신마산은 확장가능성이 낮았기 때문에 북쪽 산호동과 교방동 쪽으로 넓게 열린 원마산이 미래 도시발전의 중심이 될 것이라는 그의 판단은 적절하였다. 하지만 데라시마 부윤이 워낙 원마산 도로 개설에 관심을 쏟자 신마산 거주 일본인들이 불만을 가졌다. 언론과 부회 의원들은 '구마산(원마산) 부윤', '도로 부윤' 등의 별칭을 붙이기도 했다. 특히 일자(日字)신문 남선일보에서 부윤이 너무 구마산(원마산)에 치우쳐 신마산에 소홀하다는 비판을 심하게 했다. 이를 두고 원마산에 거주하던 한국인과 일본인 유지들이 1926년 7월 급기야 남선일보에 사과광고를 요구하며 불매운동을 벌이기도 했다. 『마산항지』에서도 데라시마 도시히사 부윤을 평가했는데, "시정 방침에는 다소 유감스러운 점은 있으나 진지하고 민첩한 성격으로 열심히 사무를 보는 사람이라 우선은 재원을 함양하고 민도를 높이고 주로 시가지를 아름답게 하자는 데 그 방향이 있는 것 같다. …도로를 새로 내거나 개수하고 공공우물을 새로 파거나 수리하고 가로수를 이식하고…" 등으로 비교적 긍정적으로 언급하고 있다.

　이런 점들 때문에 『마산시사』를 비롯한 여러 문헌에서 1920년대를 '원마산 도로 개설의 절정기'로 평가하기도 한다. 현재 사용되고 있는 원마산 도심권의 도로는 대부분 데라시마 도시히사 부윤 재임 때 개설된 것이다.

2) 해안선

　원마산 해안의 변화는 크지 않았다. 하자마의 남성동 매립 후 항만의 선박 이용 빈도가 높아지자 1924년 매립지 해안에 길이 63.6m의 사석 방파제(捨石 防波堤)가 건설되었다. 그리고 하자마가 매립 때 시공하지 않았던 동굴강이 1927년 현 신한은행 마산지점에

1924년 건설한 남성동 해안의 사석 방파제(김형권)

서 어시장으로 내려오는 도로가 매립지 도로망과 연결되면서 일부 매립되었다

매립으로 신설된 직선해안의 부두로 사람과 화물이 몰리자 그렇지 못한 오산선창은 사용빈도가 낮아지고 퇴적물도 쌓여 부두로서의 기능이 점차 쇠퇴해 갔다.

원마산 도심을 벗어난 오동동 해안(지금의 서광아파트 일대)은 경술국치 이전에 일부 매립이 있었음에도 여전히 자연 갯벌 해안이었다. 갈대가 우거져 있었고 꼬막도 많이 묻혀 있었다. 갈대밭에 있다 해서 '갈밭샘'이라 이름 붙인 우물도 있었다. 일찍이 '총 한 발에 새 열 마리 이상 잡는다'는 마산 갯벌이었다. 그만큼 갯벌에 갈대가 우거졌다는 말이다. 1922년 열한 살 나이에 아버지를 따라 오동동으로 이사 온 이원수도 갈밭샘 주변에서 아이들과 섞여 자주 놀았다. 이

원수가 훗날(1939) 함안금융조합 재직 때 어린 시절을 그리며 '은고기 비늘처럼 반짝이는 내 고향 바다'라고 했던 '고향 바다'는 마산 오동동 갯벌이었다.

1929년 오동교 인근 해안을 야마다 노부스케(山田信助)가 매립을 하는 등 원마산의 해안은 서서히 달라져 갔다.

4. 시가지 변화

1920년대 마산 도시의 가장 큰 변화 중 하나는 철도 경남선이 들어선 것이다. 경남선은 사설 철도회사인 남조선철도주식회사에 의해 마산과 진주를 연결한 대(大)공사였다. 1923년 12월 1일을 기해 마산과 군북 간을 우선 개통하여 영업을 시작했다가 2년 뒤인 1925년 6월 15일 진주까지 개통되었다. 이 철도는 기존의 마산선 철도 및 간선도로와 함께 마산의 남북을 가로지르는 새로운 축이 되었다. 마산을 진주 지방과 연결시켜 주었을 뿐 아니라 마산 인근 지역인 함안·군북 지역까지 마산권역으로 편입시키면서 북마산역 주변인 회원동과 교방동 지역을 번성하게 만드는 계기가 되었다. 철도공사에서 생긴 흙은 마산만의 매립공사에 사용되기도 했다. 경남선 철도공사 때 몽고정의 위치가 지금의 자리로 바뀌었다. 철도가 원래의 우물 자리로 지나갔기 때문이다. 한편 군사적 목적으로 창원과 진해를 연결한 진창선(鎭昌線)까지 1927년 4월 개통되어 마산은 진주·진해·부산 등과도 활발한 유통을 가지게 되었다.

몽고정의 원래 모습(1910년대)

1920년대의 원마산은 중앙 언론까지 크게 관심을 가졌을 정도로 도로가 많이 개설되었다. 1920년대 후반에는 현 추산동 · 상남동 및 교방천 부근까지 시가지가 확장되어, 설립 당시 변두리였던 마산형무소(현 삼성생명 빌딩 일대)를 외곽으로 이전하라는 여론이 일 정도였다.

1) 시가지 확산

강점 2시기의 시가지 확산 중 가장 큰 변화는 원마산과 신마산의 사이, 즉 중앙마산 철도용지를 해제하여 도시개발을 한 것이다. 중앙마산의 시가지화는 20년 이상 분리되어 있던 원마산과 신마산을 하나의 도시로 통합시켰다.

또 하나의 큰 변화는 1925년 6월 진주까지 개통된 경남선 철도의 영향이다. 이로 인해 북마산역 주변인 회원동과 교방동·상남동 지역에 주거지가 형성되었고 인근 농촌에서 인구도 유입되었다. 그 결과 1920년대 후반에는 추산동 및 교방천 너머 상남동까지 시가지가 확장되었다.

1920년대 중반을 지나면서 장군동 일대에 상당한 정도의 건축물이 들어섰다. 마산부가 중앙마산의 철도용지를 해제하고 신도시로 개발한 결과였다. 중앙마산에 인접하여 대규모 매립이 추진되기도 했지만 모두 1930년대에 완공된다.

2) 도로의 신설과 확장

이 시기 도로 개설은 대부분 원마산에서 이루어졌다.

1923년 현재의 창동 네거리를 동서 방향으로 관통하는 도로(동서북10길), 즉 부림시장에서 코아양과점으로 연결되는 도로와 남북방향의 삼성생명 앞에서 현 신한은행 마산지점까지의 도로(불종거리로)가 개설되었다.

1924년 코아양과점에서 오동동 네거리로 가는 도로(문화의길)가 개설되었다.

1926년 삼성생명에서 신한은행 마산지점까지로 이어진 도로(불종거리로)가 아직 매립이 안됐던 동굴강까지 이어졌다.

1927년 신마산에서 시작해 조창을 관통하며 1913년 개설된 현 SC제일은행 마산지점 앞 도로가 1910년대까지는 정차장을 끝으로 막다른 형태의 도로였으나 이 도로가 오산선창이 있던 오동동 해안까지 연결 개통(남성로, 오동동1길)되었다.

1927년 현 서광아침의빛 아파트 앞에서 오동교까지에 이르는 도로(합포로)가 확장되었다.

1927년 동굴강이 부분적으로 메워지면서 신한은행 마산지점에서 내려오는 도로(불종거리로)와 매립지의 도로망이 연결되었다.

같은 해 코아양과점에서 오동동 해안으로 연결된 도로(문화의길)와 SC제일은행 마산지점에서 해안까지 연결된 도로(남성로, 오동동1길)의 끝부분이 이어졌다.

1930년 옛 오동동파출소 앞을 남북으로 지나는 도로(아구찜길)가 개통되었다.

이외에 토지이용도에는 나타나지 않지만 옛 로얄호텔에서 옛 북마산파출소에 이르는 도로가 1924년 '구마산시구 개정인가(舊馬山市區改正認可)' 신청을 하여 개설되었다. 이 도로(노산남7길)는 위치상 당시 구마산역과 북마산역을 연결하는 도로였는데 이를 보아 두 역세권의 정도를 가늠할 수 있다.

신마산 지역의 도로 개설은 1928년 경남대학교 앞 일대의 3·15대로와 월영남로가 개설된 정도이다.

해안 매립의 역사 · 3

1910년대 하자마(迫間)의 남성동 상업용 매립이 있은 후 주춤했다가 1920년대 후반부터 본격적으로 전개되었다. 회사령 폐지로 필요하게 된 공장용지로 마산 해안의 간석지가 적지였기 때문이었다.

7. 마산부가 시행한 남성동 30번지 동굴강 일부 매립

어시장 너른마당 자리인 옛 동굴강 일부(어시장4길과 어시장6길이 만나는 지점)105평을 마산부가 매립하여 1927년 2월 27일에 준공하였다. 동굴강은 조선시대 내내 마산포 어선들이 정박했던 유서 깊은 항만이다. 고려시대 석두창이 있었던 나포(螺浦)로 추정하기도 한다. 1910년대 하자마의 매립공사 때 제외되었다가 이때 그 일부가 매립되었다. 매립의 목적은 시가지 정리였으며 이 매립으로 현재의 삼성생명 앞에서 신한은행 마산지점으로 내려오는 직선도로(불종거리로)가 하자마의 매립지인 선창 지역까지 직선으로 연결되었다.

8. 메카다와 쿠니무네의 월남동 · 창포동 일대 매립

오랫동안 신마산에 거주한 일본인 목재상 메카다 헤이사부로(目加田平三郎)와 쿠니무네 유이치(國宗雄一) 두 사람이 시행하였다. 매립공사는 경부선 철도 부설공사에 참여하여 재계에 두각을 나타낸 서울 토건업자 아라이 하츠타로(荒井初太郎)가 맡았다. 1926년 착수하여 1928년 12월 21일에 준공하였다. 현 경남은행 신마산지점 남쪽 건너편 해바라기아파트 일대의 월남동 1가 5번지에서 46번지의

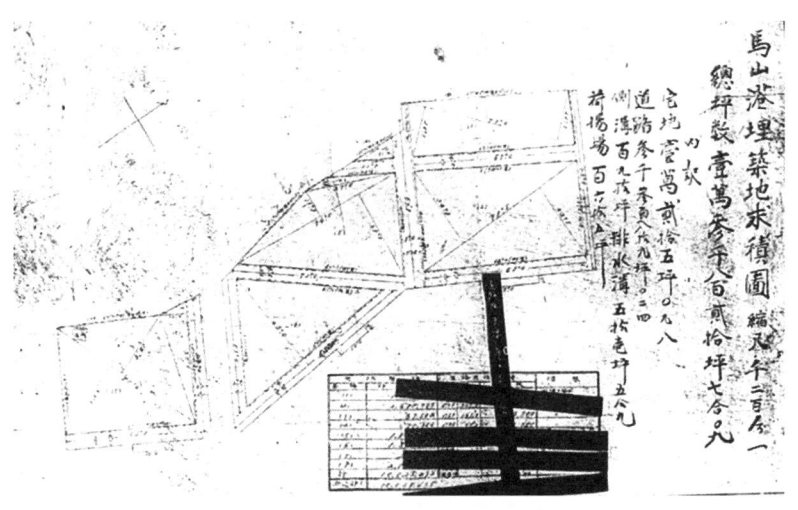

메카다 헤이사부로의 매립 설계도

1에 이르는 4,663평을 비롯해서 월남동 2가 13번지에서 2가 60번지까지의 3,425평 그리고 창포동 1가 3번지에서 1가 38번지까지의 2,433평 등이 이때 조성되었다. 도로를 포함한 총 매립면적은 1만 4천여 평이었다. 북쪽으로 철도공사 때 일본군이 매립한 마산역 일대 토지 경계로부터 남쪽으로 세관 잔교까지 이르는 방대한 범위였다.

매립된 땅은 당시 마산과 진주 간의 사설철도를 운영하던 조선철도회사·쇼와주류·각 기선회사 및 일본인 개인에게 분양되었다. 해안선은 석축안벽으로 호안되었고 쇼와주류 앞에는 소규모의 선착장이 설치되었다. 매립목적은 시가지 조성이었으며 매립공사 준공 후 도로·구거(溝渠)·물량장·교량·호안석원(護岸石垣) 및 공유지 100평은 국가에 귀속하는 조건으로 실시되었다. 1928년 2월 사석(捨石)공사가 종료되고 토석채취공사를 할 즈음 자금조달이 어려워

시공자였던 아라이 하츠타로에게 매립면허권이 양도되었다가 매립 준공 직후 다시 메카다 헤이사부로에게 소유권이 이전되었다.

9. 야마다 노부스케의 오동동 매립

1929년 5월 24일 구 고려모직(서광아침의빛아파트 일대) 뒤편으로 회원천 하류에 이르는 오동동 2-1번지와 15-1에 새롭게 총면적 2,117평이 조성되었는데 그중 대지가 1,615평이었다. 현 몽고간장의 전신인 야마다(山田)장유의 사주 야마다 노부스케(山田信助)가 시행자였다. 매립의 목적은 택지 조성이었으며 대지 이외 모든 시설은 국가 소유로 하였다. 야마다 노부스케는 이미 1917~18년경 본 매립지와 접한 토지를 매수하여 매립을 준비하고 있었다. 작은 도랑이 연결되는 지역이라 소규모 복개공사도 하여 바다와 연결하였다. 구석진 해안 변두리에 위치했기 때문에 당시의 기준지가는 남성동 해안 매립지보다 훨씬 낮았다.

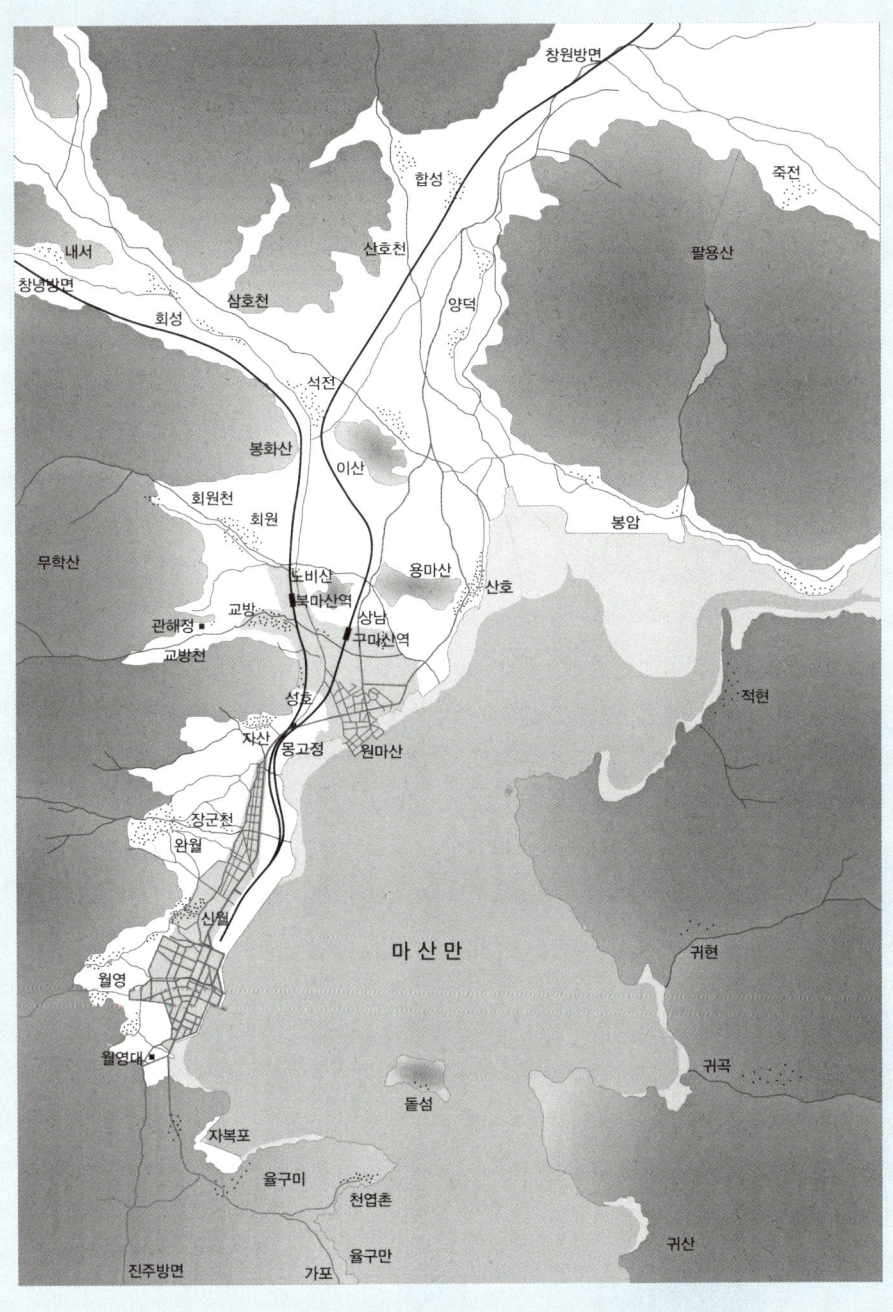

1930년 마산

III.
강점 3시기,
1931~1945

　대륙침략의 야욕을 드러낸 일제가 만주사변(1931)부터 중일전쟁(1937)을 거쳐 태평양전쟁(1941)에서 패전한 1945년까지의 전쟁기로 한반도가 병참기지화되었던 시기다.

　1929년 10월 미국에서 시작된 경제공황은 자본주의 세계 전반에 파급되었다. 대미 무역 의존도가 높던 일본 경제도 여기에 휩쓸리지 않을 수 없었다. 공업생산이 위축되어 임노동자가 대량 해고되고 몰락하는 농가가 속출했다. 1931년 일제의 만주 무력침공은 이같은 위기에서 비롯되었다.

　일제는 전쟁수행에 유리한 입지를 가진 한국에 신속히 진출해 약탈적으로 자원을 개발하고 군수공업을 이식하였다. 이는 한국경제에 커다란 변화를 가져왔으며 전시경제 체제하에 '대륙전진 병참기지로서의 한반도' 역할이 강조되어 산업구조 개편이 진행되었다. 그 과정에서 산업발전에 필요한 원료·자재·노동력은 일본인 소유의 군수공장으로 집중된 반면 한국계 산업자본에 대해서는 통제와 억압이 가중되어 대부분의 한국인 중소기업은 쇠퇴해 갔다.

1. 원마산·신마산 연담화와 도시 상황

기원과 배경이 다른 원마산·신마산 두 도시가 서로 깊은 관계를 가지고 변화·통합되었던 것이 일제강점기 마산의 도시 변천 과정이다. 그러므로 이 두 도시가 하나로 연담화되는 시점은 도시 변화 과정의 중요한 분기점이다. 연담화된 시점은 두 도시의 중간 지역에 관공서 건물을 비롯한 다수의 건물이 들어서서 어느 정도 중앙마산의 영역이 형성되고, 현 신포동 지역에 마산매축회사에서 시행한 대규모 매립이 준공된 1935년 이후이다.

조선총독부는 도시문제에 대한 훈령과 규칙 등으로 초법적 식민통치를 해오다가 1934년 '조선시가지계획령'(이하 계획령)을 제정하였다. 도시 인구증가에 따른 변화 때문이었다. 이 법은 도시계획·도시개발·건축을 포괄한 총체적인 법제였다. 이 계획령에 의해 1941년 4월 19일 고시된 마산의 시가지 계획은 구역 면적 4,328만 7천 m^2, 계획인구 8만 명, 목표년도 1961년이었으며 내용은 가로 개설 및 구획정리였다. 1941년 당시 마산 인구는 3만 3천 명이었다.

『마산상공회의소 백년사』에 의하면 1939년 현재 마산에서 판매업·금전대부업·토목과 건축청부 및 기타 사업에 종사한 개인 영업자는 대략 한국인이 200여 명, 일본인이 150여 명으로 350여 명

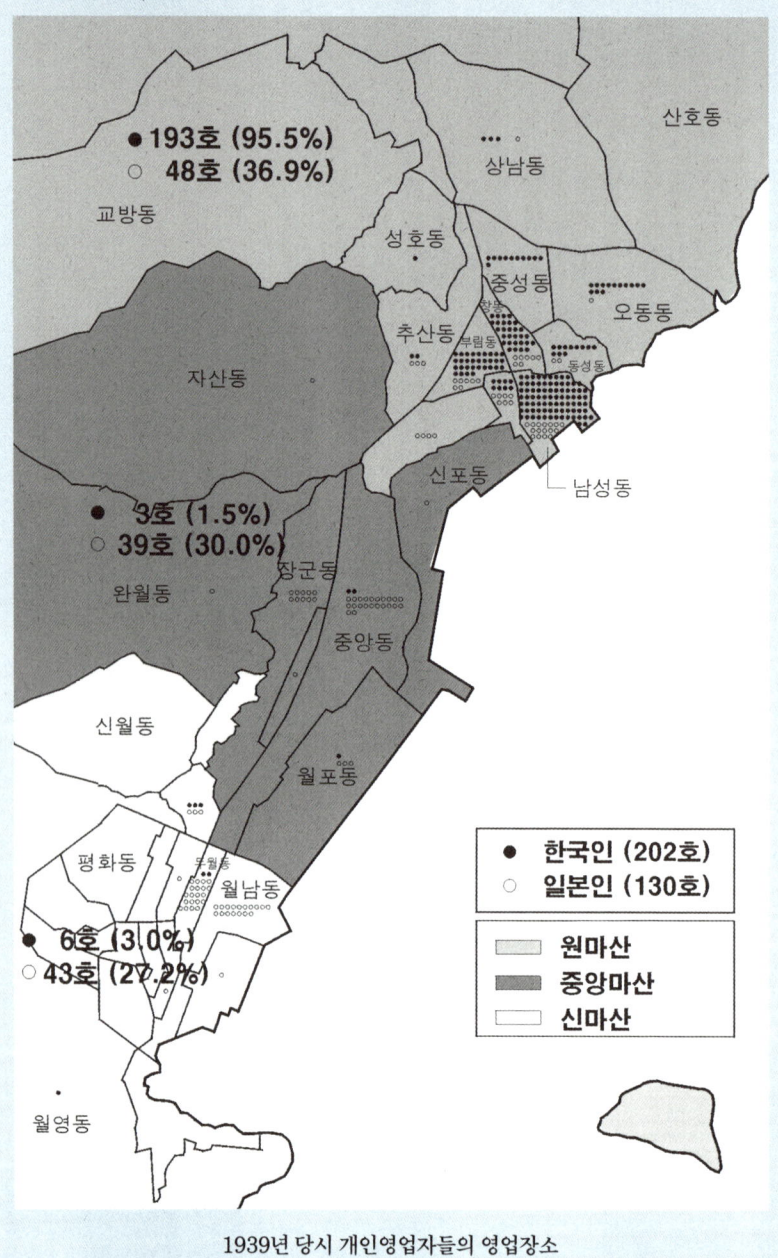

1939년 당시 개인영업자들의 영업장소

이었다. 그중 영업장의 위치가 정확하게 기록된 영업자가 332명인데 이 점포들이 원마산·신마산·중앙마산에 각각 나누어져 있었다. 이 중 한국인 202명 중에서 191명이 원마산에서 영업했으며 중앙마산에는 2명, 신마산에는 9명밖에 없었다. 반면에 일본인은 총 130명 중 원마산에 49명, 중앙마산에 35명, 신마산에 46명이 각각 영업을 하고 있었다. 한국인의 신마산 진출에 비해 일본인의 원마산 진출이 월등히 많았다. 기록에 남아 있는 업체만의 통계이지만 중앙마산이 조성된 이후 일본인들이 도시 전역에 광범위하게 퍼졌다는 사실이 확인된다.

회사령 폐지로 마산의 산업시설이 확충되면서 주조 및 장유공장을 비롯하여 1930년대에는 대형 방직공작과 창고 등이 들어서기 시작했다. 주로 군수산업과 관련이 있는 것들이었다. 이런 시설들은 동시기에 매립된 해안 지역에 주로 배치되었지만 원마산 쪽에도 일부 들어서는 등 마산 전역에 걸쳐 건설되었다. 또한 개항기 신마산에 집중 배치되어 불편을 더했던 관공서 건물들이 옮겨온 중앙마산은 공공업무 지역으로 형성되었다.

1931년 4월 1일을 기해 철도 업무가 총독부 철도국에 이관되고 이를 계기로 마산선(마산-삼랑진)과 경남선(마산-진주)을 합하여 경진남부선으로 개칭하였다. 두 선로의 시발역이었던 마산역은 새로운 선로의 중심역으로서 기능을 담당하면서 더욱 붐벼 1943년 12월 1일 근대식 역사를 신축하였다. 구마산역도 주변 상권이 활성화되고 이용자도 많아져서 마산역사 신축보다 앞선 1936년 7월 역 구역을 확장하고 근대식 역사를 건립하였다. 한편 원마산과 신마산의 간선도로는 마산역전 등의 일부 구간을 제외하고는 1940년까지 간이포장공사가 완료되었다.

1941년 태평양전쟁 후 주조업계도 '전시통제령'의 구속을 받게 되었다. 이 때문에 각 주조회사는 생산능력에 따라 배정된 원료로 한정된 양만을 생산했고 생산품은 군수용과 일반용으로 그 양을 구분 조정하여 공급하였다. 1930년대에 신설된 양조회사로는 1937년 중앙동에 소주 전문회사로 설립한 합자회사 마산중앙조선소주공장이 있었으며 탁주양조회사로는 한국인 이달영이 설립한 낙동양조소(1932)가 중성동에, 탁응조가 설립한 동일양조장(1938)이 오동동에 있었다.

장유산업은 1928년 기준으로 평균 5천 석 정도를 생산했는데, 1942년 초 신포동 해안 매립지에 6천 평 규모의 부지를 확보하여 군수용 환금장유주식회사가 건립되면서 장유생산량이 3만 석으로 늘어났다. 동양 최대라고 불렀을 정도로 대규모였던 환금장유(주)는 공장건물을 비롯해 기계기구 전부 일본의 유휴설비가 이전된 것이었다. 그밖에 식품가공업으로 원식품공업소(1931)가 남성동에 85평의 공장을 세워 어류 통조림을, 마산햄제조주식회사(1941)가 햄과 소시지를 생산했다.

섬유산업도 큰 변화가 있었다. 1939년 조선물산주식회사(현 서광아침의빛아파트 자리)가 오동동 2,200평 부지를 매입하여 건평 1천 평의 공장을 건설하였으며 1940년에는 조선신흥방직회사(현 신세계백화점 자리)가 자본금 27만 원으로 산호리에 대형공장을 세우고 직물누더기 재생방직제품을 생산하였다. 이 공장의 시설은 일본에서도

해방 후 대한통운 창고로 사용된 조선미곡창고(남기섭)

따르지 못할 정도로 우수한 것이었다.

보관·창고업도 성행하여 기존의 마산창고주식회사 외에 1943년 신포동 현 롯데하이마트 자리에 조선미곡창고 마산지점과 중앙동 2가 8번지(현 마산우체국 자리)에 철도화물을 취급하는 조선운송주식회사 마산지점이 설립되었다. 조선미곡창고는 해방 후 대한통운 창고로 사용되었다.

1930년 이후 생긴 시장은 마산해산주식회사(1940년, 초대사장 김한영)와 옛 강남극장 앞에 설립된 부영(府營)청과시장(1941)이었다.

한국인에 의해 설립된 회사는 남성동 93-1번지(옛 극동예식장 자리)에서 미곡·자동차 부품판매 및 정미업을 한 합자회사 환천상회(1933)와 창동 123번지(시민극장 건너편 인근)에서 해륙물산위탁판매와 무역업 및 잡화 등을 판매한 신정상사주식회사(1935) 등이 있었다. 또한 합명회사 낭화양품점(1937)이 동성동 254번지(옛 산업은행 지점 자리)에서 양품점을, 석산상사주식회사(1939)가 창동 49번지(시민극장 우측)에서 초자·철물 및 페인트 도소매업 등을 하였다. 마산부는 아니었지만 1936년 삼성그룹 창업자 호암 이병철 회장이 박정원의 마산협동정미소(창원군 내서면 회원리 403)를 공동경영하였다. 현 마산회원구 회원동 403-3 삼성메르빌아파트 일대이다.

원마산 중심시가지와 부림시장, 남성동 해안에는 곡물과 해산물·잡화 등을 파는 상인들이 많았다. 일본 상인들의 점포는 주로 신마산에 있었지만 원마산에 진출하여 사업을 크게 한 사람도 있었다.

이 시기 원마산에는 한국인 상인들에 의해 부림시장과 남성동 해안 일대에 걸쳐 곡물·면사포 등의 포목류와 식료품·고무신·기타 잡화 등 생활필수품을 판매하는 소점포가 주류를 이루고 있었다. 1920년 옥기환에 의해 설립된 원동무역주식회사는 20년 이상 활발하게 경영했지만 강점 말기 경성의 일본인에게 넘어갔다.

1931년에 간행된 『경상남도 통계연보』에서 토지의 등급을 구분하고 있는데 마산의 최상등지는 남성동 현 SC제일은행 마산지점 앞 네거리의 북동쪽 모서리 토지였으며 그 다음은 남성동 187번지(현 남성동지하도와 연결되는 속칭 돼지골목변)와 두월동 1가 5번지(현 함흥집의 옆 대지)였다.

전쟁에 광분한 일제는 조선어 교육폐지(1938) 등 황국신민화 정책을 시작으로 국가총동원법을 제정, 인적 물적 자원을 마음대로 유린할 수 있는 체제를 갖추었다. 1940년부터 시행된 '조선미곡배급

조정령'으로 쌀의 자유로운 거래가 중지되고 배급제와 공출제가 실시되었다. 전쟁 말기에는 가정용 금속식기까지 탈취해 갔다. 마산에 진출해 있던 일본의 기업 중에서도 조선업·철공업·방직공장 등 주요 산업들은 군수산업체로 전환되었다. 휘발유로 움직이던 택시나 버스 등은 사라졌으며 목탄차나 카바이드차로 바뀌었다. 신마산역에서 구마산역을 거쳐 북마산역으로 운행되던 시내버스 대신에 마차가 다시 나왔다. 1년에 한두 켤레씩 배급받는 일본식 작업화를 기우는 노상수리공들이 번화가인 창동거리 여기저기에 나타났다.

학생들의 노역도 심했다. 마산의 2개 남자 중등학교인 공립마산중학교와 마산상업학교 중에서도 한국인 학생이 많은 상업학교 학생들에 대한 노역이 더 많았다. 학생들의 노역은 월영동 중포병대대 고사포 진지공사, 마산 중앙부두의 하역작업, 철공소의 선반공, 군수공장 건설노동자 등 다양하였다. 심지어 사천비행장까지 끌려가 노역을 한 학생도 있었다. 노역은 군사훈련과 함께 이루어졌다. 지역사학자 고 이학렬 선생의 증언에 의하면, 1945년 당시 16세였던 선생도 동네사람들과 창동거리 어디에선가 죽창 훈련을 받았다고 했다.

이런 일제의 강압통치 속에서도 항일운동은 면면히 이어졌다. 1937년 12월 17일 중일전쟁에서 일본군이 남경을 함락시켰을 때 마산의 일본인 관리들은 승전을 축하하는 제등행진을 벌이도록 시내의 학교와 각 단체에 지시했다. 마산의 학생들과 단체 대표들은 시내행진에 나섰으며 대열이 현 제일여고 자리에 있던 신사 앞을 지날 때 모두 머리를 숙여 참배했다. 그런데 창신학교 학생들의 대열만 참배를 하지 않은 채 행진을 계속했다. 그러자 악명 높았던 남성

마산공립중학교

동파출소장 시마다(島田) 순사부장이 창신학교 학생들을 제지하며 참배를 강요했다. 창신 학생들은 끝내 이를 거부하며 경찰과 2시간 이상 대치하였다. 이 일을 문제 삼아 조선총독부는 1939년 7월 20일 결국 창신학교를 폐교시켰다. 이 외에도 비록 그 세력이 크지는 않았지만 신간회 마산지회를 비롯한 몇몇 단체들의 민족운동이 있었고, 한국인들에 의해 설립된 원동무역에서 독립운동 자금이 전달되었으며. 학생들의 항일 지하조직과 노동자들의 파업투쟁 등 마산에서의 민족사상 고취와 일제 저항운동은 강점기 내내 지속되었다.

1930년대 후반 마산의 교육기관은 공립으로 마산공립중학교·마산공립상업학교·마산공립고등여학교와 초등교육 기관인 마산공립심상고등소학교(현 월영초)·마산성호공립심상소학교·마산완월공립심상소학교가 있었다. 사립으로는 창신학교·의신학교·마산노동야학 등이 있었다. 현 마산고등학교와 마산중학교의 전신인 마산공립중학교는 1936년 지금의 마산고등학교 자리에서 개교했다. 첫 졸업생 95명 중 한국인은 34명이었다. 한국인 학생은 집안의 호별세(주민세)를 참작해 입학시켰다. 1922년에 개교한 마산공립상업학교는 1939년 수학 연한 5년제 갑종 상업학교로 바뀌었으며 1940년 지금의 용마고(전 마산상고)자리로 이전했다. 이전 후 원래의 학교 부지는 하세가와(長谷川)라는 사람의 성냥공장으로 사용되었다.

장군동에 있던 마산공립고등여학교(현 마산여고 및 마산여중의 전신)는 1936년 현 마산여고 자리로 이전하였다. 1937년에 준공한 이 학교의 대강당은 기숙사와 마찬가지로 전국적으로 이름이 높아 부인회 등 그 밖의 마산 거주 일본인 집회에도 자주 이용되었다. 마산노동야학은 교명을 마산중앙야학교로 변경하고 1931년 옥기환 교장이 지역유지들과 협력하여 6천 엔의 교육기금을 마련, 중성동(현 백

마산중앙야학교 졸업기념 사진(1939)

제령 삼계탕 앞)에 있는 전답 1천여 평을 사들여 여기에 5개의 교실과 사무실·회의실 및 2동의 사택 등이 있는 교사를 신축 개교했다. 어지간한 공립학교보다 규모가 컸고 설비도 좋았다. '전국 제일의 하이칼라 학교'라는 신문보도까지 있었을 정도였다. 중앙야학은 지금의 마산중앙중학교와 마산공업고등학교의 모태이다. 원래의 노동야학교가 있던 창동 교사는 마산여자야학교가 사용하였다. 현재의 성호초등학교인 공립마산보통학교는 1938년 학교명이 마산성호공립심상소학교로 바뀌었으며 한국인의 자녀 교육열이 높아져 학생 수가 늘어나자 통학거리를 감안하여 지금의 완월초등학교 자리에 분교를 설치하였다. 이 분교는 1938년 마산완월공립심상소학교로 독립 개교하였다.

1942년 2월 20일, 마산에 최초의 방송국이 설립되었다. 조선방송협회에서 노비산의 호주 선교사 사택을 빌려 마산방송소를 개소한 것이다. 방송출력은 50w로 미약했으며 1944년 1월 마산방송국으로 승격되었다. 그러나 1945년 8월 15일 일왕의 종전방송을 끝으로 문을 닫았다.

태평양전쟁 막바지에 한반도에까지 공습이 시작되자 일제는 1945년 4월 4일 '소개(疏開) 실시요강'을 공포하였다. 이에 따라 대도시부터 시작해 전국의 도시로 확산시키던 소개 공지대를 6월 14일 마산에도 1개소 지정하였다. 마산의 '소개 공지'는 중요시설 주변 30~50m내에 있는 건축물을 소개하여 공지를 확보한다는 것이었지만 그곳이 정확히 어디였는지는 확인되지 않는다.

1909년에 세웠던 마산신사는 해방 다음달인 9월 4일 승신식(陞

新式 : 신사의 신령을 하늘로 해서 본국인 일본으로 보내는 의식)을 끝내고서 불살라졌다. 전국의 많은 일본신사가 방화되거나 파괴당했지만 마산은 달랐다. 그런가 하면 재일동포들의 생사를 건 귀국과는 달리 마산에 있던 약 6천여 명의 일본인들은 그해 9월 말경 미군정의 주선으로 아무런 사고 없이 금전과 귀금속 등만을 챙겨 마산항 제1부두를 통해 일본으로 돌아갔다.

이 시기에 지어진 건물의 용도는 학교·극장·청사·공장·화장장·도축장 등 다양했다. 특기할 만한 것은 조선건축회에서 1936년 발간한 『조선과 건축』의 소식란에 두 번씩이나 마산의 건축경기에 대해서 알린 것이다. 15집 8호에서는 "매월 2-3건씩 건축하던 것이 월 10건 가량 발생한다"면서 "건축의 양식도 도회적 색채를 띠고 있으며 철근콘크리트조가 많다"고 했다. 또 15집 9호에서는 "마산의 건설업계가 지금 황금시대를 맞았다"고도 했다. 1920년대 중반에서 1930년대 중반까지는 서울·부산·평양·대구·인천 등 전국에 걸쳐 옛 건물이 헐리고 그 자리에 새로운 건물이 들어서는 등 전국의 각 도시들이 근대적 경관을 갖추던 시기였다. 이러한 추세의 연장선상에서 당시 마산의 상황을 추정할 수 있을 것이다. 어쨌든 전국을 대상으로 간행하는 건축전문지에 마산의 건설경기를 한 달 걸러 두 번씩이나 소개하고 있는 것을 보면 당시 마산의 건설경기가 전국적 관심사가 될 만큼 활발했음을 알 수 있다.

이 시기에 건축된 대표적인 공공건축은 마산공립고등여학교 기숙사(신흥동, 1932), 마산부청(중앙동, 1936), 마산공립고등여학교(완월동, 1936) 마산공립중학교(완월동, 1936), 구마산 역사(상남동, 1936), 마산공립고등여학교 대강당(완월동, 1937), 완월공립심상소학교(현 완월초등학교, 완월동, 1938), 부영(府營)청과시장(부림동, 1941), 마산부두국 사무소(현 마산지방해양수산청 전신, 월남동, 1943) 등이었으며, 민간건축으로는 마산중앙야학교(중성동, 1931), 극장 앵관(櫻館, 두월동, 1933), 영화관 공락관(창동, 1936), 조선상업은행(해방 후 한국상업은행-한빛은행-우리은행) 마산지점(중앙동, 1937), 마산상공회의소 회관(중앙동, 1939), 남선합동전기 마산사무소 사옥(중앙동, 1939), 조선물산주식회사 공장(오동동 현 서광아침의빛아파트 자리, 1939), 조선신흥방직(산호동 현 신세계 백화점 자리, 1940), 공락관(화재로 재축, 창동, 1941, 현존), 환금장유공장(신포동, 1942), 조선미곡창고(신포동, 1943) 등이다. 이 중 남아 있는 건축물은 1941년 건축한 공락관(현 시민극장)이다.

2. 행정구역 확장과 인구 변화

강점 막바지였던 1941~42년 사이에 몇몇 도·시·부의 행정구역 개편이 있었다. 이때 마산은 부산과 함께 1942년 9월 30일자 '총독부령 제242호'에 의해 행정구역이 크게 확장된다. 그때까지 창원군 내서면에 속하고 있었던 교방리·회원리·산호리·석전리·양덕리와 창원면 봉암리와 구산면 가포리가 편입되었다.

인구도 많이 변했다. 1930년에 25,810명이던 것이 1941년에는 41,546명이 됨으로써 증가율이 161%였다. 그중 한국인이 20,149명에서 35,670명 177%가 늘어난 데 비해 일본인은 5,559명에서

5,865명으로 큰 변화가 없었다. 일본인을 제외한 기타의 외국인은 102명에서 12명으로 심하게 줄어들었다. 1930년 이후부터 해방 때까지의 인구 변화는 표 〈1930년대 이후 마산의 인구 추이〉와 같다.

1930년대 이후 마산의 인구 추이

『조선총독부 통계연보』, 1944년 통계는 홍경희의 저서, 1945년 통계는 각종 기록을 참고한 것임

년도	한국인	일본인	외국인	합계	日人비율(%)
1930	20,149	5,559	102	25,810	21.5
1931	21,506	5,265	75	26,846	19.6
1932	22,183	5,138	50	27,371	18.8
1933	22,242	5,187	41	27,470	18.9
1934	23,142	5,235	53	28,430	18.4
1935	24,413	5,387	58	29,858	18.0
1936	25,529	5,427	56	31,012	17.5
1937	26,991	5,402	18	32,411	16.7
1938	27,522	5,496	19	33,037	16.6
1939	29,211	5,689	11	34,911	16.3
1940	30,887	5,643	19	36,549	15.4
1941	35,670	5,865	11	41,546	14.1
1942	48,169	6,125	12	54,306	11.3
1944				54,000	
1945		6,000		60,000	
1942 / 1930	177.0%	105.5%	10.8%	161.0%	

이 표를 보면 1941년 41,546명이던 것이 1942년 54,306명으로 1년 동안 무려 12,760명, 130.7%로 급격히 증가하였음을 알 수 있다. 그 까닭은 앞에서 말한 것처럼 1942년 9월 30일자로 발포된 '총독부령 제242호'에 의해 마산의 행정구역이 크게 확장되었기

때문이다. 행정구역 개편으로 늘어난 인구 12,760명 중 한국인은 12,499명이었던 반면, 일본인은 260명밖에 안 된다. 마산부로 편입된 교방리·회원리 등 도시 주변부 7개 동리에는 일본인들이 별로 거주하지 않았다는 것이다. 전체 인구 중 일본인의 비율은 1930년에 21.5%이던 것이 1941년에는 14.1%가 되어 해가 거듭될수록 점점 줄어들고 있다. 한국인의 꾸준한 증가 추세에 비해 일본인의 인구 변화가 미미했던 결과다.

강점 3시기 국내 각 도시의 인구 증가율 비교(『조선총독부 통계연보』, 단위 : %)

증가율 순서	1	2	3	4	5	6	7	8	9	10	11	12	전국 평균	도시 평균
1930-1935	청진 49.5	진남포 31.9	평양 29.4	목포 26.8	부산 24.9	인천 21.8	신의주 21.7	군산 20.7	원산 16.1	대구 15.1	마산 14.0	서울 12.6	8.7	35.1
1935-1940	청진 256.4	서울 110.6	인천 106.2	대구 66.6	평양 57.0	부산 36.8	진남포 35.9	원산 31.8	마산 14.6	목포 5.8	신의주 4.6	군산 -2.7	6.2	75.4
1940-1944	신의주 93.6	마산 49.5	원산 42.3	군산 42.0	부산 31.8	인천 24.9	진남포 19.6	평양 19.4	대구 15.5	목포 7.8	서울 5.7	청진 -6.9	6.5	21.3

전국 도시별 인구증가율에서도 마산은 그리 높은 편이 아니었다. 표 〈강점 제3시기 국내 각 도시의 인구 증가율 비교〉에서 보는 것처럼 1930년부터 1935년까지는 14.0%로 전국평균 8.7%보다는 높았지만 전국 도시평균 35.1%보다는 훨씬 낮은 증가율이었다. 1940년부터 1944년 사이 인구증가율이 높은 것도 행정구역 개편 때문이었다.

전국 도시 연도별 인구 순위 (『조선의 인구현상』, 단위 10,000명)

순위	1910년		1915년		1920년		1925년		1930년		1935년		1940년		1944년	
1	서울	27.9	서울	24.1	서울	24.7	서울	34.2	서울	39.4	서울	44.4	서울	93.5	서울	98.8
2	부산	7.1	부산	6.1	부산	7.3	부산	10.6	부산	14.6	부산	18.2	평양	28.5	평양	34.1
3	평양	3.9	평양	4.6	평양	5.8	평양	8.9	평양	14.0	평양	18.2	부산	24.9	부산	32.9
4	대구	3.1	대구	3.3	대구	4.4	대구	7.6	대구	9.3	대구	10.7	청진	19.7	인천	21.3
5	인천	2.7	인천	3.1	인천	3.5	인천	5.6	인천	6.8	인천	8.2	대구	17.8	대구	20.6
6	원산	1.7	원산	2.2	원산	2.7	원산	3.6	개성	4.9	목포	6.0	인천	17.1	청진	18.4
7	마산	1.7	진남포	2.2	진남포	2.1	진남포	2.7	신의주	4.8	원산	6.0	원산	7.9	신의주	11.8
8	진남포	1.6	마산	1.6	목포	1.6	목포	2.6	원산	4.2	신의주	5.8	함흥	7.5	원산	11.2
9	군산	0.7	목포	1.3	마산	1.6	신의주	2.3	진남포	3.8	함흥	5.6	개성	7.2	함흥	11.2
10	신의주	0.3	군산	1.1	신의주	1.3	마산	2.2	청진	3.5	개성	5.5	진남포	6.8	광주	8.2
11	목포	0.3	청진	0.6	군산	1.3	군산	2.1	목포	3.4	청진	5.5	광주	6.4	해주	8.2
12	청진	0.2	신의주	0.6	청진	1.0	청진	2.0	마산	2.7	광주	5.4	목포	6.4	진남포	8.2
13									군산	2.6	진남포	5.0	해주	6.2	대전	7.6
14											전주	4.2	신의주	6.1	개성	7.6
15											군산	4.1	전주	4.7	목포	6.9
16											대전	3.9	대전	4.5	성진	6.8
17											마산	3.1	진주	4.3	전주	6.7
18													군산	4.0	군산	5.7
19													나진	3.8	마산	5.4
20													마산	3.6	진주	5.2
21															나진	3.4

전국 도시별 인구 규모 측면에서 보면 1910년 마산은 서울·부산·평양·대구·인천·원산에 이어 7번째 순위였다. 하지만 다른 도시의 인구성장률에 미치지 못한 결과 해방 1년 전인 1944년에는 표 〈전국 도시 연도별 인구 순위〉에서처럼 19번째로 밀려나고 말았다. 마산 인구를 앞지른 도시들은 청진·신의주·함흥·광주·해주·대전·개성·성진·전주·군산 등이었다.

1944년 우리나라 총인구는 25,917,881명이었고 그중 도시인구는 3,411,542명으로 전체의 13.2%에 불과했다. 해방 당시 마산의 인구는 6만여 명이었는데 그 중 6천 명이었던 일본인은 모두 자기들의 나라로 떠났다.

3. 꽃과 술의 도시

한 도시를 한두 단어로 규정할 수는 없을 것이다. 그럼에도 불구하고 각 도시는 그 도시의 특유한 자연 조건과 문화 혹은 대표적인 생산품 등으로 이미지가 만들어지기도 한다. 부산하면 항구, 진해는 벚꽃 등을 말한다. 이런 식으로 일제강점기의 마산을 말한다면 '꽃과 술의 도시'였다.

예전부터 마산에는 벚나무가 많았다. 환주산의 벚나무가 그중 유명했다. 거기다가 1908년 미마스(三增) 이사관이 신마산의 일본인 유지들과 협의하여 행정구역의 경계를 획정하고 명칭을 일본식인 정(町, 마치)으로 결정할 때 어린 벚나무 5천 그루를 가로 양쪽에 4칸(7.2m)마다 심었다. 이로 인해 봄철이 되면 시내 전역에 벚나무가 만개하여 장관이었는데 특히 창원천 좌우 도로의 벚나무가 가장 아름다웠다고 한다. 그 때문에 사쿠라마치(櫻町, '벚꽃동네'라는 뜻. 현재의 문화동)이라는 지명도 있었다.

이와 같은 마산의 특징을 잘 나타내주는 자료로 1937년 마산부에서 관광안내서로 간행한 '관광 마산(觀光の馬山)'의 표지가 있다. 이 표지에는 마산을 둘러싸고 있는 무학산과 마산만, 마산만을 출입

1937년 간행한 '관광 마산' 표지

하던 수많은 선박들이 그려져 있다. 그 가운데 명주(銘酒)라고 적힌 술통과 함께 만개한 벚꽃이 흐드러진 광경을 묘사하여 마치 이상향처럼 그려져 있다. 이런 도시 분위기를 표현한 시 한편을 스와 시로(諏方史郎)가 소개하고 있다.

꽃의 마산이냐 마산의 꽃이냐,	花の馬山か 馬山の花か
가을 싶어가는 달의 포구	秋は冱えたる 月の浦
술의 마산이냐 마산의 술이냐,	酒の馬山か 馬山の酒か
꽃도 술술 피어나고 물은 용솟음치네[15]	花もさけさけ 水はこんこん

---

15 경남대 국어국문학과 배대화 명예교수가 번역하였다.

봄철에는 전국 각지에서 꽃구경 온 관광객들로 인산인해를 이루었다. 매년 4월 10일을 전후하여 부산·대구·대전·경성 방면의 관광객을 위한 임시열차까지 있었다. 하루 8백여 명의 관앵객(觀櫻客, 벚꽃 관광객)이 찾아와 붐볐다. 벚꽃은 창원천 주변뿐만 아니라 신마산 전역과 원마산의 환주산에까지 그득했다. 그런가 하면 1929년에 간행된 『마산현세록』에도 목차에 '술의 마산(酒の馬山)'과 '꽃의 마산(花の馬山)'이라는 항목을 넣어 마산의 술과 꽃에 대해 집중적으로 설명하고 있다.

『마산현세록』에 의하면 당시 창원천의 벚꽃은 4월 7일경부터 피기 시작하여 10~11일에 70% 개화하고 13~14일 만개하여 17~18일경까지가 절정이었다고 한다(기후온난화로 지금은 10~15일 정도 빨라졌다). 특히 창원천의 맑은 물 위에 떨어져 흐르는 낙화가 일품이었다고 소개하고 있다. 벚꽃이 피면 창원천변 거리(고운로 일부와 문화남1길)에선 한바탕 축제가 벌어졌다. 출장식 음식이 펼쳐졌고 이동식 가설무대까지 설치하였다. 마산의 각 주조장에서는 직매장을 설치해 마치 주류 품평회처럼 난장을 벌였다. 밤거리가 특히 아름다웠다. 축제 분위기를 띄우기 위해 인근 주민들이 벚나무에 본보리(雪洞, 설동, 종이로 만든 등롱)를 매달아 밤의 벚꽃거리를 달구었다. 이를 두고 '불야성을 이루는 밤의 환락경'이라 말하기도 했다. 일제강점기를 기억하는 한국인 중에는 당시 마산의 술이 유명했던 까닭을 단지 술만이 아니라 온화한 기후 속에서 흐드러지게 핀 벚꽃과 함께 술을 마셨기 때문이라고 말한 이도 있다.

강점기 마산의 일본 술은 생산량도 국내 최대였지만 맛도 좋았다.

술맛을 결정짓는 것은 물맛과 기후와 양질의 쌀인데 마산은 세 가지 모두 최적의 조건을 갖추고 있었다. 마산에서 생산되는 술의 향과 맛이 당시 일본 최고 술 중 하나였던 탄주(灘酒, 나다자케)에 필적할 만해 만주에서는 마산 술을 '조선의 나다자케'라고 부를 정도였다.

4. 시가지 변화

1930년 이후 국내의 사회경제적 상황은 최악이었다. 이로 인해 발생한 급격한 이농현상으로 도시의 물적 수준도 점점 열악해갔다. 그러나 마산의 경우, 위치가 전선과 멀다는 이유도 있었겠지만 일본과 대륙을 연결하는 접점이라는 점과 군수물자 공급창이라는 점 때문에 새로운 매립도 시도되는 등 적지 않은 변화가 있었다. 오히려 마산의 건설경기가 과도하게 상승하여 '황금시대' 운운할 정도였다.

지형적으로 볼 때 매립 전의 마산은 자산동 입구, 즉 몽고정 부근에 해안이 깊고 환주산이 해안 쪽으로 돌출해 있어서 가용대지가 협소했다. 특히 이곳에는 두 개의 철도와 한 개의 간선도로가 지나고 있어서 원마산과 신마산 두 도시기 연결되는데 악조건으로 작용했다. 바로 이 일대, 즉 현재의 신포동에 1929년부터 1935년까지 대규모 매립공사가 진행되어 마산의 도시 형상을 크게 바꾸어 놓았다. 그 결과 원마산과 신마산이 지형적으로 연결되어 마산은 대상형 도시로 변하게 된다. 시가지가 넓어지자 마산에 사는 일본인들의 지배력도 도시 전역으로 확대되었다. 이 시기에 시행된 매립은 신마산 9

회, 원마산 2회 모두 11회였고, 이 외에 부두공사가 4회 더 있어서 모두 15회의 매립이 있었다. 그야말로 매립의 전성기였으며 그 결과 해방을 맞았을 때는 마산부의 전 해안이 직선 호안으로 변해 있었다.

회원동에는 세 채의 일본군용 말사육장이 있었다. 해방 후 귀환동포가 밀려들어 '회원동 500번지'가 된 곳이다. 산호동 바냇들, 현 종합운동장 일대는 논밭 가득한 들판이었다.

동마산 지역은 율림동이었던 현 양덕 코오롱하늘채아파트 일대와 양덕동이었던 신성미소지움아파트 일대만 마을이었을 뿐 그 외는 모두 논과 밭이었고, 석전동은 석전메트로시티 일대만 마을이 형성되어 있었다. 합성동의 합포성은 마산선 철도와 창원-마산 간 간선도로(3·15대로)가 관통했지만 성곽의 형태는 뚜렷이 남아 있었다.

1) 시가지 확산

1930년대 초 신마산의 시가지는 장군천 부근까지 다가왔고 장군천 이북에는 1911년 개통된 대로변에 전기회사를 위시해 약간의 건물들이 있었다. 구 도로, 즉 도립의료원의 병원과 주차장 사이 길 주변에도 민간 건물들이 드문드문 있었다. 그러나 1930년대 들어 신마산에 집중 배치되어 있던 관공서 건물들이 하나둘 옮겨와 중앙마산이 서서히 공공업무 지역으로 변해갔다. 상징적인 사례가 1936년 마산부청 이전이다. 하지만 현 고운로의 서쪽 고지대는 신마산과 중앙마산 모두 해방 때까지 도로가 개설되지 않았다.

만주사변(1931) 이후 중일전쟁(1937)과 태평양전쟁(1941)까지 한

월포해수욕장(현 3·15해양누리공원 자리)

반도는 일제의 병참기지였다. 마산도 활용되었다. 술·장유·의류·곡류 등을 전장으로 운송하기 위해 제1·2부두에 이어 중앙부두까지 건설되었다. 중앙부두는 유명한 월포해수욕장이 있던 곳으로 현재 3·15해양누리공원 자리이다.

월포해수욕장이 중앙부두 조성으로 없어지자 해운동에 고노에하마(近衛濱)라는 해안공원을 조성했다. 백사장은 월포해수욕장보다 못했지만 일본인들이 심은 벚나무와 버드나무가 많이 있었다. 이 해안공원은 강점 말기 광산업자 나카무라 시게오(中村繁夫)가 매립한 현재의 남부시외버스터미널 일대다.

철도용지를 해제시킨 중앙마산의 도시개발로 원마산과 신마산이 시가지로 연결되었고 이에 더해 매립으로 신포동이 탄생하여 두 도시 사이의 병목현상을 완화시켰다.

강점 후기 자산동 입구 부근에 철도 직원용 집단주택을 15~16채 건설하여 시가지가 확대되었다. 일찍부터 기차가 들어온 탓에 마산에는 세 개의 철도역과 마산교통요양원 등 철도 관련 기관이 많았다. 이 집합주택은 그 기관들 어딘가에 근무했던 직원들의 사택이었다. 각 동의 규모는 크지 않았지만 기와지붕의 현대식 집합주택이었다. 중앙마산과 신마산의 서편 경사지로도 주거지가 점차 확대되었다.

경남선 철도가 1925년 진주까지 개통되자 북마산역의 역세권과 인구이동 등으로 시가지가 크게 확산되었다. 이런 현상은 1930년대에도 계속되었다. 그 결과 원마산의 범역이 확산되어 오동동은 물론 상남동·교방동을 넘어 산호동 일부와 회원동까지 시가지가 연결되었다. 매립도 오동교까지 진행되었다. 하지만 산호리는 여전히 원마산과 일정한 거리를 두고 있었다.

2) 도로의 신설과 확장

이 시기에는 중앙마산 지역에 도로가 많이 개설되었다.

1931년까지 현재의 장군교에서 성지여고 방향으로 오르는 도로(장장군로)는 원래 폭 2m의 소로였는데 이 도로가 1931년에 7m 확장되어 폭 9m의 도로가 되었다.

1932년부터 1935년까지의 시기에 현재의 고운로가 마산여고 남쪽 완월동과 신월동의 경계지점까지 뚫렸다.

1935년 원마산의 기선권형망 수협지소와 그 인근 건어물시장 주변 매립으로 동성동과 오동동 경계 지점까지의 해안이 직선으로 변하면서 해변에 도로가 신설되었다.

1935년 부림시장 옆을 지나는 직선도로(동서북12길, 1913년 개통)에 서쪽으로 들어가는 도로가 넓혀졌고 옛 오동동파출소에서 동쪽 오동교로 향하는 길도 개설되었다.

1936~37년 사이에 자산동으로 진입하는 도로(자산삼거리로)와 무학초등학교 부근의 도로가 개설되었다.

1937년 수성동 오동동행정복지센터 앞 도로(동서북4길)가 부림시장과 이어져 신포동 매립지와 연결되었다.

1937년 추산동 정법사에서 문신미술관으로 오르는 길(문신길)이 확장되었다.

1937년 오동동 네거리에서 남쪽으로 내려오는 도로(아구찜길)가 개통되었다. 같은 해 이 도로(아구찜길)가 새로 매립된 지역의 도로망과 연결되는 도로(복요리로)가 이어져 오동동에서 해안으로 바로 나갈 수 있게 되었다.

1938년 북성로에서 서원곡으로 오르는 현 성호동1길이 개설되었다.

1939년 삼성생명에서 신한은행 마산지점으로 내려오는 불종거리(1923년 개통)의 10m 도로가 20m로 넓혀졌다. 이 도로 확장공사는 도시적 필요에 의해 계획도로가 생긴 후 그 폭이 좁아 다시 넓히는 마산 최초의 확장공사였다. 이를 통해서도 이 시기 원마산의 도시 규모가 급격히 변하고 있었다는 것을 알 수 있다.

1943년 현 서광아침의빛아파트 일대에서 해안 쪽으로 이어지는 도로(오동동5길)가 개설되어 1940년부터 1942년까지 다케모토구미(竹本組)가 매립한 토지와 연결되었다.

1944~1945년 사이에 현 마산중학교에 이르는 길(심온길)을 비롯하여 자산동 전 지역의 도로가 개설되었다.

1944~45년 마산여고 남측까지 개통(1934년)되었던 고운로가 이미 마산신사(현, 제일여고) 정문 앞에 나있던 도로와 연결되어 완전 개통되었다.

원마산의 도로 개설은 20년대에 비해 많지 않았으나 외곽으로는 그 영역이 더욱 넓어졌다. 특히 이미 개설된 도로의 폭을 확장하는 등 원마산의 시가지 확산이 빨라지고 있었다.

해안 매립의 역사 · 4

1910년대 초 하자마의 매립이 있었던 원마산 해안은 20여 년간 큰 변화가 없다가 1930년대 후반 동성동 해안 일대에 대규모 매립이 시작되면서 크게 변했다. 또한 하자마의 매립 때 포함되지 않고 남아 있던 동굴강이 1935년 모두 매립되었다. 동굴강은 현 어시장 '너른 마당'[16]의 북측 인접대지다. 이어서 1940년 시행된 다케모토구미(竹本組)의 매립은 해안을 더 밀어내었다. 다케모토구미의 매립은 마산매축주식회사가 시행한 신포동 매립 이후 가장 대규모의 매립이었다. 이 매립은 강점기 마지막 것으로 일부 남아 있던 원마산 자연해안을 모두 없애 버렸다.

일제강점기 동안 조성된 원마산의 해안은 해방 후 수십 년 동안 사용되어 1985년 구항 매립공사가 착공되기까지 존속하였다. 도로 역시 1968년 현재 간선도로인 합포로가 매립 지역의 도로 축에 맞춰 건설된 것 외에는 별 다른 변화 없이 지금까지 사용되고 있다.

일제에 의한 마산만의 매립은 개항기부터 시작되었지만 횟수와 면적에서 1930년대가 최고였다. 절정은 1929년에 착공하여 6년 간 시공한 후 1935년 완공한 신포동의 중앙마산 지역 매립이었다. 이 매립으로 두 도시로 나누어져 있던 원마산과 신마산은 하나의 도시로 연결되었다. 그런 점에서 강점 3시기인 1931~45년은 마산 도시

---

[16] 마산의 어시장 내에 있는 지명이다. 일제 때 도로 개설 과정에서 방향성이 다른 여러 도로가 집중함으로써 생긴 넓은 공지인데 넓은 곳이라 하여 '너른마당'이라 부르기 시작하였다.

공간의 격변기였다. 또한 1938년부터 1945년 사이에는 제1부두, 제2부두, 중앙부두 등 대규모 부두공사가 시행되었다. 부두공사 역시 매립으로 이루어지지만 그 목적이 항만건설이라는 점에서 일반매립과는 성격이 다르다. 조선총독부의 직영으로 급속히 시행된 이 항만공사는 마산을 상업무역항으로서의 발전을 도모하기 위함이 아니라 일본의 대륙침략을 지원하는 병참기지로 사용하기 위함이었다.

10. 기쿠타 이와이치의 창포동 3가 매립

1931년 12월 4일 창포동 3가 1-1번지 801평이 일본인 조선업자 기쿠타 이와이치(菊田岩市, 창포동 3가 5번지)에 의해 조선공장부지 조성을 목적으로 시행되어 매립되었다. 법적 토지 취득일자는 1932년 3월 25일이며 매립지 중 도로·구거 및 호안석원은 국유화되었다. 다음 11.의 기쿠타 이와이치·아마노 미츠지의 창포동 2가 매립과 같은 시기에 시행되었던 것으로 보인다.

11. 기쿠타 이와이치·아마노 미츠지의 창포동 2가 매립

1932년 8월 20일 창포동 2가 2번지에서 10번지까지의 3,213평이 앞의 기쿠타 이와이치(菊田岩市)와 목재상 아마노 미츠지(天野都槌) 두 명에 의해 시행되었다. 현 창포경남아파트 부지다. 매립 목적은 택지 조성이었다. 총면적은 3,714평이었는데 준공인가와 동시에 세관 잔교 옆 모퉁이(창포동 2가 7번지)의 세관 창고부지 163평과 도로·구거·물양장·호안석원 등은 국가에 귀속시켰다. 1899년부터 자리 잡고 있던 마산세관이 이 매립으로 해안을 접할 수 없게 되었으며 부잔교(浮棧橋)는 남아 있었다. 메가타 헤이사부로(目加田平三郎)가 매립한 부지의 해안도로와 나란히 호안하여 도로(문화동15길)를 개설하였다.

12. 이케다 겐지와 나가모리 히사미의 창포동 3가와 월남동5가 매립

1933년 1월 25일 완공된 현 경남대 앞 삼우상가와 롯데마트 사이의 부지다. 도로까지 합한 총 매립면적은 3,300여 평이다. 부등변 사각형이었던 이 매립지는 처음 신청할 때는 가운데 도로가 없었는데 설계를 변경하여 중앙에 도로를 내 사각형과 삼각형의 두 대지가 조성되었다. 매립의 목적은 주조 및 정미공장부지 조성이었고 도로 · 구거 · 호안석원은 국유지가 되었다. 매립설계도를 보면 현재의 경남대 정문 앞에 있던 월영천이 복개되지 않고 있으며 창원교란 이름의 교량과 함께 주위에 도바리(戶張)정미소와 하라다(原田)주조장이 표기되어 있다.

일본 모지(門司) 시에 거주하던 이케다 겐지(池田源次)와 창포동에 거주하던 나가모리 히사미(永森久幹)가 공동으로 시행하였다. 처음 매립권을 취득한 자는 경성에 살던 고에이 쿄이치(高榮京一)와 나가모리 히사미였지만 자금 사정 때문에 고에이 쿄이치 대신 이케다 겐지로 바뀌었다.

13. 마산부가 시행한 남성동 · 동성동 · 오동동 매립

1935년 2월 19일에 이전의 기선권형망 수협지소와 그 인근 건어물시장 주변 2,145평이 매립되었다. 그중 사용가능한 대지는

1,043평이고 그 외는 도로 및 하수구 등이다. 이 매립은 1927년 시행된 '7. 마산부가 시행한 남성동 30번지 동굴강 일부 매립'의 남성동 30번지 107평 매립과 함께 마산부의 직영사업으로 시행된 것이다. 이 매립은 동굴강 한 곳이 아니라 연접해 있는 주변 세 곳을 포함하여 모두 네 곳이었으며 길이 50m, 폭3m의 방파제도 함께 조성되었다. 매립목적은 어시장 부지와 택지 조성이었다.

14. 마산매축주식회사가 시행한 신포동 매립

1920년대 중반까지 마산 시가지는 한국인들의 원마산과 일본인들이 거주한 신마산으로 나누어져 있었다. 두 지역 사이의 중앙 지역은 병목형으로 공간적 연결도 불가능해 도시 발전에 장애가 되었다. 1920년대 들어 철도용지가 해제되고 시가지 형성이 가능해졌다. 이 매립도 비슷한 시기에 계획되었다.

마산매축주식회사에 의해 65,088평 규모로 시행되었으며 그중 대지는 48,105평이었다. 마산의 미곡상 마츠바라 하야조(松原早藏), 니시다(西田)양조장 주인 니시다기 소모이치(西田木惣市), 오사카상선 마산대리점 시마모토 우이치(島本宇一)와 부산의 니시모토 에이이치(西本榮一), 미와다 기쿠로(岩田菊郎) 그리고 일본 고베에서 사업을 하던 노바야시 지이치(野林治一) 등 6명이 시행하였다. 이들이 설립한 마산매축주식회사(마산시 남성동 221번지)는 1928년 11월 15일 매립허가를 신청하여 1929년 6월 14일 마산부로부터 허가를 받았다.

1929년 말경 착수된 이 매립공사는 자산동 204번지에서 247번지까지, 현 온누리빌라의 남쪽 일대 임야를 매입하여 이곳 흙을 취

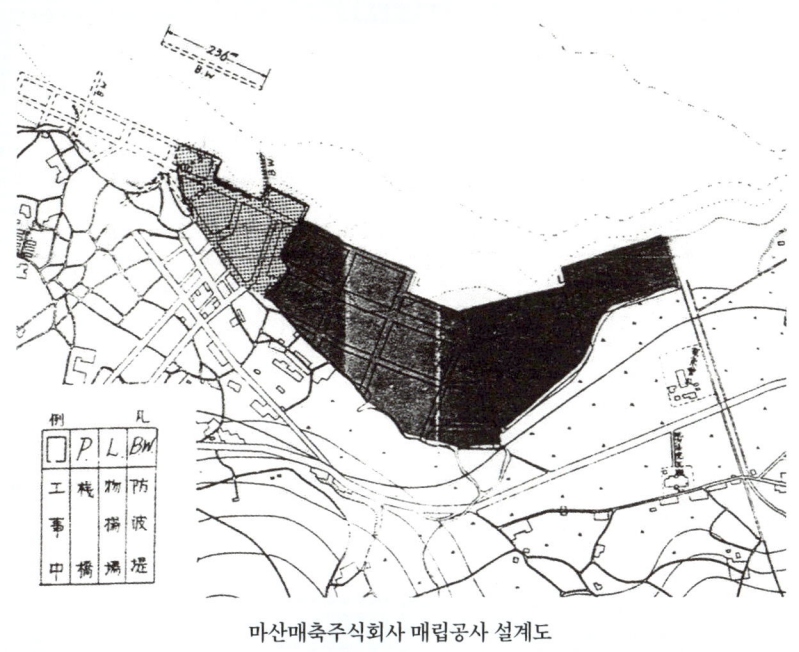

마산매축주식회사 매립공사 설계도

토해 매립에 사용하기도 하면서 1935년 10월 준공시켰다. 새로 조성된 이 토지는 신포동 1가 1번지에서 46번지까지의 22,257평과 신포동 2가 1번지에서 113번지까지의 25,848평이었다. 현재의 신포동이 이 매립으로 생겼다. 당시에는 유타카마치(豊町)라고 불렀다.

   매립지에는 조선미곡창고주식회사의 임해창고(해방 후 대한통운 창고로 사용되었다가 철거)와 군수·민수용을 다함께 제조하는 대형 장유공장인 환금장유주식회사를 비롯하여 일본광업·질소비료·조선염협 등 크고 작은 기업이 들어섰다. 당시 기준지가는 평당 1엔 30전부터 1엔 80전까지였다. 현재 이곳에는 옛 미곡창고 자리에 롯데하이마트, 환금장유 자리는 삼익아파트, 옛 의창수산 자리는 2024년 폐업한 롯데백화점이 자리 잡고 있다.

15. 마산부가 시행한 제2부두 매립

마산매축주식회사에서 신포동을 매립할 때 시행되었으며 1935년 4월 25일에 2,900평이 조성되었고 나머지 1,650평은 같은 해 6월 7일 마산부 사업으로 조성되었다. 이 자리는 월포해수욕장의 북단이었다. 부두공사를 위한 대형매립으로는 시기적으로 가장 일렀으나 개항 후 각국 공동조계지를 설치할 때부터 신마산에 부두가 있었기 때문에 두 번째 부두라고 해서 제2부두라 불렀다. 카프문학가 임화가 『조어비의(釣魚秘義, 1941)』에서 매립지에 밤낚시를 나갔다가 다치기도 했다는 곳이다.

16. 기쿠타 이와이치의 창포동 3가 매립

1938년 1월 28일 창포동 3가 5-12 전 심건(心建)조선소 자리 594평을 앞의 기쿠타 이와이치(菊田岩市)가 자신이 운영하던 기쿠타조선소 용지로 매립하였다. 총 세 번에 걸쳐 매립을 한 기쿠타 이와이치는 1909년에 마산으로 이주해온 이다.

17. 조선총독부가 시행한 제1부두 1차 매립

1936년 10월 총독부가 발주하고 경성의 토건업체 미야케구미(三宅組)가 맡아 중앙부두와 함께 착공하였다. 3,460평의 공유수면을 매립하여 1939년 5월 19일 제1차 준공되었다. 제2부두보다 시기가 늦지만 제1부두라 이름 붙인 것은 개항 직후에 있었던 최초의 부두를 확장시킨 것이었기 때문이다.

18. 조선총독부가 시행한 중앙부두 매립

중앙부두 건설공사도 제1부두와 같이 1936년 10월 조선총독부에서 경성의 미야케구미(三宅組)가 시공했는데 제1부두와 같은 날인 1939년 5월 19일 준공하였다. 총 25,475평 규모로서 총길이 1,080m의 물양장도 갖추었다.

이 중앙부두에는 연안여객터미널·해양수산청·세관·검역소 등이 자리했다가 지금은 3·15해양누리공원으로 이용되고 있다. 조선총독부 내무국 초량토목출장소에서 설계하여 집행하였다. 당시 사용된 설계도면 '중앙부두 매립공사 설계도'의 단면도를 보면 만조 때 해수면의 최상단이 매립지반선과 같은 높이에 있다. 공사기간과 공사비용을 줄이기 위해서였겠지만 이런 저급한 매립공사 때문에

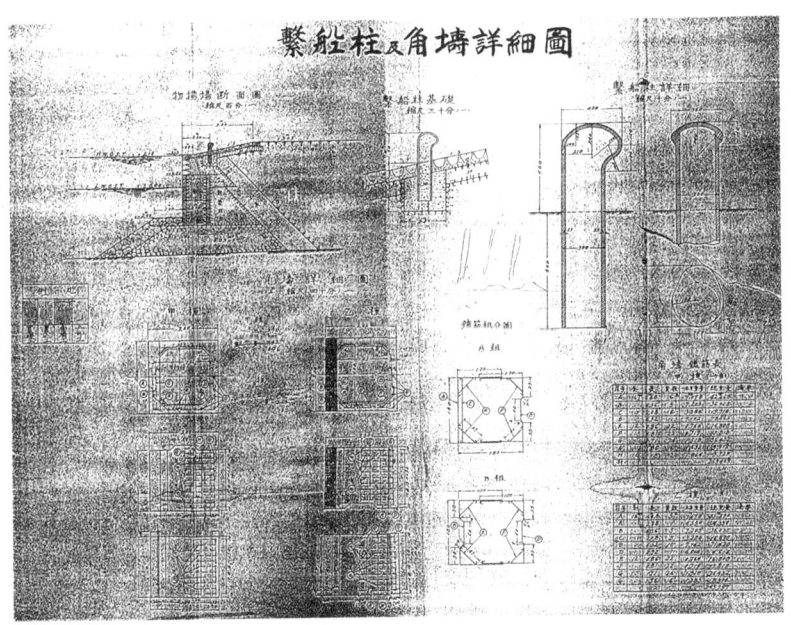

중앙부두 매립공사 설계도

2003년 태풍 매미로 도시가 침수되는 엄청난 재난을 입었고, 지금도 해수면이 높아지면 해안 지역이 침수되는 재난이 이어지고 있다.

매립 전까지 이곳은 아름다운 백사장으로 그 이름이 전국에 널리 알려진 월포해수욕장이었다. 여름 피서철이 되면 서울에서 마산까지 특별열차까지 운행되던 명승지였기 때문에 당시의 각종 마산 소개 자료집에 월포해수욕장의 사진이 많이 실려 있다. 나도향의 마지막 작품 『피 묻은 편지 몇 쪽』에도 등장하는 명소였다.

19. 하시모토 로쿠사부로의 창포동 3가 매립

1940년 2월 15일 전 심건(心建)조선소 건너편 주택지 창포동 3가 5-14번지(현 광신비치아파트) 437평을 일본인 하시모토 로쿠사부로(橋本六三郞)가 매립하였다.

20. 마산조면공장의 창포동 3가 매립

1942년 6월 16일 창포동 3가 8-1번지 4,585평을 당시의 마산조면공장이 매립하여 공장용지로 사용하였다. 현 롯데마트 자리이다.

21. 마산수산주식회사의 월남동 5가 매립

위 20.의 마산조면공장 매립과 동시에 이루어졌으며 창포동 3가 5번지에 위치한 마산수산(주)에서 시행하였다. 이케다 겐지(池田源次)와 나가모리 히사미(永森久幹)의 창포동 3가와 월남동 5가를 매립한 부지 중 월남동 5가의 부지 전면 해안에 위치하였으며 면적은 812평이었다. 1944년 마산조선철공유한회사로 소유권이 변경되었다.

22. 다케모토 유지의 남성동, 동성동, 오동동 매립

1940년부터 1942년 9월 5일까지 부산 토건업체인 다케모토구미(竹本組)의 다케모토 유지(竹本熊次, 부산부 수정동 116번지 거주)에 의해 시행된 매립공사다. 원마산 매축지 동쪽 해변 일대로서 마산시수협이 있었던 오동동 251-3을 비롯하여 복요리 거리와 기산아파트 일대다. 총 면적 11,860여 평 중 대지 8,885평, 도로 2,539평, 하치장 436평이었다. 이 외에 물양장 254평과 방파제 153m도 함께 시공했다. 매립의 위치가 오산선창 앞 해면이었기 때문에 오랫동안 마산포 사람들과 희로애락을 같이하던 오산시장이 이 매립으로 사라졌으며, 이로써 원마산의 해안은 오동교까지 직선호안으로 변했다. 이 공사에 사용된 흙은 처음에는 용마산 북쪽 비탈을 깎아 사용했으나 잇단 인사사고 때문에 노비산 북쪽 흙을 사용하기도 했다.

23. 해운동 고노에하마(近衛濱) 해수욕장 매립

마산의 명승지 월포해수욕장이 매립된 이후 고노에하마 해수욕장이란 이름으로 이용되던 해운동 일대의 해변이 1944년 12월 3일자로 일본인 나카무리 시게오(中村繁夫)에 의해 매립되었다. 지금의 마산시외버스 남부터미널 일대다.

해운동 5의 12번지에 1만 2,254평 규모였으며 해안선은 석축으로 호안되었다. 그러나 이 매립지는 완공된 지 8개월 만에 일제가 패망하여 해방 당시에는 공터로 버려져 있었다. 나카무라는 군북에서 나카무라광업소(中村鑛業所)를 경영했던 부호였다. 하지만 이 매립공사 직후 해방이 되어 버려 매립에 투자한 금액을 회수할 수가 없

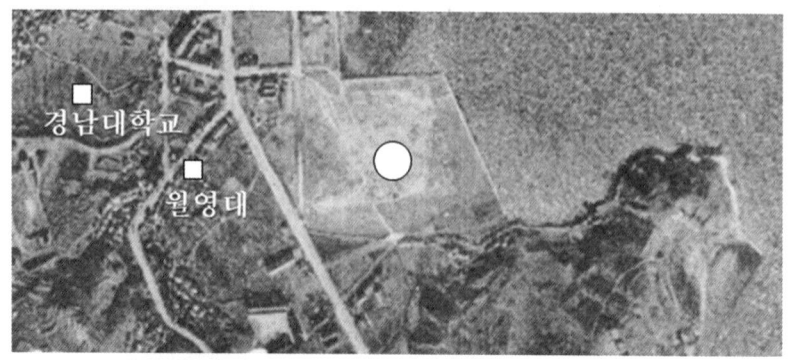

나카무라 시게오의 해운동 고노에하마해수욕장 매립지

었다. 졸지에 엄청난 돈을 날려 버린 나카무라를 비유하여 한때 마산에서는 사업을 하다가 졸지에 망해 버린 사람을 두고 '그 사람 나카무라되었다'라고 비유로 말하곤 했다.

24. 조선총독부가 시행한 제1부두 2차 매립

제1부두 1차 공사에 이어서 시행된 제2차 공사는 8,600여 평 규모의 추가공사였다. 이 매립으로 제1부두는 총면적 1만 2천 평 규모의 용지가 확보되었다. 해안선에는 석축안벽이 설치되고 그 외 물양장·계선장 등이 건설되었지만 준공되기 직전에 해방을 맞았다. 그러나 부두공사가 거의 끝난 상태여서 해방 직후부터 바로 부두로 사용되었다.

일제강점기에 시행된 마산의 매립공사는 여기까지다. 개항기 4회, 강점 1시기 2회, 강점 2시기 3회, 강점 3시기 15회로 총 24회다. 이렇게 시행된 매립으로 간석지였던 마산의 자연해안은 모두 인공의 직선호안으로 변했다.

　매립 주체를 유형별로 나누어 보면 조선총독부·마산부·기업·개인 혹은 공동매립과 단독매립 등이 있었다. 그리고 1회 매립 면적도 최소 100여 평에서 최대 10만 평 가까운 면적까지 다양했으며 한 사람이 세 번에 걸쳐 시행하기도 했다. 매립의 목적도 다양했다. 항만건설을 비롯해서 농지로 사용하기 위한 매립이 있었는가 하면 군용지 혹은 철도용지를 목적으로 매립한 것도 있었고 기업과 개인에게 분양을 목적한 것도 있었다. 그런가 하면 임대를 목적으로 매립하기도 했고 자신의 사업장을 확대하기 위한 매립도 있었다. 반면 사실상 매립이라고 보기 어려운 것도 매립이 완료된 것으로 되어 있는 것도 있었다.

　이처럼 마산의 매립은 그 내용과 형식이 다양했다. 단 한 가지 공통된 점이 있었다면 그 주체가 모두 일본인이었다는 것이다. 이 사실만으로도 일제강점기 마산에서 이루어진 매립공사의 성격을 이해할 수 있다.

　마산의 매립은 마산부나 조선총독부가 마산 도시의 전체적인 균형과 발전을 위해 거시적으로 일관되게 계획하여 시행되었던 것이 아니었다. 일본인 개인과 기업의 경제적 욕구에 의한 것이있다. 마산이 끼고 있던 해안의 간석지가 일본 자본가의 입장에서 볼 때는 저비용으로 고수익을 올릴 수 있는 원시적 재화 축적의 한 방편이었고 때를 맞춰 일기 시작한 국내 공업시설 확충 붐이 이를 부추겼던 것이다. 그러므로 매립된 부지 중 어느 곳도 공공용지로 사용되었거나 도시의 균형발전을 위한 기반시설로 사용되지 않았다.

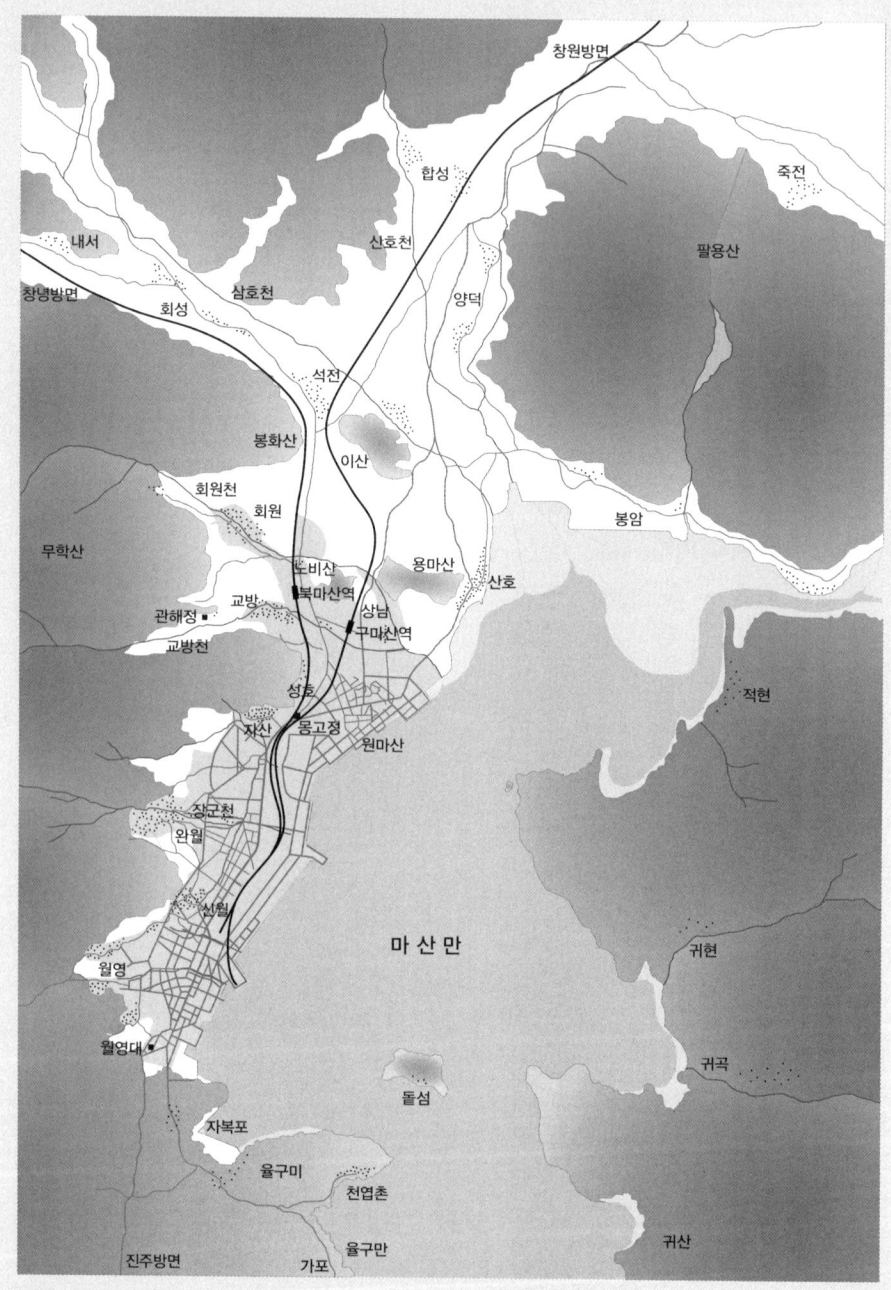

1945년 마산

3부
해방 이후

◆

I. 인구급증과 도시 포화, 1945~1960

1. 산업화 이전 시기의 도시 상황
2. 귀환동포와 피난민, 적산 처리
3. 최초의 대학과 화력발전소
4. 시가지 변화

II. 공업도시로의 대전환, 1961~1970

1. 성장 여명기의 도시 상황
2. 꿈틀대는 도시
3. 거대 산업시설의 입지
4. 시가지 변화

III. 성장의 늪, 1971~1990

1. 성장기의 도시 상황
2. 동마산의 탄생과 삼역 통합
3. 외부 교통망의 확충
4. 시가지 변화

IV. 정체기와 도시 통합, 1991~2010

1. 변화 외면한 도시 정책
2. 떠난 이와 남은 이
3. 이름을 잃다
4. 시가지 변화

I.
인구급증과 도시 포화, 1945~1960

　이승만 정권에게 주어진 첫 번째 과제는 질서 확립과 식민지 잔재 청산이었지만 성공하지 못했다. 1950년 발발한 한국전쟁은 개인의 삶과 나라의 기반을 철저히 파괴했고, 고조된 남북 간 적대감은 독재권력을 정당화시켰다. 전쟁 직전 농지개혁을 완료했지만 비현실적인 조세 부담으로 다수 농민들이 몰락했고, 미국의 잉여물자 원조에 기댄 공업화는 독점자본과 정경유착에 빠져 노동자의 삶을 옥죄었다. 1950년대 한국 자본주의는 진정한 의미에서의 자유주의 시장경제가 아니었다. 이런 상황에서 영구집권을 획책한 이승만 정권은 목적 달성을 위해 수단과 방법을 가리지 않았다.
　1960년, 역사의 물꼬를 바꾼 대사건이 터졌다. 마산시민으로부터 시작되었다. 3월 15일 정·부통령 선거에서 자유당 정권은 상상도 못할 선거부정을 저질렀고, 이에 격분한 마산시민들이 거리로 뛰쳐나와 '부정선거 다시 하라'고 외치면서 시작된 3·15의거였다. 한

달채 지나지 않았던 4월 11일 오전, 3월 15일 밤 실종된 마산상고 입학고사 합격생 김주열의 처참한 시신이 중앙부두 앞에 떠올랐다. 분노한 마산시민의 두 번째 의거가 발발, 전국으로 확산되어 4·19혁명으로 승화되었다. 국민이 세웠던 최초의 공화국은 그 국민들의 손에 무너졌다. 의거 이후 마산사람들은 한국 민주주의의 첫 문을 열었다는 자부심을 갖게 되었다.

해방과 전쟁, 낯선 체제와 가난, 절대권력과 반공. 1945년부터 1960년까지의 시기는 정치·경제·사회 전체가 일대 혼란기였다. 독립된 국가였지만 어느 것 하나 스스로 일으키지 못했고, '뭉치면 살고 흩어지면 죽는다'고 외쳤지만 '뭉치자'는 구호 아래 친일파가 살아났고 독재가 정당화되었다. 국가경제와 국민 복리는 도외시하고 영구집권만 꿈꾼 절대권력의 패악이 나라를 뒤흔든 어두운 시기였다.

1. 산업화 이전 시기의 도시 상황

갑자기 들이닥친 해방 공간의 당면과제는 전국적인 치안유지였다. 일본과 항로가 연결된 마산은 더 급했다. 해방으로 들뜬 시민들과 본국으로 돌아가려는 일본인들의 인파 때문에 도시가 온통 아수라장이었다. 가장 시급했던 것이 자치기구였다. 해방 이틀 후인 8월 17일 밤 공락관(시민극장)에서 열린 '해방 축하 마산시민대회'를 지역 자치권력인 '조선 건국준비위원회 마산위원회'의 결성대회와 겸

했다. 위원장으로 허당 명도석이 추대되었고 각 정파에서 고루 임원으로 참여했다. 하지만 좌우의 갈등으로 건준 마산위원회는 한 달을 채 넘기지 못했다.

1945년 8월 15일 당시 마산의 인구는 6만여 명이었고 그중 일본인은 6천여 명 정도였다. 그런데 해방 후 일본에 있던 한국인들이 대거 귀환하여 인구가 급증, 1946년 5월 말경 8만 2천 명을 넘겼다. 일본인 6천 명이 본국으로 돌아가고 대신 한국인 2만 8천 명이 마산으로 왔던 것이다.

일본인들은 떠났지만 도시는 달라지지 않았다. 해방이 되자마자 사람들은 표지판에 쓰인 일본어를 긁어냈다. 이곳저곳 각종 표석에 음각된 메이지(明治), 다이쇼(大正), 쇼와(昭和) 연호를 쪼아냈다. 하지만 도시는 그대로였다. 1950년대도 매한가지였다. 나라 살림이 원조경제로 근근이 유지되던 때여서 도시문제를 살필 형편이 아니었다.

식민통치가 끝나고 독립이 되었다고는 했지만 해방 직후 한국사회는 무질서와 혼란의 시대였다. 경제활동도 대부분 중단되어 하루하루 삶을 잇기가 힘든 상황이었다. 자의 타의로 일본과 만주 등지로 떠났다가 해방을 맞아 돌아온 귀환동포 중 상당수는 거처도 없었다. 해방 다음해 봄에는 콜레라까지 들이닥쳐 나라 곳곳에 목불인견의 참상이 속출하였다.

미군이 마산에 들어온 것은 1945년 10월 8일이었지만 미군정청이 정상화된 후 마산 군정청이 출범한 것은 12월이었다. 초대 사령관은 미육군 소령 데일리(Dairy)였다. 데일리 사령관은 시민의 여론과 주위 권고를 받아들여 옥기환을 마산부윤(지금의 시장)으로 지목하고 직접 그의 자택을 찾아가 수차례 권유 끝에 수락 받았다. 초대 부윤이 결정된 후 마음이 통한 두 사람은 옥기환의 집 마당에서 겉옷을 바꿔 입고 찍은 사진을 한 장 남겼다. 비록 미군정 치하였지만 이로써 한국인을 통한 행정이 시작되었다. 1945년 12월 15일이었다.

남전 옥기환과 데일리(1945. 12.)

1947년 강점기에 사용하던 일본식의 '정(町)'과 '동(洞)'을 동으로 통일하고 '정목(丁目)'은 '가(街)'로 바꾸었다. 하지만 명칭만 바꾸었을 뿐 체계와 영역은 그대로였다.

군정기라 미군이 벌인 행사도 많았다. 7월 4일 미국독립기념일에는 많은 도시에서 축하 퍼레이드도 했다. 서울과 부산에서는 열병식과 함께 정오에 축포 48발을 발포하였다. 마산에서는 합포구청 앞 3·15대로에서 시가 퍼레이드가 열렸는데 요행히 당시 사진이 한 장 남아 있다.[17]

---

[17] 박영주 지역사학자가 미국 사이트에서 발견하였다. 1946년 7월 4일 당시 마산 주둔 미육군 제6사단 53야전포병대 본부중대의 한 병사가 찍은 것이다. 도로 건너편 건물이 마산세무서이다.

미국독립일 기념 마산 시가퍼레이드(1946. 7. 4.)

해방 후부터 정부수립까지는 군정이라는 과도정부여서 정부수립 이후 국가체제와 권력 향방을 놓고 진영 간 대립과 갈등이 심했던 때였다. 마산도 마찬가지였다.

정부수립 다음해인 1949년 6월 29일, 대통령령 제39호로 마산항은 개항장으로 지정됐다. 세관, 해사국, 검역소 등 임해기관들이 설치되어 국제무역항의 기능이 되살아났다. 구한말인 1899년 5월 1일 개항하여 1910년 12월 31일 폐쇄된 뒤 다시 문을 연 것이다. 하지만 경제력도 약했을 뿐 아니라 마산항의 규모와 시설의 한계 때문에 무역거래가 많지는 않았다. 미국의 구호양곡과 목재, 시멘트 등 무상원조품을 실은 선박들이 주로 이용했을 뿐이다. 1949년 7월 4일에는 지방자치법이 제정되어 마산부는 마산시로, 부윤은 시장으로 바뀌었다.

정부수립으로 행정질서가 잡혀가자 산업계도 조금씩 안정을 찾아갔지만 곧이어 터진 전쟁으로 다시 혼란에 빠졌다. 전쟁기(1950. 6. 25.~1953. 7. 27.)의 마산 일대는 부산을 지키는 보루가 되어 전세 반전까지 최대의 격전지가 되었다. 특히 진북면 일대에서는 하루를 두고 점령군이 바뀌는 등 혼전을 거듭하여 인명 피해가 많았다. 마산이 유엔군과 한국군의 최대 병참기지여서 반드시 사수해야 했기 때문이었다. 그 때문에 군인들이 대거 마산에 진주하였으며 시청과 학교 등 공공건물은 물론 대규모 공지들이 군용으로 사용되었고 마산항은 미군 수송기지가 되었다. 군의 소개령에 따라 웅천, 가덕도, 거제도 등지로 옮겨간 시민도 많았다.

마산에 주둔한 군대와 군사시설로 인한 변화도 많았다. 전쟁발발 다음달인 1950년 7월 말경 마산 앞바다에 미군 LST정이 입항하

마산항 하역 중인 M4셔먼탱크(1952)

였다. 중앙부두에는 미군 제533부대가 주둔하여 군용차량을 비롯한 중장비 병기수송을 지원했다. 제1부두에는 미군 항만사령부가 설치됐다. 또한 월영초등학교에는 미군 항만수송부대인 제155부대가 주둔했으며, 신마산·구마산·북마산 3개 역은 미군철도수송대(RTO)에서 이용했다. 미 제25사단은 공립마산중학교(현 마산고)와 완월초등학교에 본부를 설치하였으며 마산상업학교(현 용마고)에는 미 해병대 기갑부대가 주둔하였다. 마산시청(현 창원시 마산합포구청)은 제2육군병원 병동으로 비워주고 추산동 문창교회(현 놀이터 찜질방 자리)로 옮겨갔다.

 기존시설 이용이 아닌 신설도 있었다. 대표적인 사례가 양덕동과 합성동 들판에 건설된 미 군수품 창고였다. 부산에 본부를 둔 미군 제8보급기지창의 분창이었으며 건설 당시 행정구역으로는 창원군 내서면 내성리·외성리와 1942년 마산시로 편입된 양덕동 일대였

시 청사로 사용된 문창교회(1951. 10. 1.)

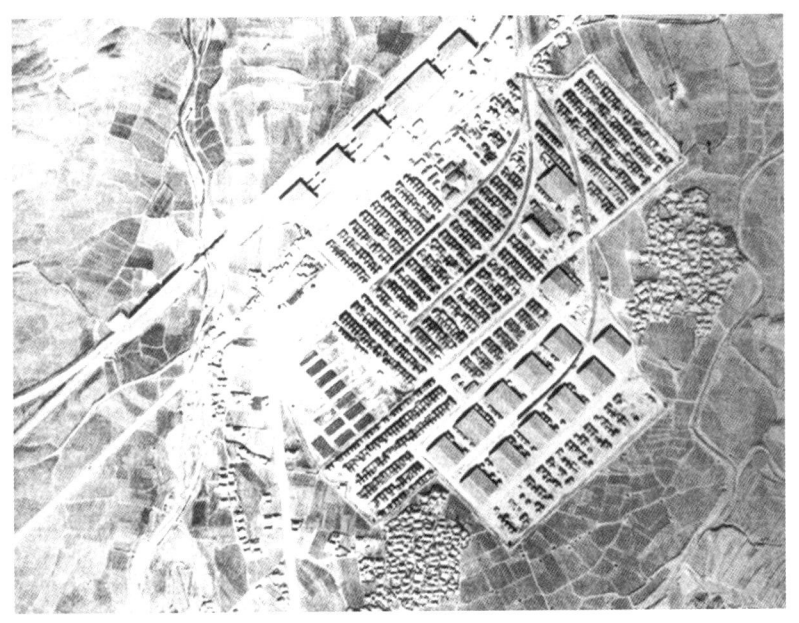

미군 제8보급기지창 분창(1954, 항공사진)

다. 1954년에 촬영한 이 지역의 항공사진 〈미군 제8보급기지창 분창〉을 현재 상황과 비교해 보면 보급창의 범위는 현 마산시외버스터미널에서 양덕초등학교 앞까지로 약 10만여 평이나 된다. 영내에는 500여 평 규모의 대형 보급창고 건물이 총 19개가 있었으며 컨테이너 등을 수용할 넓은 야적장을 갖추고 있었다. 보급창이라 군수물자 운송이 용이하도록 마산-삼랑진 간 철로가 보급창 영내로 바로 연결되었다. 연결 선로는 한 가닥이었지만 영내에서는 네 가닥으로 나누어져 대형 창고들 앞에까지 직접 선로가 닿았다. 창고 건물 중 일부와 네 가닥 철로는 1970년대 중반까지 존치되어 있다가 동마산 개발 때 철거되었다.

1950년 12월 수도육군병원이 성호초등학교에 자리를 잡았다가 얼마 후 월영동 일본 육군중포병대대(현 월영마을아파트 단지)로 옮겨 3년 정도 머물다가 제36육군병원으로 바꾸었다. 1952년에는 국내 최초의 육군군의학교가 이곳에 들어섰고 54년에는 국군의무기지사령부도 여기서 탄생하였다.

　이 외에도 대부분의 학교나 공공시설이 미 군용시설이나 군인병원으로 사용되었다. 변변한 민간인 소유의 건물도 차출되었다. 예로써 해방 직후 마산교육청으로 사용되기도 했던 남성동 91번지의 원동무역 건물은 전쟁기에 마산주둔 미군인사처 사무실로 사용되기도 했다.

　학교가 군사시설로 사용되자 학생들은 갈 곳이 없었다. 하지만 교육을 멈추지는 않았다. 1950년 당시 합포국민학교 3학년이었던 박호철 선생은 자신의 일대기 『상식의 서식처』(2012)에서 "우리들의 학교 밖 수업은 … 처음 갔던 곳은 용마산 중턱에 파 놓은 참호였다. 우리들은 그 속에 들어가 책과 공책은 구덩이 밖에 얹어 놓고 목만 내민 채, 가운데 서서 설명하는 선생님 이야기를 듣는 수업이었다. 그러다 찬바람이 불자 산호동 옛 서당 자리로 옮겨 마루와 그 옆의 창고 같은 곳에서 공부했다. 4학년이 되어 간 곳은 회원동의 큰 판잣집이었다. 그곳은 일제 때 군마 사육장이었는데, 우리들은 마굿간 하나를 치워 사용했었다… 이런 학교 밖 생활은 5학년 말이 되어서야 끝났다"라고 했다. 열 살 전후 아이들이 용마산 중턱의 참호-산호동 서당의 마루와 창고-회원동 일본군 마굿간을 전전하며 학교라고 다녔던 것이다.

휴전협상이 진행되던 1952년 전후 마산항 제1부두에는 포탄의 탄피를 비롯하여 군용차량과 병기들이 잔뜩 쌓여 있었다. 미군이 용선한 세계 각국의 7~8천 톤급 민간화물선이 매달 평균 30~40척 입항했다. 거기다 호남지역에서 후퇴한 병력까지 모여들어 마산의 길거리는 카키색 군복이 넘쳐 일약 군사도시로 변했다. 미군 진주 후 각종 레이션(ration)이 상품으로 둔갑해 시장으로 쏟아졌고 급기야 부림동 옛 연흥극장 일대에 속칭 양키시장까지 생겼다.

전쟁 중인 1952년 4월 월영동 청량산 밑의 현 가포 부영사랑으로아파트 일대에 포로수용소가 설치되어 1만여 명의 반공포로를 수용시켰다. 철조망이 삼중으로 쳐진 수용소였다. 반공포로 석방문제

월영동 마산포로수용소(1952)

로 온 나라가 시끄러웠을 때 마산 시내 남녀학생들이 수용소 뒷산에 올라 '휴전 결사반대, 북진통일, 반공포로 석방 만세' 등 의도된 구호를 외치며 시위를 벌이기도 한 곳이다. 1953년 6월 18일 이승만 대통령의 반공포로 석방 지시에 따른 집단탈출사건이 이곳에서 있었다. 조정래의 대하소설 『태백산맥』의 대미에도 마산포로수용소가 등장한다. 소설 속 김범우는 거제포로수용소에서 제자 정하섭이 전해준 당의 결정에 따라 반공포로로 위장, 마산포로수용소로 이송되어 반공포로 석방 때 고향 벌교로 돌아가는 제10권 속 이야기다.

1953년 7월 27일 휴전협정 체결 후 사회가 조금씩 안정되기 시작했다. 섬유 등 생필품과 기계제품을 생산하는 공장들이 속속 가동되었고 항만에는 미군의 대형수송선 입출항이 잦았다. 시장에는 군수품과 밀수품들이 즐비했고 어시장에는 수산물 반입량도 크게 늘었다. 하지만 치솟는 물가와 부족한 식량난은 전국 여느 도시와 마찬가지였다.

양조·장유산업이 일제강점기 마산을 대표하던 산업이었지만 해방 후에는 자본·기술·인력 부족으로 부진해지기 시작했다. 대신 알루미늄 식기·철사·못·전구·유리병 등 생필품 종류의 소규모 금속 기계공업이 신포동 일대를 중심으로 가동되기 시작했다. 1929년부터 1935년 말까지 일본인의 매립으로 생겨난 신포동에는 일본광업·질소비료·조선염협 등 제법 규모 있는 공장들이 있던 곳이었지만 해방 후 업종이 대부분 달라졌다.

마산상업학교가 산호동으로 이전한 뒤 학교부지에 있던 하세가와(長谷川) 성냥공장은 1956년 마산성냥주식회사로 상호를 바꾸고

'쌍마표' 성냥을 생산했다. 마산의 유명브랜드였다. 상업학교 이전 후 이 터가 오랫동안 성냥공장으로 사용된 탓에 마산사람들은 이곳을 '성냥공장 터'라고 불렀다.

진일공업사와 흥안공업사는 한국 최초로 중유발동기 생산에 성공해 마산의 대표적 기업이 되었다. 중유발동기는 종래의 석유발동기에 비해 연료비가 낮았기 때문에 공장을 비롯해 양수용·도정용·광산용 등 다양하게 이용되었다. 진일공업사는 1953년 10월 5일 제2회 전국산업전람회에서 '진보상'을 수상하며 마산의 대표적인 기업으로 떠올랐으며, 흥안공업사는 '우등상'(상공부 장관상)을 수상하고 최초로 중유발동기를 베트남에 수출하기도 했다. 마산의 두 기업이 같은 제품으로 두각을 나타냈던 것이다.

섬유공업은 1951년 조선물산주식회사의 소유권을 받은 한태일(민주공화당 소속 제7대 국회의원, 허당 명도석의 사위)이 고려모직주식회사로 개칭하여 운영하였다. 고려모직에서는 국내 최초로 순모 양복지를 생산했다. '마산 멋쟁이들이 고려모직 순모 원단으로 양복을 해 입고 서울 원정자랑을 했다'는 우스개가 있을 만큼 유명한 회사였다. 3천여 평의 부지에 공장 1천 평을 짓고 직기 3백 대와 여공 350명을 둔 큰 기업이었다. 위치는 현재의 서광아침의빛아파트 일대였다. 또한 1940년 현재의 신세계백화점 자리에서 직물폐품을 수집해 재생품을 생산했던 종업원 500여 명의 조선신흥방직주식회사는 신흥방직주식회사로 재출발을 하여 민관군에서 필요로 하는 섬유를 생산했다. 하지만 경영부실로 설립 10년을 넘기지 못하고 문을 닫았다. 1937년 현 마산서중 인근(마산합포구 해운동 15번지)에 일본인 오타 세이이치(太田誠一)가 세운 오타마사공장(太田麻絲工場)은 1952년 삼흥섬유합명회사로 상호를 바꾸고 국내 최초로 모(毛)심지를 생산했다. 후에 마산방직주식회사로 전환하여 1973년 시내 양덕동 현 우성아파트 자리로 이전하였다. 그런가 하면 1950년 대양방직(신포동 2가 100번지 일대)이 새로 설립되어 양복지와 생사를 생산하였다. 같은 해 대양방직 인근(신포동 2가 11번지)에 양모로 중절모를 생산하는 대동제모(후에 동양제모)도 설립하였다. 마산조면공장은 마산면업주식회사로 바뀌었다가 아주방직주식회사가 되었다. 전쟁의 참화를 면한 마산의 섬유제품 제조업체들은 전쟁 후 타 제조업보다 가동이 순조로웠다.

해방 시기 청주공장은 13개였고 모두 군정청에 접수되어 연고자들에게 불하되었다. 하지만 극심한 식량난과 전쟁기의 혼란으로 주재료인 쌀 사용이 제한되어 정상 가동이 어려웠다. 전쟁 후 새로운 활로 모색을 위해 '명화(銘花)'라는 한 가지 상표로 공동생산·공동판매를 시도했으나 1년을 넘기지 못했고, 이후 과도한 경쟁으로 절반 정도는 문을 닫았다. 청주산업에 비해 고구마를 원료로 한 소주 제조업은 그나마 조금 나았다.

강점기 마산의 대표산업이었던 장유산업은 해방 후에도 계속되었다. 가장 규모가 컸던 곳은 대한환금장유였고 이 외에 해광장유와 해양장유, 평화장유(후에 불로장유), 몽고장유 등이 있었다. 지금까지 건재한 업체는 1988년 공장을 창원으로 이전한 몽고장유뿐이다.

1953년 휴전 전후기 마산의 시장은 부림공설시장, 신마산의 반월공설시장, 청과시장, 어시장, 북마산 가구시장과 이 외에 북마산시

마산항에 들어온 미국 구호농산물(1956)

장, 장군동시장, 월영동 댓거리시장, 부림동 양키시장, 어시장 주변 노점시장 등이 자연발생적으로 형성되어 있었다. 기존의 일본인 시장이던 반월시장은 사용자가 한국인으로 바뀌었다. 그러나 원마산시장에 비해 규모와 거래액이 작았다. 부림동 양키시장과 주변 노점에는 불하 처분된 미군 군복·내의·작업복·방한복·방한모·군화·담요 등 갖가지 중고 군수품들이 매매되고 있었고, 마산항을 중심으로 남해안 일대에서 성행된 일본에서의 밀수입품들이 공공연히 거래되기도 했다. 가장 규모가 컸던 부림시장은 상권이 점점 확대되었다. 당장 생활 방편이 없었던 이들이 호구 해결을 위해 소상인이 되어 몰린 곳도 부림시장 쪽이었다. 기존의 곡물상·청과물상·야채상·포목점·잡화점·식료품상에 더해 귀환동포들이 차린 노점상들도 줄을 이었다. 이들은 시계나 라이터 등을 수리하거나 고물 기계와 그 부속품이나 공구를 취급했다. 마침 창원역 광장이 부산의 미군 군수폐품 불하 및 물품저장과 인도장소로 사용되었기 때문에 불하물품 취급 상인들도 자연스럽게 멀지 않은 마산의 부림시장으로 모여들어 미군 군복이나 담요·작업복을 비롯한 군수품들이 길가에 쌓였을 정도였다.

새로운 교통로는 건설되지 않았으나 시내버스와 소수의 택시가 운영되었고 화물 운송수단으로 트럭이 출현했지만 우마차도 일익을 담당하고 있었다. 시내버스는 정부 수립 이전부터 오동동에서 설립된 환금여객(주)에서 미군용 트럭을 개조하여 운행되었지만 전쟁으로 중단되었다. 그 후 휴전 전후기에 오동동 23-1번지에 마산여객주식회사가 설립되어 시내 일원을 운행했다. 시외버스는 일본인이 경영했던 경남자동차회사가 불하되어 경남 일원을 운행하였다. 본사는 부산에 있었으며 마산영업소는 경남은행 창동지점이 있었던 자리였다. 부산에 본사를 둔 천일여객도 마산을 외부와 연결해 주었다. 택시영업은 시내 동성동에서 창업한 마산택시회사가 했는데 미군의 중고 지프차를 개조한 차량과 부산의 신진공업사에서 생산한 국산 소형자동차 등 50여 대를 운행하였다. 화물자동차의 영업은 일본인 소유 화물자동차 모두를 서울에 설립된 조선화물자동차주식회사(KTC)에서 위탁운영했기 때문에 수성동에 마산지점이 있을 뿐이었다.

금융업도 영세하였다. 한국상업은행 마산지점 및 식산은행과 저축은행 지점, 그리고 마산·구마산·내서금융조합 등이 유지되고 있었다.

　해방부터 1960년까지 마산의 교육기관도 변화가 많았다. 해방 당시 마산의 교육기관은 공립으로 마산공립중학교 · 마산공립상업학교 · 마산공립고등여학교가 있었다. 사립으로는 창신학교와 의신여학교가 1939년 강제 폐교되어 버려 정규학교 외에 소규모 야학들이 몇 군데 있었다. 마산노동야학에서 교명을 바꾼 중앙야학은 공업기술학교로 바뀌었다가 현재의 중앙중학교로 변경되었다. 초등교육기관으로서 마산공립심상고등소학교(현 월영초) 및 분교(현 무학초) · 마산성호공립심상소학교(현 성호초) · 마산완월공립심상소학교(현 완월초) · 1943년 상남국민학교로 개교하여 다음해 회원국민학교로 교명을 바꾼 현 회원초등학교 등이 있었다. 각 초등학교에서는 초등과정의 공민학교를 운영했다. 유아교육기관으로서는 사립마산유치원과 사립대자유치원 등 몇 개의 시설이 있었으며 종교기관과 개인이 문맹퇴치 및 사회교육 차원에서 행한 교육시설도 있었다. 해방 후부터 전쟁 시기 전후로 합포초(1946) · 합성초(1946) · 무학초(1947) · 월포초(1947) · 가포초(1948) · 봉덕초(1949) · 상남초(1959) · 제일여중(1947, 당시는 마산가정여학교) · 창신중고(1948, 1950) · 성지여중고(1949, 1952) · 중앙중(1949) · 마포중(1951) · 마산공업고(1950) 등이 설립되었다.

　1951년 중등학교 학제가 중 · 고 각 3년제로 분리 개편되면서 마산고등여학교가 마산여고와 마산여중, 공립마산상업학교가 마산상고와 마산동중, 공립마산중학교가 마산고와 마산서중(1955년 마산중으로 교명 변경)으로 나누어졌다.

부(府) 재정의 여유는 없었지만 그나마 공공에서 가장 많이 시행한 건축물은 교육시설이었다. 학생들을 교실에 빼곡히 집어넣어도 모자라 천막으로 가교사를 짓기도 했다. 인구가 늘어난 만큼 학령인구도 많아졌을 테고 교육열 높은 국민이니 당연한 결과였다. 절대빈곤 시기였을 때라 학교에 가지 못한 청소년들도 많아 50년대 후반에는 초등과정의 공민학교 10여 개와 중학과정의 고등공민학교 4개가 운영되고 있었다. 상남동 노비산 호주선교사 사택에 있던 마산고등공민학교가 1950년 마포중학교로 전환해 교원동 현 무학자이아파트 자리에 교사를 건축하였는데 학교의 재정이 워낙 열악해 동네 청년들이 새벽 5시부터 2시간씩 노력봉사를 했다. 이 또한 교육에 대한 열망 때문이었을 터였다.

이 시기 문화예술계의 변화도 많았다. 전쟁으로 문화예술계는 내리막길을 걸었지만 마산은 달랐다. 전쟁을 피해 마산에 온 연극인 박승희·김동원, 화가 박생광, 작곡가 조두남 등이 지역 문화예술인들과 함께 마산의 문화예술을 키웠다. 마산문화협의회 창립(1955) 등 조직 활동도 있었고 기관지 『마산문화』를 발간하기도 했다. 문학·연극·음악·사진·영화 등 다양한 분야에서 활동했는데, 1956년 진주의 해인대학이 마산으로 옮겨온 것도 큰 도움이 되었다. 가장 특별했던 것은 55년

마산문화연감(1956년 발행)

과 56년 두 번에 걸쳐 마산문화협의회가 펴낸『마산문화연감』이었다. 그 당시 마산의 문화예술인들이 가졌던 열정과 위상을 잘 드러내주는 결과물이었다.

해방된 1945년 10월 15일 마산체육회가 발족한 후 각종 경기단체들이 결성되자 시민종합운동장 건립 요구가 일기 시작했다. 해방 직후인 1946년 회원동 현재의 동중학교 일대를 운동장 부지로 선정해 정지공사를 시행하려 했을 무렵 대구 10월항쟁으로 인한 사회혼란으로 흐지부지되었다. 1947년부터 전쟁 전까지는 강점 말기 나카무라 시게오(中村繁夫)가 시행한 매립지(현 마산남부터미널 일대)를 공설운동장으로 사용하기도 했으나 이 터는 마산화력발전소 부지가 되었다. 1957년에는 월영동 일본 육군중포병대대의 연병장으로 사용하던 현 마린애시앙부영아파트 부지(전 한국철강 설립 당시의 터) 3만여 평을 운동장으로 구상하기도 했으나 재정사정 및 위치 등의 문제로 실행되지 못했다.

빈곤한 나라에 결핵까지 창궐해 해외에서 구호의 손길이 뻗쳤다. 1941년 가포동에서 상이군인요양소로 시작되었던 국립마산결핵요양소(현 국립마산병원)의 소아병동을 1955년 영국아동구호재단 원조로 건설하였다. 100병상 규모였으며 국내 최초의 소아결핵요양소였다. 이때 한국기독교연합회에서 무상으로 건설 인력을 지원하는 '근로봉사캠프'를 주관했는데 그 책임을 마산YMCA가 맡아 25명을 모집하여 지원하였다. 이 소아병동은 1985년 현재의 난치성 결핵환자관리병동(별관)이 신축될 때 헐렸다.

식민지시대가 끝나고 언론과 출판의 자유가 주어지자 경향 각지에서 신문과 잡지가 우후죽순처럼 쏟아져 나왔다. 하지만 마산에는 해방 이듬해 유일하게 남선신문이 창간되었다. 현재의 경남신문 전신이다. 부산(7), 진주(5), 통영(1)과 달리 주간신문은 아예 창간되지 않았다. 남선신문(1946)은 남조선민보(1947)-마산일보(1950)-경남매일신문(1967)-경남매일(1969)-경남신문(1981)으로 제호를 바꾸며 지금에 이르렀다. 이 시기 마산에는 서울과 부산·대구 등에서 발간되는 신문 및 각 주간신문들의 지국이 40여 개소 있었다.

중앙방송(KBS) 마산지국은 완월동의 일본인 사찰 복수사를 개수하여 사용했는데 1957년 7월에 노비산의 호주선교회 건물로 이전했다가 1960년 7월 완월동(현 대동한마음아파트 자리)에 사옥을 신축 이전해 30여 년간 머물다가 1990년 창원으로 떠났다.

훗날 토지구획정리사업으로 도시권에 편입되는 산호동 바냇들도 이 시기에는 들판이었다. 들판 한복판에 회원동에서 산호동 갯벌로 내려가는 한 가닥 외길이 나 있을 뿐이었다.

해방과 전쟁으로 밀려든 사람들 때문에 도시 관리체계가 무너졌던 시기였다. 준비 없이 모여든 사람들이 도시 곳곳을 차고 앉았다. 논·밭·산은 물론 심지어 하천에까지 움막이 들어섰고 국유지라면 장소를 가리지 않고 무허가 판잣집이 들어섰다. 이런 도시 상황은 1950년대 신문 보도에서 잘 보여주고 있다. 무허가 건물문제, 무허가 판잣집 철거 등에 대한 기사가 반복된다. 불법이든 아니든 누울 곳을 만들려는 빈민들과 그걸 막기 위한 공무원의 갈등과 다툼이 하루가 멀다 하고 일어났다. 포화 상태가 된 도시의 당연한 모습이었다.

마산부는 무허가 건축을 단속하는 한편 건축 관련법에 익숙하지 못한 시민들을 계도하는데 힘을 썼다. 1948년 5월 22일과 23일 마산부 김대호 공영과장은 남선신문 2면에 '무허가 건축에 대하야'라는 글을 기고하기도 했다. 내용은 ① 귀환동포들이 대거 들어와 주택난이 심각하다. ② 그 때문에 무허가 건물이 많아져 도시미관을 저해시킨다. 심지어 도로 위에 공공연히 무허가 건축을 짓기까지 해 주민원성이 쇄도한다. ③ 경찰서가 갖고 있던 건축허가권이 부로 이관되었다. 부 공영과에 허가를 신청하면 특별한 사정이 없는 한 조선시가지계획령에 의거해 허가할 방침이다. 민주주의를 지키려면 법을 따라야 한다. 주저 말고 부 공영과로 와서 의논해 주기 바란다. ④ 조선시가지계획령은 대지와 도로와의 관계, 건축외관, 적산토지 문제 등에 관한 법인데 도로 개설·교통·위생·보안·경제 등 주민의 복리증진을 위한 것이다. ⑤ 앞으로 무허가 건물을 지은 자는 엄벌에 처하고 건물은 철거할 것이다. 또한 최근 마산부와 남전(南電)[18] 마산지점이 상의하여 무허가 건물에는 전기를 인입시키지 않도록 했다는 등 당시의 현실인식과 무허가 건물의 폐해, 관련 법령, 행정당국의 입장을 알리고 있다. 무허가 건축에 대한 기사는 1950년대 내내 등장한다. 내용은 크게 두 가지였디. 위법성과 도시미관 저해 등 무허가 건축의 문제점을 지적하는 기사와 단속과 철거만이 능사인가라며 주택정책의 부재를 비판하는 기사다.

---

[18] 1911년 일한와사전기주식회사로 출발하여 경성전기-조선와사전기-남선합동전기를 거쳐 1945년 5월 남선전기주식회사(남전)로 변경되었다. 1961년 7월부터 다른 전기회사들과 함께 한국전력주식회사로 통합되었다.

김대호 마산부 공영과장의
무허가 건축에 대한 기고문
(1948. 5. 22. 남조선민보)

주택문제를 해결하기 위한 적극적인 정책을 세우지 못하던 정부는 1957년 새로운 정책을 내놓았다. 외국원조에 의존해 급히 건설했던 임시구호성 주택에서 항구적인 주택을 짓도록 유도하기 위해 민영 ICA주택(미국 국제협조처 International Cooperation Agency의 자금을 융자해 주어 지은 주택)체제를 도입하였다. 그러나 이 정책은 대부분 서울 중심으로 시행되었고 지방에는 구경조차하기 어려웠다.

큰 규모는 아니었지만 다양한 용도의 건물들이 들어서거나 기존 건물의 용도를 변경해 사용하는 사례도 많았다. 방직공장과 소규모 제지공장이 양덕동에, 철공소·수산물 가공공장 등은 주로 오동동 해안 일대로 모여들었다.

1959년에 불어닥친 태풍 '사라'는 가뜩이나 어려웠던 마산의 도시사정을 더 힘들게 했다. 추석 하루 전날인 9월 17일 새벽부터 당일 밤 12시까지 경남·전남 및 중부 내륙까지 강타한 태풍이었다. '사라'는 1904년 한반도에서 기상관측이 시작된 이래 가장 강한 태풍이었다. 평균 초속 45m/sec의 강풍에 폭우까지 겹쳐 해안 지역에는 강한 해일이 일어났고 강물이 역류해 남부지방 전역의 가옥과 농경지가 물에 잠겼다. 곳곳의 도로가 유실되고 교량이 파손되어 인명과 재산에 막대한 피해를 입었다. 피해 규모가 너무 커서 최초로 전국적인 모금 운동이 벌어졌고, 재난 복구에 최초로 군 병력이 동원되기도 했다.

이 시기에 건축된 대표적인 공공건축은 미군 제8보급기지창의 분창(양덕동 합성동 일대, 1950~1951), 국립마산결핵요양원 소아병동(가포동, 1955), 마산화력발전소(해운동, 1956), 제1, 2변전소(상남동·

중앙감리교회
(현 마산농협 자리, 2001년 철거)

월영동, 1956), 마산세관(월포동, 1958), 중앙방송(KBS) 마산지국(완월동 현 대동한마음아파트 자리, 1960)과 신설 공립학교 등이며, 민간건축은 경제상황이 워낙 열악했던 터라 진일기계공업사 공장(월남동 현 해바라기 아파트, 1946), 강남극장(부림동, 1948), 해인대학(경남대 전신, 완월동 현 완월동 경남맨션 자리, 1956) 정도였고 나머지는 교인들이 직접 건설한 중앙감리교회(창동, 1952), 신마산제일교회(신창동, 1955), 제2문창교회현 마산교회, 1955, 남성동성당(남성동, 1958), 갈릴리교회(산호동, 1958, 현존), 상공회의소 회관(중앙동, 1959) 등이었다.

이 중 현존하는 건물은 남성동성당과 갈릴리교회다. 산호동 갈릴리교회는 무학산의 화강석을 교인들이 직접 채취해 날라다 지은 것으로 알려져 있다. 2001년 해운동으로 교회를 이전할 때 철거된 중앙감리교회는 적벽돌과 화강석을 혼합한 근사한 교회당이었다. 정면 중앙의 첨탑이 아주 높아 마산의 랜드마크처럼 멀리서도 잘 보였던 교회였다. 철거하지 않았더라면 문화유산으로 보존되었을 만한 건축물인데 아쉬움이 크다.

2. 귀환동포와 피난민, 적산 처리

1) 귀환동포와 피난민

마산에 거주하던 일본인들은 45년 9월 말 미군정의 주선으로 제1부두를 통해 어려움 없이 돌아갔다. 하지만 일본에서 귀환하는 한국인들의 처지는 달랐다. 대규모 귀환선도 있었지만 15톤~30톤 안팎의 어선과 화물선이 많았다. 귀환자들 중에는 생계를 잇기 위해 일자리를 찾아간 이들도 있었지만 애국지사와 징용이나 징병 혹은 학도병으로 끌려갔던 이도 포함되어 있었다. 대부분의 귀환자들이 부산을 통했지만 일본과 뱃길이 연결되어 있던 마산으로도 많이 들어왔다. 1948년 5·10 제헌국회의원 선거와 1950년 제2대 국회의원 선거에서 귀환동포 출신 무소속 권태욱이 귀환동포들의 몰표를 받아 국회의원으로 당선되었을 정도였다. 귀환동포는 대부분 도쿄, 오사카, 규슈(九州) 등지에 살던 이들이었다. 중국에서 온 이도 있었지

중앙동 귀환동포 판자촌(현 우방아파트 자리)

만 극소수였다. 이들 대부분은 특별한 기술이나 전문 분야 없이 하루하루 생계를 꾸렸던 사람들이라 귀환은 했지만 일자리가 없었다. 오랫동안 일본에서 살았던 탓에 한국말이 서툰 사람도 많았고 한국의 사회관습에 익숙하지 못한 사람도 많았다. 인구만 늘이고 사고만 친다 해서 '우환동포'라는 놀림도 받았다.

　귀환동포는 마산과 인근의 진양·창원·함안·의령 출신들이 대부분이었다. 귀국 직후 그들의 연고지로 돌아가려 했지만 농촌 형편도 워낙 어려워 마산에 머무르는 경우가 많았다. 남자들은 주로 부두노동이나 어시장과 공사판에서 막일을 했고, 여자들은 운 좋게 방직공장이나 제지공장·성냥공장 등에서 일하기도 했지만 대부분은 빈 논밭이나 들로 다니며 이삭을 줍고 나물을 캤고 노전에서 장사를 했다. 아이들의 문제도 심각했다. 학교에 가면 한국말을 잘 몰라 따돌림을 당했고 수업료를 내지 못해 쫓겨 오기 일쑤였다.

　전쟁 피난민들도 비슷한 처지였다. 귀환동포보다야 낯설지 않았지만 전쟁이라는 참혹한 상황이어서 몸 붙일 곳도 찾기 힘들었다. 이들의 주된 식량은 배급품과 군수품이었다. 일부 부유한 피난민들은 집을 사기도 하고 부림시장의 상권을 확보하기도 했지만 대다수는 생활고에 시달렸다. 군수품 하역 등의 일자리를 얻기도 했지만 이들 역시 귀환동포와 마찬가지로 하루하루 근근이 연명하는 처지였다. 귀환동포든 피난민이든, 아무 준비 없는 도시에 아무 가진 것 없는 이들이 모여든 것이었다. 헐벗고 굶주리며 집 없는 사람들이 도시를 채웠다.

갑자기 밀려든 귀환동포와 피난민 때문에 이 시기 마산의 인구가 급증하였다. 해방 당시 일본인을 제외한 마산 인구는 5만 4천 명이었는데 10개월이 지난 1946년 5월 말 8만 2천 명으로 늘었고 1949년에는 9만 1천 명이 되었다. 그중 귀환동포가 2만 5천여 명이었다. 전쟁이 나자 피난민까지 더해 1951년에는 13만 3천 명까지 되었다가 1953년 휴전 후 피난민들이 떠나자 10만여 명으로 줄었다. 그러나 1955년 다시 13만여 명으로 증가하였고 1960년에는 157,547명으로 늘어났다. 해방 당시 일본인을 제외한 한국인 5만 4천 명을 기준하면 292%, 약 세 배가 된 셈이다.

귀환동포의 갑작스러운 증가는 식생활 문제와 함께 주거문제를 대두시켰다. 경제활동이 거의 중지된 상황이어서 그들의 노동력이 흡수되지도 않았다. 준비 없는 사람들이 밀어닥쳤고, 이들을 받을 만한 변변한 건물조차 없었다. 일본인들이 남기고 떠난 신마산 적산가옥에는 방 한 칸 한 칸마다 한 가족씩 자리를 잡았고 이로 인한 갈등이 심했다. 그조차 없던 이들은 산허리까지 밀고 올라갔으며 하천부지에도 가마니를 치고 둥지를 틀었다. 이 과정에서 일본인들이 사용했던 운동장(중앙동 현 우방아파트 자리)과 일본군수품 창고(현 신포동 롯데하이마트 자리)나 일본군 기마대 말사육장(회원동 500번지) 등으로 사용되던 곳에 집단주거지가 형성되었다. 대형창고와 말사육장에 거

마산항에 내리는 피난민(1951)

주한 이들은 보통 10-20 가구가 한 창고 안에서 칸막이도 없이 함께 살았다. 밑바닥엔 헌 가마니나 짚 혹은 판자조각 등을 깔았고, 비가 새는 지붕 밑에서 누더기 같은 이불이나 담요를 덮었다. 자기 집이랍시고 판자를 주어다 칸을 막으니 위에서 보면 그 모양이 하모니카 같다 하여 하모니카촌이라 불렀다. 주방설비는 말할 것도 없었다. 창고의 콘크리트 바닥 한 부분을 깨내고 그 밑부분의 흙을 넓게 파낸 다음 솥을 걸고 불을 때어 취사와 난방을 동시에 해결하였다. 주어온 깡통을 펴서 지붕으로 이어 붙이거나 시멘트부대와 비료부대에 콜타르를 칠해 루핑을 만들어 창고 처마에 덧대어서 주거공간을 늘리기도 했다.

이런 곳에도 못 들어가 도시 외곽이나 산언저리에 난립한 판잣집들도 문제가 많았다. 이런 판자촌에는 오물처리도 쉽지 않아 전염병을 쉽게 확산시킬 우려가 있었으며 도난과 범죄 방지에도 많은 문제가 있었다. 그나마 이런 판잣집도 없어서 추산공원 등에서 토막살이를 하는 이도 수백 명에 이르렀고 심지어 시청 창고에도 십여 명이 거처로 사용하였다. 상황이 이 정도였으니 형식과 내용을 갖춘 건축물의 신축은 생각조차 할 수 없었다.

나의 부모님은 1948년 일본 나고야(名古屋)에서 마산으로 귀환하였다. 진양군(현 진주시)이 고향이었지만 가진 논밭이 없어 마산에 정착했다. 1999년 어머니(김순두, 1923~2016)는 당시 정황을 묻는 내게 "그때 귀환동포들의 상당수는 일본인들이 사용하던 대규모 창고 등에 가마니를 둘러치고 살았다. 부엌은 바닥의 콘크리트를 깨고 그 하부를 온돌로 사용했는데 연료는 폐목이나 헌 상자 등이었다. 판자로 만든 굴뚝이 실내에 그냥 방치되었기 때문에 밥 짓는 시간이 되면 실내가 온통 연기 때문에 앞이 잘 보이지 않아 매우 불편했다. 2년쯤 그런 생활을 한 뒤 전쟁이 나자 1950년 9월에 모두 흩어져 신마산 제일극장(현 두월동3가 3-4 제일각, 강점기의 앵관(櫻舘))에 가기도 했는데 우리 가족은 1950년 겨울에 회원동 500번지 판자촌으로 이전하였다. 도시 변두리에는 엄청난 수의 귀환동포가 모여 살았다."고 했다.

귀환동포들과 피난민들에게 가장 시급하고 중요한 문제는 호구해결과 주택문제였다. 이들을 지원하기 위해 조직된 민간인 중심의 피난민구호대책위원회가 피난민들의 겨울철 긴급주거 대책으로 무허가 여관을 주거용으로 차출하기도 하고 자구책으로 피난민협동조합을 설립하기도 하는 등 다양한 활동을 했지만 역부족이었다.

전쟁 후 주택문제에 대한 정부의 노력이 전혀 없었던 것은 아니

해운동 월영동 무허가 판잣집(1953, 경기대 박물관)

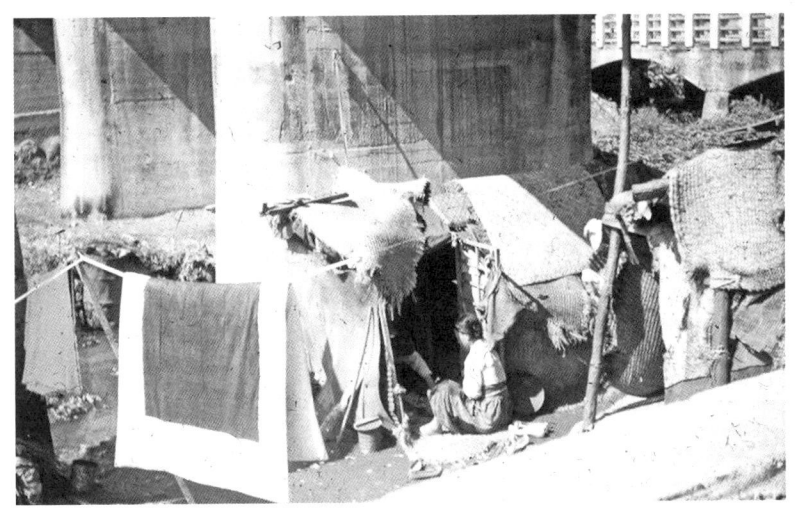
교방천 철교 밑 가마니 집(1950년대. 경기대 박물관)

다. 정부 입장이 북에서 내려온 난민의 영구정착이었기 때문에 그 방침에 부응한 조치들이었다. 마산시는 시내 4개소에 임시수용소를 설치하고 3천여 명의 난민을 분산 수용시켰다. 원조를 받은 난민수용소도 있었다. 1953년 마산시는 그해에 난민수용소 70세대를 건축하기로 하고 우선 2월에 목재 3만 피트, 천막 10매 등의 건축자재를 유엔 한국민사지원단(UN韓國民事支援團, United Nations Civil Assistance Corps Korea, UNCACK)로부터 무상으로 받은 뒤 시비 550만 원을 들여 추산동 환주산 중턱에 10동의 난민수용소를 지었다. 이 난민수용소는 민사지원단 마산책임관이었던 헌병소령 모리스 M. 스미스의 이름을 따서 '스미스수용소'라고 불렀다.[19] CAC수용소라

---

[19] 1953. 2. 11. 마산일보 기사다. 기사에는 줄여서 CAC로 되어 있다. 유엔한국민사지원단(UNCACK)은 1950년과 1953년 사이 한국전쟁 당시 대한민국의 재건

고도 부른 유엔한국민사지원단 지원 임시 거주시설은 신마산에도 두 군데 있었다. 밤에는 주거용으로 쓰고 낮에는 교실로 사용하기도 했던 집단 거주시설이었다. 1954년과 55년 연말에는 회원동에 전쟁난민수용소 200가구씩을 각각 건설하여 입주시키기도 했다. 하지만 그 정도로는 중과부적, 난민의 주거문제를 해결하기에는 턱없이 부족하였다.

2) 적산 처리

적산(敵産, enemy property)은 한반도를 강점했던 일제가 1945년 8월 15일 패전으로 쫓겨날 때 남기고 간 재산의 총칭이다. 공공소유는 물론 사유재산도 포함하는 말이며 귀속재산이라고도 한다. 모든 적산의 소유권은 미군정에 있었다. 적산의 형태는 다양했다. 각종 토지와 건물 등의 부동산, 광산이나 기업체 등의 사업장, 각종 채권과 유가증권을 비롯해 현금과 보석 등의 동산들이었다. 종전 다음달인 9월 서울에 진주한 미점령군은 9월 25일 군정법령 제2호로 '적성재산의 이전 제한조치'를 취하여 국내 모든 일본 재산의 이전을 금지시켰다. 이어서 이 재산들을 관리하기 위해 군정법령 제52호 '신한공사의 설립' 등 일련의 관계 법령을 제정 공포하여 적산을 접수 관리하였다. 그중 제조업체는 그곳에 종사했던 한국인 종업원 혹은 미

을 지원하던 유엔의 군사기구였다. 유엔한국재건단(UNKRA)와 같이 국제연합 한국 민사지원단은 전쟁기간 도중 인도주의적 지원을 담당하였다. 주 목적은 질병을 예방하고 민간인의 기아 및 동요를 막는 것이었다. 한국전쟁 도중 유엔의 자금지원이 힘들었기 때문에 유엔가입국의 식량, 물자, 그리고 기술적 지원을 공급해 주는 구조로 기능하였다.

군정에서 선정한 이에게 관리와 운영을 맡겼다. 그러나 기술수준, 원자재공급, 자금문제 등으로 가동률은 매우 낮았다. 적산불하를 둘러싼 반목과 갈등이 심했다.

마산의 적산 중 철가공 업체였던 쇼와(昭和)철공주식회사, 나카야마(中山)철공소, 기쿠다(菊田)조선소, 하시모토(橋本)조선소 및 그 밖의 철공소들은 한국인 연고자에게 위탁되었다. 이들은 일본인 아래서 배운 미숙한 기술자들이었고 게다가 자금난과 자재 부족까지 겹쳐 운영이 순조롭지 못했다. 기껏해야 수리나 부속품 교체 정도였다.

적산불하 기업 중 발군은 진일기계공업사와 흥안공업사였다. 두 회사는 한국 최초로 석유발동기에 비해 연료가 저렴한 중유발동기 생산에 성공했다. 이 개발로 한국의 대표적 금속기계공장으로 떠오른 진일기계공업사는 1936년 소규모 철물공장으로 설립하여 운영하다가 1943년 기업통제령에 의해 군소 철가공업체들이 통합될 때 쇼와(昭和)철공주식회사에 흡수되었던 기업이었다. 이런 이유로 연고자 자격을 얻어 운영권을 받은 이원길은 1946년 10월 공장을 월남동 1가 7번지(현 해바라기아파트)로 옮기고 설비 증설 등 각고의 노력 끝에 국산 중유발동기 생산에 성공하였다. 흥안공업사는 추산동 13번지의 적산 철공소를 안차갑이 불하 받은 공장이었다.

한편 섬유공업 분야는 1939년 오동동에서 외화획득을 목적으로 설립된 조선물산주식회사를 1947년 적산관리청으로부터 한태일 등이 임차하여 고려모직주식회사를 설립하였다가 1951년 한태일에게 소유권이 넘겨졌다. 1940년 현재의 신세계백화점 자리에서 설립

고려모직주식회사 정문

한 조선신흥방직주식회사는 해방 직후 종업원 자치위원회에서 관리 운영했다. 하지만 적색노조의 잦은 파업으로 정상조업이 불가능해져 상공부가 직할공장으로 지정해 운영하다가 1951년 이복수 등에게 불하했다. 명칭에서 '조선'을 떼고 신흥방직주식회사로 재출발을 했다. 현재의 마산서중 인근(마산합포구 해운동 15번지)에 있던 오타마사공장도 한국인 관리인이 맡았지만 경영난으로 오래 가지 못해 상공부 직할공장으로 가동하다가 1952년 불하되어 삼흥섬유합명회사(후에 마산방직주식회사로 전환)로 개명하였다.

식음료 제조업은 일본인에 의해 독점된 산업이었다. 해방 시기 청주공장은 13개였고 모두 군정청에 접수되었다. 이 사업장의 운영을 맡은 한국인 관리자들은 우선 일본인들이 사용하던 상호를 변경하였다. 하라다(原田)주조는 동화주조(정기운), 야마무라(山邑)주조는 무학주정(이병각), 무라사키(村崎)주조는 엽록주조(김상현)로 했다가 백광주조(이성훈)로 바꾸었다. 니시다(西田)주조는 삼성주조(신봉희), 이테(井手)주조는 칠성주조(염국모), 치시마엔(千島園)주조는 상호를 그대로 했다가 뒤에 삼광주조(손삼권)로 변경하였다. 또한 겟포(月浦)주조는 김포주조(김행도), 하마다(濱田)주조는 옥포주조(이태익), 이시바시(石橋)주조는 대흥주조(문삼찬), 미요시(三好)주조는 휴전 이후에 삼일주조(이우식)로 각기 상호를 바꾸었다. 이들 청주업체들은 51년 이후 대부분 연고자들에게 불하되었다.

장유공장도 불하되어 한국인이 운영하였다. 가장 큰 공장은 1942년 설립한 현 신포동 삼익아파트 자리의 마루킨(丸金)장유였다. 동양 최대 장유공장이었는데 대한환금장유로 개명하고 심상준이 운영을 맡았다. 그 외에 가장 역사가 길었던 아카몬(赤門)장유는 김창석이 맡아 해광장유와 해양장유로 나누어 운영하였고 후쿠이(福井)장유는 평화장유(김은업)로 개명하였다가 불로장유로 바꾸었다. 현 몽고장유의 전신인 야마다(山田)장유는 직원이던 김홍구가 맡아 지금까지 후대들이 경영하고 있다.

해방 직전 마산에는 앵관(櫻館, 두월동 3가 3-1, 3-4), 마산좌(중앙동 1가 8-13), 공락관(창동 64 10) 세 개의 극장이 있었다. 해방 후 이 극장들은 지역의 체육진흥을 위한 자금 마련을 이유로 마산체육회에 운영권을 넘겼지만 곧 분쟁이 일어나 민간에 불하했다. 그 후 제일극장(앵관), 마산극장(마산좌), 시민극장(공락관)으로 개명하였다. 그 중 공락관은 강점 초기 마산민의소 공회당이었다가 민의소 강제해산 후 마산구락부 회관으로 사용된 마산시민의 공유재산이었다. 그런데 1936년 공유재산정리회의 구 모라는 이가 이 건물을 봉암수원지를 건설한 일본인 토목업자 혼다 츠지고로(本田槌五郞)에게 매각해 버렸기 때문에 해방 후 적산이 되었다. 공락관은 이후 직원이었던 박세봉에게 관리권이 넘어갔다가 불하되어 오랫동안 운영되었다. 2021년 다시 지역예술인들의 공간인 '마산문화예술센터 시민극장'이 되어 사실상 시민들의 공유재산으로 되돌아왔다.

공공재산인 마산신사는 일제의 정신적 잔재를 없애기 위해 기독교 교회에 위임관리토록 했으나 교회 측과 마산가정여학교가 토지를 교환함으로써 현재의 제일여중고가 자리 잡게 되었다.

지금까지 간략히 언급한 것들이 마산의 대표적인 적산불하이다. 이 외에도 주택과 사업체, 토지 등 엄청난 양의 적산이 다양한 이들에게 불하되었다. 그 과정에서 군정청 인사와의 직간접적인 인연이 정실로 작용하여 부를 축적한 이들도 많았다. '군정청에 가기만 해도 집 한 채는 얻을 수 있었다'는 말이 공공연히 나돌기도 했다. 가장 쉽게 적산을 취한 이들 중에는 재정적으로 여유로웠던 친일인사들이 많았고 친미인사는 말할 것도 없었다.

3. 최초의 대학과 화력발전소

1) 최초의 대학

초중등교육 기관에 대해서는 앞에서 언급하였지만 고등교육기관은 없었다. 이에 대해 문제의식을 가졌던 분들이 50년대 초 마산

시민의 중지를 모아 국립마산약학대학 설립을 추진했다. 설립기성회 조직위원장은 진보적 지식인이자 약제사였던 김문갑[20]이었다.

설립기성회의 노력 결과 1953년 3월 10일 문교부 중앙교육위원회가 국립약학대학을 마산에 설립하기로 결의하였다. 이어 다음달인 4월 1일 국무회의를 거쳐 4월 3일 대통령 재가를 받았다. 이에 따라 정부는 1953년 4월 19일자로 이선우 서울대 약학대학 학생과장을 학장으로 발령하였고, 다음 날인 4월 20일에는 이미 입학고사를 치른 지원자 중 남자 76명, 여자 4명 총 80명의 입학합격자 발표를 했다. 대학의 위치는 현 무학초등학교 교정이었으며 대학 개교를 위해 교사와 강당을 신축하였다.

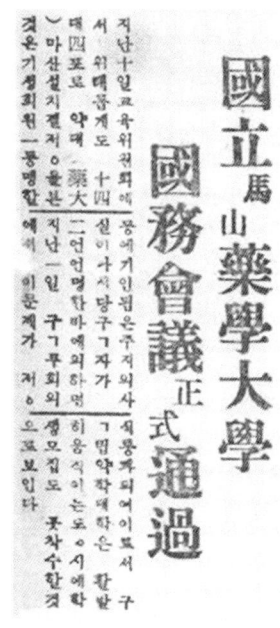

국립마산약학대학 관련기사
(1953. 4. 3일자 마산일보)

하지만 국립마산약학대학 추진은 여기에서 그쳤다. 대학에 필요한 사후 투입자금 및 종합대학교 육성정책 등으로 정부 입장이 달라져 결국 1954년 부산대학교에 통합되고 말았다. 이렇게 떠나버린 국립마산약학대학이 현 부산대학교 약학대학이다. 마산약학대학을 유치

---

20 부산과 마산을 거점으로 영세중립화 통일운동을 전개한 정치가이자 사회운동가이다. 마산합포구 진전면 출신인 참여정부 행정자치부 장관 허성관이 그의 넷째 사위이다.

해인대학(1960년대, 김형권)

했을 때 마산시민의 기대가 컸을 만큼 상실감도 그만큼 컸을 터이다.

개교도 못해 보고 국립마산약학대학을 떠나보낸 3년 뒤인 1956년, 해인대학(현 경남대학교, 당시 완월동 경남맨션 자리)이 진주에서 옮겨왔다. 마산 최초의 고등교육 기관이었다. 이때만 해도 해인대학은 법정학과 · 상학과 · 종교학과 · 문학과 등 4개 학과만 있었고 입학정원이 80명밖에 안되었던 조그만 대학이었다. 1961년 마산대학으로, 1971년 경남대학으로 교명을 변경하였으며, 73년 현 월영동 캠퍼스로 이전하여 82년 종합대학교로 승격하였다.

2) 마산화력발전소

1954년 초부터 마산에서는 '대(大)마산' 혹은 '약진 마산'이라는 용어가 많이 등장하였다. 도시의 성장과 발전을 상징하는 이런 용어가 등장한 것은 마산화력발전소 유치계획이 시작될 때부터였다. 당시 국내의 전기사정이 매우 심각하여 정부는 규모가 큰 화력발전소 건설을 구상하였다. 따라서 정부가 구상하는 대규모 발전소를 마산에 유치하게 되면 그만큼 미래 성장잠재력을 갖게 되는 상황이었다.

 마산시는 무상으로 사용할 수 있는 해운동 매립지 3만 평을 제시하면서 바다를 통해 연료수입도 손쉽게 할 수 있다는 등 유리한 입지조건을 내세워 정부 및 관계요로를 설득하였다. 1954년 3월 12일에는 한미합동경제위원회에서 발전소의 입지조건을 확인하기 위해 극비에 마산을 방문한 후 마산시와 약간 다른 의견을 내기도 했

마산화력발전소 전경

다. 하지만 마산시의 공직자들과 정치인, 각계 인사, 언론 등이 하나가 되어 노력한 끝에 마침내 뜻이 이루어졌다. 때를 맞추어 마산시는 도시의 정비와 계획을 전담할 부서인 '도시계획계'를 신설하여 시가지계획, 토지구획정리, 시가지 건축부지 조사, 시설공사 발주 등을 맡았을 만큼 도시발전에 대한 기대가 컸다.

1950년대 경제·산업 분야의 가장 큰 전환점은 신마산에 들어선 마산화력발전소 건설이라고 해도 과언이 아니다. 해방 후 남한의 전력부족 상황에 대처하기 위해 부산항에 입항시킨 미해군 2만kw급 발전함 자코나(Jacona)호를 한국전쟁 후 마산 제1부두에 정박시켜 전력을 공급하기도 했을 정도였다. 이런 상황에서 마산화력발전소의 건설은 영남권에 필요한 전력을 안정적으로 공급할 수 있는 큰 변화였다.

발전소의 위치는 강점 말기 일본인 나카무라 시게오(中村繁夫)가 시행한 매립지(현 마산남부터미널 일대)였다. 해방 후 국유지가 되어 47년부터 전쟁 전까지는 공설운동장으로 사용되기도 했고 마산시민체육대회(1948. 7.)가 열리기도 했으며 그 후 야구·축구·육상 등이 가능한 1만 5천 평 규모의 운동장 구상도 했지만 전쟁으로 모든 계획이 폐기되어 공지로 있던 곳이었다.

마산화력발전소는 1954년 10월 15일에 착공하여 1956 4월 15일 준공했다. 시설용량 5만kW의 무연탄 및 중유혼소 화력발전소였고 설비제작사는 미국의 벡텔사(Pacific Bechtel Co.)였다. 당시 국내의 전력사정이 워낙 급해 공사기간을 단축시켰다. 국내에서 생산되는 무연탄을 주연료로 사용함으로써 국내 광업개발 및 이 분야 종사자의 고용효과도 높였으며 우리나라 화력발전 기술향상에도 기여했다. 전력의 절대부족 시기였던 만큼 산업계는 물론 국민 일상생활에도 큰 영향을 미쳤다.

무연탄 연소 때 생기는 비회(飛灰, fly ash) 때문에 큰 문제가 나기도 했다. 피해가 하도 심해 신마산 일대의 집값까지 급락할 정도였다. 북풍이 부는 겨울은 조금 나았지만 남풍이 부는 여름철에는 비회가 전부 마산 시내에 내려앉았다. 시민들의 강력한 문제제기로 나아졌지만 완벽히 해결하지는 못했다.

마산화력발전소는 1982년 말까지 26년간 영남지역 전력공급의 중추적 역할을 감당하였으며 훗날 마산자유무역지역과 창원기계공업단지 등의 입지선정에도 큰 작용을 하였다.

4. 시가지 변화

해방과 전쟁으로 인구는 증가했지만 그에 대응한 도시 기반시설은 전무했다. 도시의 범역은 확산되고 밀도도 높아졌지만 도시공간의 질은 낮을 수밖에 없었다. 도시발전을 위한 투자노 없었고 적절한 계획과 정책도 없었던 때였다. 전쟁이 끝난 1950년대 중반부터 조금씩 달라지기 시작했다.

신마산 지역의 가장 큰 변화는 1956년 4월부터 가동된 마산화력발전소였다. 고용효과도 컸고 공업도시로서의 경쟁력도 가지게 되었다. 화력발전소에서 생긴 잔회는 자복포에 투기하였고, 이로 인해

제2부두 및 신포동 일대(1950년대 초)

노비산에서 본 마산 전경(1960년경, 경기대 박물관)

매립된 땅은 인근 주민들이 밭뙈기로 사용하였다. 이 외에 해방 직후 미 군정청이 종교용지로 불하했던 마산신사 일대의 공공용지는 제일여중고의 학교부지가 되었다.

원마산과 신마산 중심지 경관은 전 시대와 비교하여 크게 달라지지 않았지만 무질서하게 형성된 외곽의 주거지는 변화가 컸다. 시가지 주변부에 들어서기 시작한 무허가 건물과 천막촌은 서성동의 철도변과 도시 내부의 공지 여기저기에 들어섰다. 신마산의 월영1동, 완월동, 자산동과 성호동 일대, 원마산과 북마산의 중간 철도변 부근에도 기존의 일식가옥과 한옥에 판잣집이 뒤섞였다. 인구가 늘어나자 시장을 넓히는 공사도 많았다. 북마산·신마산·오동동 등에 기존시장을 개수·확장하여 시민들의 생계와 생활편의를 개선시켜 갔다.

1951년 교원동 현재 무학자이아파트 일대에 마포중학교가 설립되었지만 10년 정도 운영된 뒤 폐교되었다.

1) 시가지 확산

도시의 남쪽 신마산 방면은 시가지 확산이 많지 않았다. 이미 강점기에 도로와 건물들이 상당한 수준까지 조성되어 있었기 때문이다. 대신 도시의 밀도가 높아진 변화는 뚜렷했다. 귀환농민와 전쟁난민들이 일제가 남기고 간 공간을 차지했기 때문이었다. 대표적인 사례가 경남대학교 앞 해방촌(현 대내LH아파트 일대)이었다.

단기성 사업 외에 공공에 의한 도시 변화는 거의 없었지만 시가지의 변화는 많았다. 마산시의 도시정책으로 변화된 것이 아니라 갑자기 밀어닥친 귀환동포와 피난민들이 거처를 마련하는 과정에서 일어난 통제받지 않은 변화였다. 계획 없이 들이닥친 양적 확산이었다. 마구 들어선 귀환동포와 피난민들의 무허가 판잣집 때문이었다. 가장 뚜렷한 사례가 추산동 환주산 자락이다. 도시중심지와 가까웠기 때문에 일자리가 없는 빈민들에게 유리한 위치였고 산언저리였기 때문에 손쉽게 터를 마련할 수 있었다. 자리 잡는 순서에 따라 점점 높은 곳으로 올라가 이윽고 고지대까지 판자촌을 이루었다.

1920년대부터 개발하기 시작했던 중앙마산 지역은 장군교 부근 일대만 건물이 빼곡했지만 그 외의 지역은 이 시기에도 건물의 밀도

1947년 원마산(마산포) 항공사진

가 높지는 않았다. 자산동과 완월동은 강점기에 개설한 마산고 정문 앞 심온길과 자산삼거리로가 만나는 지점(영광침례교회 인근 교차점)까지 도로가 개설되어 있었으며 그 일대도 건물의 밀도는 높지 않았는데 여기에도 건물들이 들어섰다.

주거지 확산은 북마산 지역이 가장 심했다. 신마산과 구마산 일대는 이미 대부분 시가지화되었지만 북마산은 달랐기 때문이다. 특히 상남동·회원동·교원동·교방동 쪽에 빈민촌이 형성되면서 시가지가 넓어졌다. 1960년경까지 북마산 쪽에는 도시교통을 위한 근대식 도로가 교방천과 용마산 남쪽자락까지 겨우 몇 가닥 있을 뿐이었다. 교방동은 건물 밀도는 높았지만 시가지는 현재의 의신여중(1968년 개교)위치 정도까지였다.

회원동에는 일제가 남기고 간 속칭 하모니카촌이라 불렀던 세 채의 일본군 말사육장에 난민들이 거주한 것을 시작으로, 인접해 난민구제 주택인 판잣집이 들어섰으며 소형 단독주택들이 무질서하게 건립되었다. 1955년 우리 가족도 회원동(현 회원동 재개발 2지구 내)에 토지 24평에 10여 평의 함석집을 지어 이사하였다. 들판 같은 빈터에 가장 먼저 지었다. 연이어 지은 집들이 우리 집의 진입로만 남기고 무질서하게 짓는 통에 우리 집은 실 ո 구불구불한 골목길의 제일 안쪽 끝집이 되었다.

2) 도로의 신설과 확장

이 시기는 도로를 신설한다거나 노폭을 확장시키는 등 공공재정이 많이 투입되는 사업은 거의 없었다. 국도와 시도 일부의 포장공사와 교량 일부 신설 및 개수, 하수도 정비사업 등 도로정비사업이 전부였다. 상수도 공급을 확대하는 사업도 있긴 했지만 워낙 경제상황이 좋지 않아 도시기반시설에 재정을 충분히 투입할 수 있는 형편이 아니었다.

도로 개설은 가포로 가는 우회도로공사가 전부였다. 전쟁 후 마산시가 경상남도와 중앙정부 및 미군 측에 요청하여 1,700만 원의 보조금과 약 5천만 원에 상당하는 원조물자를 확보하여 시내 간선도로 포장과 상하수도 설비확장 사례가 있긴 했지만 소규모였다. 이런 상황이었으니 건설업의 규모와 사업양은 미미할 수밖에 없었다.

해안 매립의 역사 · 5

해방 이전까지 일본에 의해 총 24회의 매립이 있었다. 하지만 해방 이후부터 산업화 이전의 시기라고 볼 수 있는 1945년부터 60년까지는 그렇게도 많았던 매립이 단 한 번도 이루어지지 않았다. 강점 후기에 워낙 대규모로 매립을 했던 것도 원인일 수 있겠지만 보다 큰 원인은 식민지에서 주권국가가 된 크나큰 변화와 충격, 불안정한 사회분위기, 피폐한 경제사정, 남아도는 귀속재산(적산) 등의 당시 상황 때문이었을 것이다. 굳이 매립으로 토지를 확보하여 경제적 수익을 얻으려는 기업도 개인도 없었고, 매립으로 공익성 토지를 확보해야할 만한 공공시설은 계획조차 할 수 없었던 그야말로 껍질만 남은 경제상황 때문이었다.

1960년 마산

II.
공업도시로의 대전환, 1961~1970

　1960년대는 3·15에서 4·19로 이어진 시민혁명으로 문이 열렸다. 새로 탄생한 장면 정부는 경제발전을 위해 '경제개발 5개년 계획안'을 완성하고 '중소기업협동조합법' 등을 만들어 중소기업 육성도 시도했다. 하지만 미국원조에 기댄 경제구조라 한계가 컸다. 이런 상황에서 새로운 세상을 기대하는 사회운동이 활발해졌고 독재정권 청산요구도 높았다. 장면 정부는 국민들의 이러한 요구에 적극 부응하지 못했고 오히려 1961년 3월 '반공임시특별법' 및 '집회 및 시위운동에 관한 법률' 등을 제정해 시대적 요구에 역행히는 모습을 보이기도 했다.

　1961년 5월 16일, 박정희 소장을 주축으로 한 소수의 군인들이 쿠데타로 권력을 찬탈했다. 군사정부는 권력 강화를 위해 각종 법령을 제정하고 반대세력을 탄압하는 한편, 제1·2 공화국이 준비했던 경제개발 5개년 계획을 경제정책의 전면에 내세웠다. 그 흐름에서 한일국교를 정상화했고 베트남전쟁에도 참전하였다. 특히 한일관계 정상화에 대해 국민들은 일제의 사죄와 배상에 관심이 컸지만 정부는 차관 등 경제개발 자금지원에 치중해 한일협정반대운동이라는 청년 학생들의 저항을 불러일으켰다. 자유민주주의 수호 명분으로 시작된 베트남전쟁 참전으로 미국의 기술과 차관을 불러들였고, 참전 장병들의 송금 및 군수품 수출과 전시건설사업 등으로 벌어들인 부끄러운 달러는 한국경제의 밑거름이 됐다. 하지만 베트남전쟁은 우리 국군 5천여 명을 희생시켰고 고엽제 환자 등 엄청난 대가를 치렀다.

국민 일인당 총소득 GNI 기준으로 볼 때 1960년 79달러였던 것이 1970년 254달러로 3배 이상 증가하였으며 경부고속도로 개통(1968) 등 산업 인프라도 구축했다. 그 과정에서 국민들은 허리띠를 졸라맸다. 1968년 12월 5일 국가의 교육지표를 담은 국민교육헌장을 반포했지만 기실 이는 전체주의를 향한 독재정권의 이념교육이었다.

1960년대는 정치적으로 군부독재의 암운이 시작되고 사회적으로 자유와 인권이 퇴보했으며 경제적으로는 성장의 여명이 시작된 한국현대사의 대전환기였다.

1. 성장 여명기의 도시 상황

1960년 3·15의거로 시작된 시민혁명으로 이승만 정권이 붕괴되자 역사적 대사건에 불을 붙였던 마산시민의 자부심도 그만큼 컸다.

3·15의거 당시 부림시장 인근

　제2공화국 장면 정부가 출범하자 3·15의거를 기념하는 행사와 기념시설 건립 등 마산사회 전체가 열기로 들썩거렸다. 3·15의거가 아시아 최초의 시민의거였던 만큼 마산은 '민주화의 도시'로, 마산시민은 '정의로운 시민'으로 국민들에게 각인되었다. 마산시민을 바라보는 국민들의 눈도 달라졌다. 3·15의거기념사업회 강주성 회장은 "3·15의거 직후에 서울에서는 '마산사람이다'라고 하면 밥값을 안 받는 식당도 있었다"고 회고한 적이 있다. 3·15의거 직후에 거행된 제5대 국회의원 총선거(1960. 7. 29.)에서 마산시민은 민주당의 정남규 후보를 당선시켰고 63년 총선에서도 야당인 강선규 후보를, 대통령 선거에서도 윤보선 후보가 우세하는 등 야당 성향의 정치색을 보였다.

1967년 총선에서는 반대의 결과가 나왔지만 1971년 선거에서도 다소 야당 기질을 나타냈다.

1960년대 벽두는 3·15, 4·19, 5·16 등 사회적 격변기여서 도시환경과 기반시설에 투자할 계획도 여력도 없었다. 그럼에도 불구하고 마산의 정신적 상징이 된 3·15의거 기념물에는 열망이 컸다.

기념탑 건립에 대한 최초의 움직임은 60년 5월 1일 마산일보사가 '3·15학생의거 조위 및 기념사업'을 시민모금으로 추진한다는 사고(社告)를 냄으로써 시작되었다.

마산일보 3·15의거기념사업 社告(1960. 5. 1.)

기념탑과 기념관 건립사업은 6월부터 추진되었지만 후보지 선정 때 혼선이 발생하여 낯뜨거운 상황이 연출되었다. 처음에는 마산중학 인근 부지를 검토하기도 했지만 다수 여론에 따라 환주산 정상으로 결정하였다. 하지만 뚜렷한 이유 없이 용마산 정상으로 후보지를 변경하였다. 문제는 이때부터 생겼다. 환주산 자락의 자산·성호·추산 동민들과 용마산 자락의 산호 동민들이 이 문제를 두고 충돌했다. 동민 수백 명이 조직적으로 거리시위를 하는 사태가 일어났고, 시장 사퇴를 요구하는 격앙된 구호까지 터져 나왔다. 마산시와 추진위원회가 나서 혼란했던 상황을 수습한 뒤 용마산 정상에서 착공식을 거행하고 해당부지 내 분묘 개장공고까지 하였다. 하지만 어이없게도 다시 계획이 변경되어, 결국 현재의 위치에 기념탑이 섰다. 지금은 마산-삼랑진 간 철도가 없어져 조금 나은 편이지만 건립 당시만 해도 삼랑진으로 가는 철도와 진주로 가는 철도 사이의 좁은 공간이어서 3·15의거기념탑을 세울 만한 입지 조건이 아니었다. 지금도 완충·전이공간 없이 대로에 접한 부지라 엄숙공간으로서의 흠결이 많다.

장소를 두고 벌어진 갈등에 더해 군사 쿠데타까지 발생하여 혼선을 빚다가 의기 2년 뒤인 1962년 9월에 기념탑이 완공되었다. 3·15의거기념탑은 상부체감으로 상승감을 주는 삼각 형태의 높이 12m 화강석 탑이다. 설계는 반도건축기술연구소가 맡았고 동상은 조각가 김찬식의 작품이다. 건립 후 마산시민들이 가장 즐겨 찾은 포토존이 되었다.

3·15의거기념관(현 마산합포노인종합복지관 자리)도 기념탑과 같은

3·15의거기념탑(오른쪽)과 기념관(왼쪽), 기념탑 앞이 마산-삼랑진 철도

시기에 건립되었다. 건물 전면은 12개의 역삼각형 필로티 기둥이 파상형(波狀形) 지붕을 떠받치는 형태였다. 개관 때는 '3·15기념관'이었다가 1년 후 영화를 상영하기 시작하면서 '3·15회관'으로 개칭했다. 외국영화 전문극장이라 부를 만큼 유명한 외화를 많이 상영해 인기가 많은 극장이었다. 60년대 후반이 최고 전성기였다.

    경제적인 어려움은 있었지만 사회는 조금씩 안정을 되찾아 갔다. 교육재정도 늘어나 학교의 시설과 설비도 확충되었다. 전후 베이비붐으로 취학인구도 많아졌다. 유아교육에도 관심이 많아져 문화·성심·백양새마을·성지유치원 등 유아교육 기관과 산호·교방 등 초등교육 기관, 무학여중 및 의신여중, 특수학교인 경남혜림학교가 설립되었다. 초등학교는 대부분 교실이 모자라 2부제 수업을 했다. 특히 학교시설에 비해 인구가 많았던 상남·산호·교방·교원·회원동 등 해방 후 귀환동포와 전쟁 피난민들이 주로 자리 잡았던 시가지 북부 지역이 심각했다. 총 10개의 초등학교를 18개로 늘여야 과밀학급 해소가 되었지만 재정 형편상 산호초(1968)와 교방초(1970)만 신설해 우선 급한 불을 껐다. 1969년 당시 마산 시내 초등학교에 부족한 교실은 78개였는데 그중 30개 교실은 건축 중이었고 나머지 48개는 70년도까지 건축할 예정이었다. 돝섬에 거주했던 24세대 주민의 초등학생 자녀 30여 명이 매일 작은 배를 타고 등하교를 했는데, 1969년 3월 1일 교실 1개의 월포교 분교를 섬에 개교, 3학년까지는 배 타는 위험을 없앴다.

1956년 진주에서 마산합포구 완월동으로 옮겨온 해인대학이 1961년 마산대학으로 교명을 바꾸었다. 마산 유일의 고등교육 기관이었다.

1969년 2년제 국립마산교육대학(현 국립창원대학교 전신)이 가포동에서 개교하였다. 두 번째 대학이었다. 지금 가포고등학교 자리였

가포 마산교육대학 전경(현 가포고등학교)

다. 초등교원이 절대 부족했던 때라 급하게 추진된 학교였다. 68년 중반에 개교가 결정되어 69년 1월 최초의 신입생 모집은 진주교육대학에서 했다. 3월에 신입생을 받을 예정이었지만 2월 21일에야 교사(校舍) 기공식을 했다. 교사 준공 전까지의 한 학기 수업은 캠퍼스와 가까운 월포초등학교에서 했다. 비슷한 시기에 마산대학(현 경남대학교)을 방문한 문교부 장관이 마산에 전문학교를 세울 것이라는 정부계획을 밝혔다. 이 계획에 따라 1970년 12월 마산대학(현 경남대학교)은 산업전문학교를 승인받고 71년 신입생을 받아 개교했다가 1983년 폐교하여 경남대에 병합되었다.

1961년 초 제2공화국은 무주택 난민들의 주거지원을 위해 주택건설에 필요한 자재 일부를 무상으로 공급하여 난민정착사업에 착수했다. 지원물품은 목재·아연함석·합판·유리 등이었다. 마산의 경우 100세대가 배정되었으니 언 발에 오줌 누기였다. 100세대에 필요한 토지는 5천 평이었으며 토지확보는 지방자치단체의 책무였다. 마산시가 선정한 난민정착사업의 1차 후보지는 창포동 해안 일대(현 창포경남아파트 일대)였다. 이 토지는 1932년 일본인 기쿠타 이와이치(菊田岩市)와 아마노 미츠지(天野都搥)가 공동으로 매립한 땅이다.

60년대 중반경까지 난민들의 주거문제가 큰 이슈였지만 60년대 후반부터는 무주택 서민들의 주택공급도 조금씩 시도되었다. 1968년 마산시가 주택난 해소를 위해 양덕동에 2층 연립식 공영주택 50세대 25동 건설계획을 세웠고, 같은 해 석전동에도 2층 콘크리트조 연립주택 50세대를 건축해 69년 1월 15일 준공하였다. 하지만 이때까지만 해도 공동주거양식을 기피하는 경향이 많아 입주자 모집에 애로를 겪었다.

1961년 3월 7일 마산일보 기사에 의하면 "도시 한복판에 게딱지같은 판잣집이 집단을 이루고 있는 지대가 있다.… 마산시에도 8·15, 6·25 이후 이와 같은 판잣집이 이곳저곳에 마음대로 세워져서… 무수한 피난민들을 10년이 지난 지금까지도 당국의 적절한 대책이 없이 시궁창의 쓰레기 모양 외면하고…"라며 당시 도시 상황을 전하고 있다. 기사 내용을 보면, 판자촌 중에서 가장 심한 곳이 월영동 난민정착집단수용소('해방촌'이라 불렸던 현 대내LH아파트 자리)였다. 이곳에는 총 303세대 1,506명이 거주했는데 그중 39세대는 마산화력발전소나 군무원으로 근무하였고 150세대는 일용품팔이로 생계를 유지하였다. 나머지 최극빈 120여 세대는 칡, 나물, 쑥 등 초근목피로 연명하고 있다고 했다. 무허가 판잣집으로 몸살을 앓고 있는 도시 모습을 잘 알 수 있다. 해방 후부터 제2공화국까지 내내 이런 상황은 크게 달라지지 않았다.

시설 노후로 항상 위험에 노출되어 있던 신포동 창고의 264세대 귀환동포 난민조차도 해방 20년이 되던 1965년에야 모두 안전지대로 이주하였다. 63년 제1차로 교방동과 해운동에 71세대의 난민주택을 신축하여 이주시켰고, 120세대는 매 세대 2만 원의 이사비를 지급하여 안전지대로 이사시켰으며, 다시 나머지 73세대는 65년에 난민주택을 신축하여 이주시켰다. 또한 65년 11월에는 마산시가 잔존하는 난민주택 해결을 위해 1,092세대가 입주할 수 있는 피난민주택건립 10년 계획을 발표했다. 국비·도비·시비로 충당되는 이

사업은 8·15 해방 후의 귀환동포와 6·25 전쟁 후의 피난민 그리고 농촌에서 마산으로 온 이농민들을 대상으로 한 계획이었다.

그런가 하면 65년 12월 영국아동구호재단의 시설 지원도 있었다. 회원동과 산호동의 두 시설을 기부 받은 마산시는 보건소 북마산지소(회원동)와 구마산지소(산호동)로 사용했다. 10~20평 정도의 작은 규모였지만 보건위생시설이 전무하다시피 했던 당시로서는 상당히 비중 있는 시설이었다. 영국아동구호재단 측과 마산시장이 참석하여 두 보건지소 개소식을 가지기도 했다.

67년 7월 말에는 종합문화센터 설립추진위원회의 발기인총회가 있었다. 강당·도서관·전시장 등 시민들의 문화생활을 담아낼 수 있는 종합문화예술회관이었다. 1952년 마산문화협의회 설립 때부터 요구해 온 문화예술계의 현안이 들썩이는 도시 분위기와 함께 다시 점화되었던 것이다. 하지만 이 요구는 그로부터 40년이 지난 2008년이 되어서야 '3·15 아트센터'라는 이름으로 양덕동 현 위치에 건립되었다.

68년 7월 초, 경남방송주식회사가 경남매일의 자매회사로 출범하였다. 지역 민간방송이었다. 처음 시작할 때는 당시 산호동 해변 매립지에 현대식 7층 사옥을 착공할 것이라고 발표하기도 했지만 결국 서성동 현 경남대학교 창업보육관 자리에서 다음해인 1969년 2월 1일 'KBC경남방송'으로 개국했다. 현재의 'MBC경남' 전신이다.

1969년 파티마병원이 마산합포구 대성동 현 예경노인병원 자리에 개원하였다. 김수환 추기경이 천주교 마산교구 초대교구장 주교

(1966~68)로 있을 때 의료 취약지역인 마산에 의료사도직의 일환으로 이미 대구에서 파티마병원을 운영하고 있던 포교 베네딕도수녀회에 각별히 요청해 설립되었다.

1961년 초 종합운동장 건설이 기획되었다. 5·16 이후 마산시가 적극적인 입장을 가지면서 1961년 9월 마산공설운동장 개설추진위원회를 조직하고 범시민적 종합운동장 건립을 적극 추진하였다. 그러던 중 1962년 9월 3·15의거기념탑 제막식에 참석한 국가재건최고회의 박정희 의장이 이 계획을 보고 받고 정부보조에 긍정적인 반응을 보였다. 이에 마산시와 마산체육회가 협력하여 마산종합운동장 건립계획을 구체화시켰다. 이때 세운 계획이 종합운동장의 시원이다. 현 NC프로야구팀 전용구장 자리가 종합운동장의 주경기장이 있던 곳이다. 마산종합운동장의 부지는 1962년 10월 결정하였다. 63년 토지 매수를 완료했고 윤병열 외 2명에게 설계를 맡겨 63년 2월 15일 기공식을 가진 뒤 3월 1일 정지작업을 시작했다. 부지 41,594평에 계획된 종합운동장은 축구를 기본으로 육상·야구·수영·정구 등의 경기가 모두 가능한 종합시설이었으며 농구와 배구가 가능한 실내경기장도 계획했다. 하지만 68년 완공이 목표였던 종합운동장은 핵심인 육상경기장의 완공이 늦어 계획보다 4년 뒤인 1972년 6월 30일에야 완공되었다. 그해 7월 6일에 개최된 제11회 경남도민체육대회에 맞추었던 것이다. 공사가 채 마무리되지 않았던 1966년 11월 19일부터 5일간 이곳에서 제1회 '대마산 항도제'를 개최하기도 했다. 10여 년이나 걸린 공사였지만 조급하게 계획되었던 탓에 전국체전 유치를 위해 74년부터 대대적인 증설공사를 하는

대마산 항도제 기사(마산일보1966. 11. 20.)

등의 곡절을 겪기도 했다.

  이 시기 경제사정은 전국 여느 도시와 마찬가지로 좋지 않았다. 이를 극복하기 위해 마산시는 기업유치와 공업단지 건설에 힘을 쏟았고 큰 성과가 있었다. 한국철강(1964)과 한일합섬(1967), 그리고 국가수출자유지역의 마산 입지가 결정(1969)된 것이다. 마산에 일대 전환기를 가져온 이 변화에 대해서는 뒤에서 별도로 기술할 것이다.

  마산 공업의 주종이었던 양조업, 장유업, 방직업 등은 1960년대 초에도 여전히 명맥을 유지하고 있었지만 크지 않은 규모였다. 1961년 마산시에 등록된 전체 제조업체 수는 172개였으며 이들 업체에 종사하는 고용인원은 3천여 명에 지나지 않았다. 100명 이상 고용한 업체는 고려모직, 마산방직, 대명모직, 동양제모 등 4개의 모방업체뿐이었다.

  1962년 제1차 경제개발 5개년계획에 의한 중소기업 육성과 수출 진흥정책이 시작되자 제조업이 조금씩 늘어났다. 하지만 기업의 자금조달은 주로 사채에 의존했고, 1963년 이후 시작된 중소기업 육성자금은 담보능력을 갖춘 업체나 수출산업으로 전환하는 업체에 한정되었다. 융자금액도 실제 필요금액에 비해 턱없는 소액이었다. 금리현실화와 제조원가, 물가상승 등으로 영세제조업의 부침은 더욱 심했다. 이러던 중 한일합섬과 한국철강이라는 거대 민간기업과 1968년 9월 현 창원시 성산구 양곡동에 정부투자법인인 요업센터가 유치되는 변화가 생겼다. 또한 정부의 경제정책이 수출 중심으로 바뀌면서 마산의 제조업계도 수입 대체 혹은 수출 관련 산업으로 바뀌어 갔다.

68년 8월에는 전국 최초로 대규모 중소기업단지 조성이 마산으로 확정되었다. 정부의 중소기업육성 방안에 따라 69년부터 3개년 계획으로 추진한 중소기업단지는 당시에 이미 진행되고 있던 봉암동 매립지 중 일부를 사용하는 계획이었다. 단지에는 공동이용시설, 복지후생시설, 관리사무실 등의 계획을 세웠다. 이 계획은 현실화되어 현재 마산자유무역지역 권내에 있는 봉암공업단지로 남아 있다.
　토지개발사업도 일어났다. 대표적인 것이 '성냥공장 터'라 불렸던 상남동 옛 마산상업학교 부지다. 1960년대 중반 주거지로 개발되었고 일부에 상남동 성당이 들어섰다. 상남동 성당 봉헌미사는 마산교구 초대 김수환 스테파노 주교가 집전(1966. 12. 28.)했다.
　이런 변화와 함께 지역의 산업을 육성하고 필요자금을 원활히 조달해 줄 수 있는 금융기관의 설립이 추진되었다. 1967년부터 상공회의소를 주축으로 논의가 시작되어 발기인대회를 무려 17번이나 하는 난항을 겪다가 68년 12월 설립준비위원회를 구성하였다. 69년 1월 11일 한일합섬을 포함한 13명의 마산실업계 인사들로 발기하여 1970년 4월 설립등기를 완료했다. BNK금융그룹 소유가 된 지금의 '경남은행'이다.
　시의 행정구역도 개편되었다. 1968년 4월 1일을 기해 30개 동을 23개로 개편 조정하였다. 학구가 달라졌고 각 동의 인구와 면적도 달라졌다. 이때 가율·가포동은 가포1·2동, 월영·월포동은 월영1·2동, 장군·중앙동은 중앙1·2동, 상남·상원동은 상남1·2동, 산호·합포동은 산호1·2동, 회원·회산동은 회원1·2동, 양덕·율림동은 양덕1·2동, 봉덕·봉암동은 봉암1·2동이 되었다. 이후 다시 시도된 행정구역 개편으로 지금까지 남아 있는 동도 있지만 이때의 개편으로 가율, 상원, 회산, 율림 등 오래된 지역들이 이름을 잃었다.

1960년대의 가장 결정적인 변화는 당시 국내 최대 철강회사, 세계 최대 화학섬유회사, 국내 최초 외국인 전용공단인 수출자유지역의 마산 입지결정이다. 마산의 물적 사회적 조건이 작용한 결과였다. 이 변화는 상업 및 유통산업이 강했던 마산을 압도적인 공업도시로 전환시켰고, 1970년대에 마산이 비약적으로 성장했던 것도 그 때문이다. '전국 7대 도시'라는 말도 이때 생겼고, '무학산 뻗어내린 푸른 맥박이~'로 시작되는 「마산의 노래」(마산문학인 공동작사, 조두남 작곡)도 이때(1965년) 만들어졌다.

이 시기에 건축된 대표적인 공공건축은 1962년 3·15의거기념탑(서성동, 1962), 3·15의거기념관(서성동 현 마산합포노인종합복지관 자리, 1962), 산호초등학교(산호동, 1968), 공영 연립주택 50세대(양덕동과 석전동, 1969), 교방초등학교(교방동, 1970), 국립마산교육대학(가포동, 1969), 마산교도소(회성동, 1970) 등이다. 민간건축은 난민정착촌(창포동 현 창포경남아파트 자리, 1961), 서원곡 야외풀장(교방동 435번지, 현 무학장 식당, 1962), 한성빌딩(창동, 1964), 한일합성섬유공업주식회사 공상(양덕동, 1967), 한국철강주식회사 공장(월영동, 1967), KBC경남방송(현 MBC경남 전신, 서성동, 1968), 파티마병원(대성동, 1969), 하천복개형 장군아케이드(장군동, 1969), 수출자유지역 입주기업 공장(현 마산자유무역지역 내, 1970) 등이다.

2. 꿈틀대는 도시

1963년 부산시가 직할시로 승격되어 경남에서 분리되자 마산이 경남에서 가장 큰 도시가 되었다. 부산 분리 후 마산은 64년부터 68년 정도까지 약 5년간 부산에 있던 경남도청을 마산에 유치하기 위해 민관이 함께 홍역을 앓았다. 끝내 성사시키지는 못했지만 '3·15의 도시', '경남의 수부도시' 등 과거에 없던 존재감이 시민들 의식에 자리 잡았고 이런 의식변화가 도시 변화에도 직간접적인 영향을 미쳤다.

1) 1차 도시정비계획

1964년경 '대마산(大馬山)'이라는 말이 언론을 통해 연일 사용되기 시작했다. 50년대 중반 화력발전소 유치 때도 잠깐 이런 분위기가 있었지만 그때와는 차원이 달랐다. 이번에는 마산시가 도시 범위와 인구 및 산업 규모를 비약적으로 성장시킬 구체적 계획을 세웠고 정부의 의지도 담겨 있었다. 그 결과 마산시가 세운 '마산시 도시재정비 및 확장계획'이 1964년 7월 3일 정부의 중앙도시계획위원회를 통과하여 8월 6일 건설부 고시 제1018호로 알려지게 되었다. 일제강점기였던 1941년 4월 19일 '조선시가지계획령'에 의해 계획인구 8만 명에 목표년도 61년의 마산시가지계획이 고시된 적이 있었지만, 대한민국 정부 수립 후에는 이때의 것이 처음이었다. 1941년의 계획은 당시 인구 3만 3천 명이었던 도시를 20년 후인 1961년 8만 명 도시로 만든다는 계획이었다. 하지만 1964년에 세운 이 계획

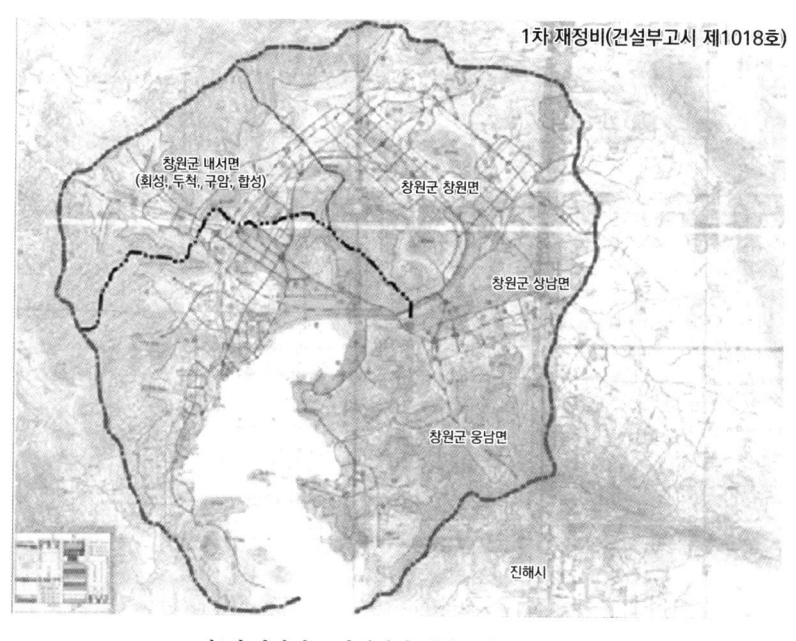

제1차 마산시 도시재정비 계획구역(1964. 8. 6.)

은 이미 인구가 15만을 넘어선 상황에서 20년 후인 1984년 40만을 목표하였다.

정부가 고시한 '마산시 도시재정비 및 확장계획'에는 마산시의 치밀한 기획과 거대한 도약의 꿈이 담겨 있었다. 20년 후인 1984년을 목표로 마련된 이 계획안은 1년 전인 1963년 3월 기본계획공모를 통해 동아대학교 안으로 결정되었다. 당시에는 드물었던 대학 연구자들의 계획안이었다. 실시계획은 서울 소재 국전기술공사가 맡아 63년 10월 경상남도를 거쳐 중앙도시계획위원회에 상정했다. 중앙도시계획위원회는 두 차례의 현지답사까지 한 후 최종심의를 통과시켜 1964년 8월 6일 결정 고시했다. 주요 내용은 다음과 같다.

① 면적과 인구 : 당시 43㎢였던 도시면적을 119㎢를 확장하며, 15만 8천 명이던 인구는 40만 명으로, 면적과 인구 모두 세 배 가까이 늘린다.

② 마산시로 편입하는 인근 지역은 창원군의 창원면, 내서면, 웅남면, 상남면 일부까지이다.

③ 공업지구는 산호동 매립지(현 마산자유무역지역)와 창원군 웅남면 귀곡리(현 두산중공업 일대), 상업지구는 마산시의 기존 상업지구와 당시 계획되고 있던 삼역 통합 철도역사 일대(합성동 현 마산역 일대)로 한다.

④ 삼역 통합 후 용도 폐기되는 기존 철도용지 중 구마산역을 지나는 마산선 철도는 폐지하여 시내의 주요 간선도로로 이용하고, 북마산역을 지나는 경전선 철도는 화물용 철도(임항선)로 이용한다.

⑤ 기존 간선도로는 30m 폭으로 확장하며, 12m 이상의 도로가 240km가 되도록 한다.

⑥ 삼역 통합 : 내서면 합성리(현 합성동 마산역 자리)에 새 역사를 세우는데, 기존의 마산역은 신마산 지역민을 배려하여 존치하고[21] 북마산·구마산역은 폐쇄하며 산호동의 공업지구에 철도 인입선을 부설한다.

⑦ 외국교역지 : 제1, 제2부두 사이에 제3의 부두를 다시 만들어

---

[21] 삼역 통합으로 철도가 없어짐에도 불구하고 기존의 마산역은 신마산 지역민을 배려하여 그대로 존치한다는 의미는 역사(驛舍)부지를 공공용지로 사용하겠다는 의미로 추정된다.

외국교역에 대비하고 이에 따른 방파제를 증설 보강한다.

⑧ 중심지 : 전체 계획구역의 중앙부인 율림동(현 양덕동 일대)에 도심(都心)을 구상하고 창원면 반계리(현 창원시 의창구 반계동 및 팔용동 일대)에 신시가지를 조성하여 그 중앙부를 부도심으로 한다.

⑨ 토지보상 : 개인의 사유재산 침해를 최대한 막고 피해재산은 실비 보상한다.

⑩ 고시 이후 사업 : 시급한 지역을 우선으로 도로신설 및 조사사업을 하되 경제성이 높은 지대는 토지구획 정리사업을 실시하며, 합성리(현 합성동)의 역사(현 마산역) 부지 일대를 먼저 추진한다.

비록 이 계획안대로 모두 실현되지는 않았지만 당시 얼마나 역동적인 꿈틀거림이 마산에 있었던가를 잘 알 수 있다. 이 계획에 담긴 내용 중 산호동 매립지(현 마산자유무역지역)와 창원군 웅남면 귀곡리(현 두산중공업 일대)가 공업지역으로 된 것, 삼역 통합 후 기존의 두 철도용지 중 구마산역을 지나는 마산선 철도는 주요 간선도로로 이용하고 북마산역을 지나는 경전선 철도는 화물용 철도(임항선)로 이용하는 계획은 그대로 시행되었다. 산호동공업지구(현 마산자유무역지역)까지 철도를 부설한다는 계획은 시행되지 못했다.

이 계획에 따라 정부는 다음해인 1965년 1월 7일 40만 인구를 예상한 도시정비안을 확정 고시했으며, 그 확정 도면이 1월 15일 마산시에 도착하여 18일 공개되었다. 도면에는 폭 32m에서 12m에 이르는 6종류의 도로와 10개의 광장(로터리)을 두는 내용이 담겨 있었다.[22] 이때 계획된 10개 광장 중에는 후에 변경을 거듭하여 현 6호 광장(고시 당시 4호광장)과 양덕광장(고시 당시 5호광장), 옛 서성동분수대 광장(고시 당시 3호광장), 마산역 광장(고시 당시 6호광장)이 실현되었다.

이런 변화 속에서 1965년 2월 12일 마산시장은 40만 인구를 목표로 한 대도시계획 가로망이 확정된 것을 계기로 도시정책 방침을 밝혔다. 내용은 폭 20m 이상의 도로변과 시가 중심지의 중요도로변에는 2층 이상의 건축물만 허가하고, 무허가 건축 단속도 더욱 엄중히 하겠다는 것이었다.

이처럼 꿈틀대는 도시 분위기는 여러 부문에서 새로운 시도를 불러왔다. 예로써, 1965년 1월에는 상공회의소 회장을 역임한 고려모직(주) 대표이사 한태일을 비롯한 마산의 유지 9명이 투자하여 마산관광개발회사를 발기하였다. 이들이 계획한 관광사업은 먼저 시내에 고급관광호텔을 건립하고, 그 주위에 10여 개의 방갈로도 세우고 모터보트도 가동한다는 계획이었다. 또한 돝섬을 민간과 마산시가 공동 정비하여 관광지로 추진하기로 했다. 그런가 하면 같은 해 8월에는 당시 진일기계공업사와 흥안공업사 등 기계공업이 앞선 마산의 산업특성에 따라 서독기술학원 설립이 추진되기도 했다. 16명의 학생을 받아 합숙교육을 시켜 국제기술면허를 부여하고 서독에 유

---

[22] 1호-장군동 마산 역전, 2호-창포동 중로1류(폭20m 도로), 3호-서성동 대로2류(폭30m 도로), 4호-상원동(현 상남동 일대) 대로2류, 5호-양덕동 대로1류, 6호-석전동 신 역전, 7호-내서면 합성리(현 합성동), 8호-석전동 대로2류, 9호-율림동(현 양덕동 일대) 대로2류, 10호-내서면 구암리(현 구암동) 대로2류

학까지 보내는 코스로 학원의 실습장은 진일기계, 흥안공업, 신기사, 일성펌프, 건광기계, 동양특수기계 등으로 계획되었다. 하지만 의욕적으로 계획된 관광사업과 서독기술학원 등은 모두 계획으로만 끝났다.

2) 2차 도시정비계획

마산의 꿈은 여기서 끝나지 않았다. 3년 후인 1967년 4월 22일 '국제 수준의 도시건설을 목표로 대규모 공업단지조성을 비롯한 행정구역 대폭확장 등 대마산 건설을 위한 종합개발계획'을 발표하고 규모와 내용에서 1964년 계획을 압도하는 제2차 도시재정비계획안을 정부에 제출하였다. 주요 내용은 다음과 같다.

① 행정구역 확장 : 창원군 창원면·내서면·웅남면·상남면 및 해면매립지 등을 마산시에 편입하여 행정구역을 $182.9km^2$로 확장하고 목표인구는 50만으로 한다.

② 통합역 및 마산-대구선 : 창원군 내서면(현 합성동)에 통합역을 건립하여 1968년 완공하고 마산-대구 간의 철도를 신설하여 3시간 50분 소요시간을 1시간 57분으로 단축하여 공업도시의 입지를 갖춘다. 이밖에 마산-부산, 마산-대구, 마산-진해 간 도로를 고속(화)도로로 확장하고 시내 간선도로를 25m 내지 30m로 확장한다.

③ 상수도 사업 : 하루 60만 톤의 급수량을 확보하여 시내 변두리 지역까지 원활하게 공급한다.

④ 임해공업단지 조성 : 총 338만 평의 공업단지를 69년 말까지 완성하여 기계·섬유·철강·요업·정유·합판·수산가공·고무·수지·전기·제지·조선 등 각종 공장을 유치하되 소·중·대 기업을 합해 1971년에는 6만여 명까지 고용을 증대하고 4천만 불의 생산품을 수출한다.

⑤ 종합운동장 : 64년 착공한 종합운동장은 5년 내에 야구·정구·수영이 가능한 경기장으로 완공한다.

⑥ 교도소 이전 : 전국 결핵수감자를 수용하고 있는 마산교도소를 교외로 이전하고 교도소 부지는 국민학교(현 초등학교)로 사용한다.

⑦ 기타 : 문화센터와 보건센터를 건립하고 마산대학(현 경남대학교)을 국립대학으로 전환하는 문제와 유원지 조성 및 주택개량, 묘지 이전 등을 서두른다.

3년 전인 1964년 정부가 고시한 '마산시 도시재정비 및 확장계획'과 중복되는 내용도 있지만 마산-대구선 철도, 부산·대구 등과의 시외고속도로, 임해공업단지, 종합운동장, 교도소 이전 등 새로운 도시개발계획이 다수 포함되어 있다. 특히 사립이었던 마산대학(현 경남대학교)을 국립대학으로 전환시키는 문제와 시민들을 위한 유원지 조성 등 미래지향적인 많은 문제들을 매우 구체적으로 담고 있는 계획이었다. 정부에 제출된 이 계획은 약간의 수정을 거쳐 그로부터 2년 후인 1969년 4월 11일 인구 50만을 목표로 하는 제2차 마산 도시계획 재정비계획이 고시되었다.

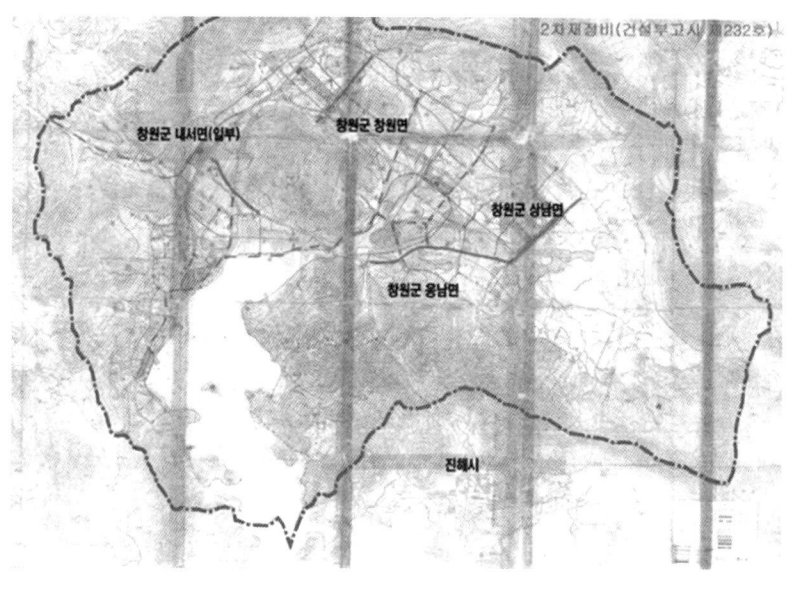

제2차 마산시 도시재정비 계획구역(1969. 4. 11.)

　이 확정고시는 일취월장하던 60년대 마산의 정점이었다. 목표인구가 64년의 40만에서 50만으로 늘었고, 폭 40m의 광로가 7.75km나 되는 등 계획의 규모와 내용이 대폭 상승했다. 도시재정비 대상 구역은 당시 창원군 내서면(구암·합성·회성·두척), 창원면, 웅남면에 더해 창원군 상남면 전부를 추가로 편입하는 계획이었다. 이 범위는 사실상 1980년 4월 1일 출범한 창원시(통합 이전의 창원시) 대부분을 마산시에 포함시킨 것이다. 창원국가공업단지에 대한 언급 전혀 없이 11.4km²의 공업지역을 13.3km²로 상승시켰으며, 창원군 웅남면 삼동리와 상남면 토월리에 각각 성주역과 상남역을 설치하고 두 역에 6천m²의 역 광장을 조성하는 계획도 들어 있다. 정부의 계획안을 보면, 이때까지만 해도 1974년 탄생될 창원공단과 신도시(옛 창원시)는 전혀 고려하지 않고 있었음을 알 수 있다.

　1967년 도시 남쪽 끝 월영동에 한국철강이 준공되고, 북쪽 끝 양덕동에 한일합섬이 들어서는 등 격변기라 할 만큼의 대변화가 있었다. 이런 분위기 속에서 마산시는 67년 7월 21일부터 9월까지 시내 전역을 측량했다. 목적은 시세발전과 팽창추세를 감안한 이상적인 토지이용과 근대적 도시를 조성하기 위함이었다. 언론에서는 이 측량을 두고 인구 60만 대도시계획을 위한 것이라는 보도를 쏟아냈다.

　비약적인 성장계획에 의한 마산의 도시개발사업은 1968년 초부터 본격적으로 시행되었다. 50만 인구를 예상하며 임해공업단지, 통합역 건설, 교도소 이전 등의 계획이 시행되었으며, 필요한 예산도 67년 10월 12일 국회건설위원회를 통과 확정되었다. 늦어도 1970년까지는 마산의 판도가 크게 바뀔 것이라는 기대를 모두 가졌다. 실제로 73년에는 창원군 내서면의 4개 리(회성, 합성, 구암, 두척)와 창원면, 웅남면, 상남면까지 흡수되었다.

　2차 도시정비계획에 따른 개발이 한창 진행되던 68년 중반, 신임 안재홍 마산시장은 취임 직후 시민들에게 도시발전계획을 제시했다. 안 시장은 도시미관을 위해 특설지구를 선정하여 수양버들을 가로수로 식재하고 무학산과 해안선에 관광용 풍치림을 조성하며, 신포동에 전국 최대규모 분수대 건설, 공설 부림시장의 민영화를 약속했다. 또한 민간자본을 유치해 교방천과 장군천 일부를 복개하여 시장으로 조성한다는 계획과 하루 1만 2천 톤 공급되는 상수도 시설을 2만 톤으로 증설하는 등의 계획을 밝혔다.

　이 중 신포동의 분수대는 서성동분수대라는 이름으로 건립되었

서성동분수대(1969. 11.~1990. 2, 김구연)

고 교방천과 장군천 복개시장도 건립되었다. 1969년 11월 간선도로 (3·15대로, 합포로, 서성로)의 차량교차용 로터리에 건립된 서성동분수대는 20년 이상 시민들의 사랑을 받다가 1990년 2월 십자형 평면교차로로 변경되면서 철거되었다. 분수대에 있던 '어부 부부상' 동상은 창원검찰청 마산지청(전 마산시의회 건물) 앞으로 옮겨져 있다. 장군천의 장군교 인접해 건설한 2층 장군동아케이드는 1969년 건설되어 45년간 사용되다가 2014년 철거된 후 생태하천이 조성되었다. 또한 교방천 하류를 복개해 건립한 2층 오동동아케이드는 1970년부터 복개공사를 시작하여 1974년 1월 '마산자유시장'으로 개설된 뒤 2011년 철거되었다. 수출자유지역 인근이라 한때 젊은이들의 최대 집결지이기도 했던, 마산의 부흥과 쇠락을 고스란히 담았던 건축물이었다. 공설 부림시장 민영화는 건립 당시 토지를 마산시에 기부한

대가로 상권을 가졌던 기존상인들 때문에 논란이 심했지만 끝내 관철되었다.

당시 안재홍 시장이 내놓은 도시발전계획은 과거의 것과 질적으로 다른 방식이었다. 이전처럼 산업시설 유치나 도시 확장 등 물리적인 성장 위주의 계획이 아니었다. 자연경관과 도시경관, 새로운 방식의 시장, 상수도 증설 등 시민 삶의 질을 상승시키기 위한 고민이 담긴 계획이었다.

도심에서의 큰 변화는 교도소 이전이었다. 마산교도소는 부산감옥 마산분감으로 1913년 오동동(현 삼성생명 빌딩, 천주교 마산교구청, 민영주차장 일대)에 자리를 잡았다. 3·1운동 관련자는 물론 경남 지역에서 활동한 독립운동가들이 갇혔던 곳이며 해방 후에는 보도연맹 관련자 1,681명이 투옥되었다가 학살된 곳이기도 했다. 처음 오동동(당시 오동리)에 자리 잡을 때만 해도 이곳은 도시 외곽지였다. 그 뒤

오동동 마산교도소(1913~1970. 2, 3·15의거기념사업회)

급속히 시가지가 확장되면서 1920년대부터 외곽으로 이전해 달라는 시민들의 요구가 있었는데, 그로부터 40년이 지난 1960년대 말에 이전하게 되었다. 정부는 이전위치를 당시 부산지방검찰청 마산지청(현 창원지방법원 마산지원 자리)과 4㎞ 이내에 있는 교외로 정했다. 또한 당시 마산교도소는 전국의 결핵환자 수감자 전용이었지만 이전한 뒤에는 결핵환자와 일반수용자의 병동을 분리할 것이라고도 밝혔다. 부지 물색은 1967년 7월부터 시작되었다. 민원과 지가상승 등 부작용 때문에 부지 물색 과정을 공개하지 않았지만 얼마 안 가 이전위치가 창원군 내서면 회성리(현 마산회원구 회성동)임이 밝혀졌다. 마산교도소는 1968년 4월 25일 기공식을 한 후 1970년 2월 16일 회성동 지금의 위치로 이전하였다. 이전논의 초기에는 교도소가 있던 오동동 터에 초등학교를 짓자고 했다가 나중에는 공장용지로 하자는 의견도 있었다. 하지만 결국 천주교 마산교구청, 한국은행 경남본부(현 부영주차장), 민간 소유의 오피스빌딩(삼성생명, 건축 당시 건물명은 동방빌딩) 부지로 나누어졌다.

이처럼 눈에 띄게 도시 변화가 일어나자 가장 크게 들썩인 것은 토지가격이었다. 하루가 다르게 땅값이 치솟았다. 그중에서도 특히 심했던 곳이 마산·구마산·북마산역의 통합계획이 확정된 합성동 역세권이었다. 새로 들어설 마산역 일대의 지가가 10~20배 뛰어 역 주위의 개발에 어려움이 많았다. 역 개발 이전에는 평당 지가가 산 10원~20원, 밭 100원~200원, 논 200원~360원 정도였지만 개발계획이 확정되자 논은 2,000원~3,000원에도 매수하기가 힘들었다. 통합 마산역 건설공사는 4년 계획으로 1967년 4월에 착수했다.

3) 경부고속도로 마산 경유

　1967년 11월 16일 대통령이 경부고속도로 건설을 발표하였다. 두 달 뒤인 1968년 초 마산은 68년 2월 착공되는 경부고속도로 대구-부산 노선의 마산 경유 문제로 들썩였다. 최초로 대통령이 발표했던 노선이 마산을 경유하는 안으로 알려졌기 때문이었다. 하지만 고속도로 건설 발표 후 노선 때문에 전국이 들끓자 11월 28일 건설부는 다시 3개 방안을 마련해 대통령에게 보고하였다.

　제1안이 서울-수원-천안-대전-왜관-대구-마산-진해-부산이었고, 제2안은 서울-수원-대전-대구-부산, 제3안은 서울-부산의 최단거리 직선 안이었다. 12월 14일 대통령을 위원장으로 하는 경부고속도로 건설추진위원회가 구성된 후 12월 20일 첫 회의를 시작으로 세 가지 안을 충분히 심의한 뒤 1968년 1월 8일 추진위원회는 마산을 경유하는 제1안을 확정하였다. 그런데 3일 뒤(1월 11일) 건설부 장관이 확정노선을 공표할 때는 마산 경유 노선 대신 경주와 언양을 경유하는 노선으로 발표하였다.

　마산 경유를 믿고 있던 시민들의 실망과 충격이 컸다. 1976년 3월 대구-마산 간을 잇는 구마고속도로가 개통되지만 최초의 경부고속도로 노선에서 마산이 배제된 상실감을 상쇄시킬 수는 없었다. 지도상에서 보면 현재의 대구-경주-언양-부산으로 연결되는 노선이 대구-마산-진해-부산 노선에 비해 거리 및 내륙으로의 확장성 등에서 잘된 결정은 아닌 것 같아 보이기도 하지만 부질없는 것이 역사의 가정이다.

　경부고속도로 마산 경유도 성사되지 않았고 1964년의 제1차 마경부고속도로 마산 경유 기사 (1967. 11. 16.)

산시 도시재정비 및 확장계획과 69년의 제2차 마산 도시계획 재정비계획안도 원안대로 실현되지 못했다. 두 차례에 걸친 도시정비계획은 1970년대 들어 창원국가기계공업단지와 창원시(1980년 출범)가 구상되기 시작하면서 사라져 갔다. 그럼에도 불구하고 공업도시로 전환되기 시작한 1960년대 이후 마산은 하루가 다르게 달라졌다.

3. 거대 산업시설의 입지

1970~80년대 마산을 결정적으로 도약시킨 것은 1960년대 중후반에 마산으로 입지를 결정한 한국철강주식회사, 한일합성섬유공업주식회사, 마산수출자유지역(현 마산자유무역지역)이다. 마산을 성장 발전시키기에 충분했던 예사롭지 않은 결정들이었다. 또한 이 세 입지의 결정과정과 배경은 마산의 도시 변천 과정과 직결된다.

수출자유지역은 정부정책으로 결정한 입지지정이라 기록 확인이 가능하지만 민간기업인 한국철강과 한일합섬은 그렇지 못하다. 마산시 관계자들의 기업유치 열정이 타 도시보다 높았다고 설명하기도 하지만 현실적으로는 지가·항만·전력 등 대규모 산업시설의 입지조건을 원인으로 보는 것이 합리적이다.

1) 한국철강주식회사

시기적으로 가장 먼저 마산에 자리를 잡은 것은 한국철강주식회

월영동 한국철강 마산공장(1970년대)

사였다. 마산이 공업도시로 변모하는 시작이었다. 한국철강은 1965년 시내 월영동(현 부영 마린애시앙아파트 부지)에 터를 잡았다. 국유지와 시유지여서 매입이 용이했고, 부지가 자복포 해안이어서 매립으로 손쉽게 부지를 확장해 나갈 수 있을 뿐 아니라 대형 수송선의 정박도 가능한 호조건을 갖춘 곳이었다. 한국철강의 마산입지를 두고 1965년 8월 3일 마산일보에서는 "… 공업도시 마산의 실력은 점점 알차게 엉글어 전진일로를 걷고 있다. … 국내의 외화획득 면에 큰 비중을 차지할 것으로 벌써부터 국내 수출업계의 촉망을 받고 있다"고 할 정도로 지역사회의 기대가 컸다.

한국철강이 자리 잡은 터는 1909년 7월 일본 육군중포병대대가 현 월영동 아파트 단지로 이전한 후 자복포의 안쪽 간석지를 매립하여 군인들의 연병장으로 사용하던 땅이었다. 한국철강은 이 부지에 더해 인근 마산화력발전소의 잔회(殘灰)처리장으로 자동 매립된 16,000평까지 모두 5만여 평을 공장부지로 사용하였다. 공장은 1965년 7월 착공하여 67년 4월 준공식을 가진 후 가동에 들어갔다. 당시 국내 최대의 제강능력을 가진 철강기업이었다. 후판압연공장 3천 2백 평을 필두로 소형압연공장·제강공장·산소공장·공작공장·실험실·사무실·창고 등 도합 7천여 평의 거대한 공장이었다. 대부분 철강공장 특유의 높은 층고를 가진 철골구조에 외벽과 지붕은 슬레이트로 가볍게 지은 공장이었다. 준공 초기에는 차후에 공장에서 마산역(현 월포벽산블루밍아파트 일대)까지 신마산 시내를 관통하는 철도건설까지 계획되었으나 시행되지는 못했다.

가동 초기 자금 사정으로 어려움에 처했을 때 정부가 지원하기도 했다. 1968년 3월 23일자 박정희 대통령은 '마산의 한국철강'이라는 제목의 공식문서를 경제기획원 장관에게 보내면서 재무부 장관·상공부 장관·건설부 장관·서울특별시장이 공람하게 했다.

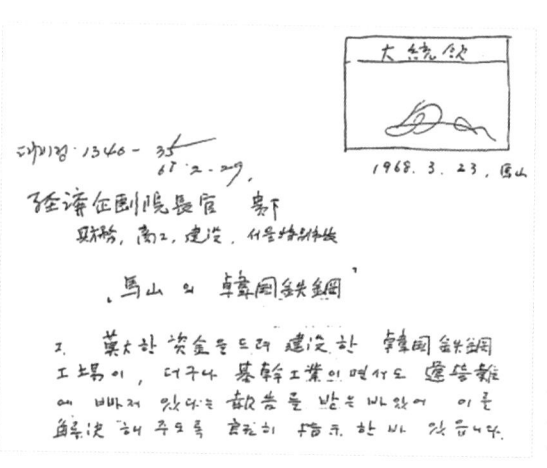

정부의 한국철강
지원 관련 서류
(1968, 경북대 중앙도서관)

'막대한 자금을 들여 건설한 한국철강공장이, 더구나 기간공업이면서도 운영난에 빠져 있다는 보고를 받은 바 있어 이를 해결해 주도록 지시한 바 있습니다', '아직도 정부의 충분한 정책적 뒷받침이 부족하여 이 공장은 거의 도산상태에 있다 하니 심히 유감스러운 일이라 아니할 수 없습니다'로 시작되는 문서이다. 지원 내용은 판매하지 못한 재고 강판을 상공부와 건설부가 인수해서 판매해 줄 것과 강판의 차관도입을 억제하여 한국철강의 생산품 판매를 우선 보장해 줄 것 등이다. 지금으로서는 상상하기도 어려운 절대권력자의 특별한 지원이었다.

1969년 한때 정상가동이 어려운 상태에까지 처하기도 했지만 이와 같은 정부의 특별지원으로 상황이 회복되어 최고 고용인원이 1,500명에 달할 정도로 호황을 누렸다. 훗날 공해물질 배출 때문에 시민들의 원성을 받기도 하지만 공장이 들어섰던 때는 절대빈곤 시기였던 만큼 환영 일색이었다.

한국철강은 설립 당시의 부지 5만여 평 외에 1986년까지 4차에 걸쳐 총 25,000여 평을 매립하며 싼 값으로 손쉽게 공장부지를 확보하였다. 정부와 마산시는 산업시설을 확대한다는 명분 때문에 매립에 적극 협력하였다. 이렇게 확보된 부지는 한국철강의 창원 이전 후 토지용도를 주거용으로 변경시켜 부영주택에 매도하였다. 현 마린애시앙부영아파트 부지이다. 토지 용도변경으로 발생한 지가상승에 대한 문제를 지적한 시민들의 목소리가 없지 않았지만 마산시는 별다른 문제의식을 갖지 않았고 떠나는 기업을 애써 붙잡지도 않았다.

2) 한일합성섬유공업주식회사

이 시기 마산의 도시 변화를 결정지은 가장 큰 사건은 1967년 양덕동(현재의 메트로시티 1·2차 아파트 일대)에 건설한 한일합성섬유공업주식회사 공장이었다. 본사를 마산에 둔 세계 최대의 화학섬유공장이었다. 공장 가동 후 한일합섬은 한국경제의 대표기업으로 우뚝 서면서 김해 합섬방직공장(1969), 구로 염색공장(1971), 양구 스웨터공장(1973)을 건설하였다. 1974년 한국증권거래소에 상장한 후 대구공장 및 수원공장(1975)까지 건립하며 사세를 확장하였다. 1973년 국내 기업 중 최초로 수출 1억 불을 달성함으로써, 당시 정부가 제정한 '1억 불 수출탑'을 수상하여 수출입국을 꿈꾸던 박정희 정권을 만족시켰다.

민간기업인 한일합섬의 마산 유치 배경에 대한 공식기록은 찾기

한일합성섬유공업주식회사 전경(1986)

어렵다. 관련 증언자도 찾기 어렵다. 남아 있는 유일한 기록은 1986년 간행된 『한일합섬 20년사』 정도이다. 1986년은 국제그룹 주요 계열사들을 인수하는 등 한일합섬의 사세가 최고조에 달했던 시기다. 『한일합섬 20년사』는 민간기업이 스스로 기록한 과거사이기 때문에 그 내용이 얼마나 진실에 가까운지는 알 수 없지만 현재로서는 이 기록에 의존할 수밖에 없다. 『한일합섬 20년사』의 무게중심은 기업이 이룬 경제적 성과에 있을 뿐 한일합섬이 마산에 자리 잡게 된 배경에 대해서는 한마디의 짧은 언급뿐이다.

한일합섬의 창업자 김한수(1922~1982)의 아버지 김창준은 경남 김해군 명지면(현 부산시 강서구 명지동) 농촌에서 살다가 마산으로 와 미곡상을 경영하였다. 김한수는 마산보통학교(현 성호초)로 전학해 졸업하였지만 아버지의 사업실패로 고향으로 되돌아갔다. 그 후 부산에서 섬유 관련 사업을 하던 김한수는 나일론을 비롯한 화학섬유가 의류에 큰 변화를 일으키고 있는 시대의 흐름을 읽었다. 박정희 정권의 경제개발계획이 시작되고 있을 때였다. 김한수는 1964년 6월 22일 한일합성섬유공업주식회사의 창립등기를 했다. 이어서 일본의 화학섬유 관련 기업과 제휴 및 금융지원 등을 확약 받고 1965년 9월 정부인가를 받아 공장부지 선정에 착수하였다.

당시 마산은 경남의 수부도시로서 항만, 육로교통, 공업용수, 노동력 수급, 전력사정 등 입지 여건이 타지에 비해서 나은 편이었다. 또한 마산은 김한수 개인에게는 보통학교를 졸업한 곳으로 어린 시절 제2의 고향이었다. 그런가 하면 마산은 아버지 김창준이 사업실패로 한을 남긴 도시이기도 했다. 한일합섬의 창업주 김한수가 마산을 창업지로 선택한 것은 이런 사유들이 작동한 것으로 기록되어 있다.

한일합섬이 마산에 자리 잡게 된 뒷이야기도 있다. 기업 유치에 전력을 다한 마산시 관계자들의 노력도 적지 않았다는 것. 1960년 대 초반 한일합섬은 공장건설의 적지를 구하기 위해 조사팀을 구성해 전국 각 지역을 돌며 조사하였다. 한일합섬 조사팀이 마산에 왔을 때 마산시장과 관계자들은 한일합섬 유치에 적극적인 입장을 보였고, 공장이 들어설 부지확보 및 노동력 수급 등에 대해서도 적극적이고 합리적인 설명으로 한일합섬 측을 설득했다. 당시 한일합섬 조사팀은 군산과 여수에도 찾아가 의사를 표명했지만 그리 큰 관심을 보이지 않았다고 했다. 이에 반해 마산시는 공업계장이던 손춘수(훗날 한일합섬 총무이사 역임)를 한일합섬의 지원과 유치를 전담케 할 정도로 적극적이었고 이런 노력이 마산 유치에 결정적인 작용을 했다는 이야기이다.

양덕동 들판에 자리 잡은 한일합섬은 1966년 1월에 착공하여 한국철강보다 조금 이른 1967년 1월 25일 준공식을 가졌다. 건축공사에 때를 맞추어 중앙부두에 수입용 모노마 탱크도 건설하였다. 공장 준공식에는 박정희 대통령이 직접 참석했을 만큼 국가적으로도 기대가 컸던 기업이었다. 대통령은 준공식 치사에서 "… 이 공장에서 생산하게 됨으로써 … 서민 대중들도 카시미론을 사용할 수 있게 되어 기쁘다. … 정부가 추진하고 있는 제2차 경제개발 5개년 사업이 끝나면 의식주에 대한 외국의 원조가 없어도 우리 힘으로 자급자족할 수 있게 될 것을 확신한다"면서 한일합섬으로 인한 국가 경제성장에 기대가 컸다.

애당초 한일합섬의 부지는 7만여 평으로 시작하였지만 점차 확장해 나갔다. 67년 첫 준공 때의 건물은 1만 8천 평으로 공장 36동, 후생시설 등 부속건물이 40동이었다. 공장 내 채광을 위해 톱날지붕의 건물이 많았다. 공장건물이라 건축적인 가치를 크게 가지지는 않았지만 철골조에 슬레이트 벽을 가진 한국철강과는 달리 철근콘크리트 구조에 벽돌과 블록 벽을 쌓아 수성페인트로 마감된 건물이었다. 화학섬유공장이었던 만큼 크고 작은 각종 배관과 전기시설이 복잡하게 노출되었고, 공장 가운데쯤 솟은 네 개의 높은 굴뚝 외에 모두 열 개가 넘는 크고 작은 굴뚝들이 서 있던 공업 경관이 인상적이었다.

아크릴 섬유로 시작한 한일합섬은 후에 종합섬유회사로 발전하였다. 1967년에 방추(紡錘) 22,400개였던 것이 1979년에는 무려 344,000개로 세계 최대규모까지 성장했다. 고용효과는 말할 것도 없었다. 1967년에 사원 수 4,300명으로 시작했다가 1976년경에는 27,000명으로 늘었다. 사원 수가 이랬으니 한일합섬을 둘러싼 2, 3차 고용까지의 경제적 파급효과는 이루 말할 수 없었다.

대통령이 기대한 것처럼 '수출입국'을 지향하던 정부시책에 맞춰 국가경제 발전에도 큰 기여를 했다. 1967년 68만 불이던 수출액이 71년에 2,286만 불까지 급성장을 이루었고, 1973년 단일기업 최초로 수출 1억 불을 달성했다. 창립 후 불과 5~6년 만에 수출액 15,000% 성장이라는 기적의 기록을 가진 당대 최고 최대의 기업이었다.

사내 산업체학교였던 한일여자실업고등학교(현 한일여고)에 얽힌

일화도 많다. 나이 어린 여공들에게 배움의 기회를 제공한 것도 널리 알려진 일이지만 병영처럼 운영되었던 공장·기숙사·학교생활이 매우 힘들었다는 증언도 있다. TV광고에까지 등장했던 '팔도잔디'는 전 국민의 심경을 녹이기도 했다. 1974년에 설립한 한일여고는 첫 해에 28학급 1,680명 규모였다가 1980년에는 120학급에 학생이 7,200명까지 되었다. 한 학년에 2,400명(정원 60명에 40개 반), 지금으로서는 상상조차 안 되는 엄청난 규모였다.

한일합섬의 시작은 마산이 공업도시로 되는 결정적인 신호탄이었다. 1967년 설립 이후부터 1980년대까지 마산은 한일합섬의 도시라 해도 과언이 아니었다. 세계최대 섬유회사의 본사와 공장이 마산에 있었다는 사실은 경제구조가 수도권에 집중되어 있는 현 상황에서는 생각하기도 어려운 일이다. 한일합섬 공장 건설에 따라 마산의 지도도 달라졌다. 워낙 건물의 규모가 컸기 때문에 국립지리원에서 간행하는 1/25,000 지도에 공장 건물이 점점 늘어나는 것이 확연히 확인될 정도이다.

돌이켜 짚어볼 것도 있다. 『한일합섬 20년사』에는 1967년 1월 25일 거행된 공장 1차 건설 준공식 장면을 묘사하면서 "양덕동 허허벌판에 기공의 삽을 힘차게 꽂은 지 만 1년, 마침내 준공 테이프를 끊게 된 아크릴 섬유공장은 …"이라고 기록되어 있다. 마치 아무 소용없이 텅 비어 있는 벌판에 공장이 들어선 듯 말하고 있다. 하지만 그곳은 허허벌판이 아니었다. 삼호천과 산호천 사이의 기름진 논밭

한일합섬 건설 전 양덕동 들판

이었고, 양덕동·석전동·산호동 농민들의 땀이 밴 논밭이었다. 그 옥답들이 하루아침에 싼 값으로 지주가 바뀐 뒤 보지도 듣지도 못한 거대공장이 들어섰던 것이다. 권력자들이 만든 상전벽해의 뒷면에는 힘없는 민중들의 한숨과 피눈물이 묻어 있었다.

3) 마산수출자유지역

한일합섬에 이어 마산을 공업도시가 되도록 쐐기를 박은 것은 정부가 결정한 수출자유지역이다. 1969년 8월에 결정되어 1970년 4월 수출자유지역 관리청을 개청하였고 입주공장의 가동은 1971년부터였다. 수출자유지역이 마산으로 결정된 직접적인 이유는 60년대 중반부터 시작된 임해공업단지용 매립지 때문이었다. 정부가 수출산업을 진흥하기 위해 수출산업전용공단을 필요로 한 것이 1968년경이었으니 때가 맞아 떨어진 셈이다.

한일합섬은 민간기업이어서 마산시의 행정적 지원과 기업의 토지매입으로 공장설립이 가능할 수 있었지만 수출자유지역의 경우는 완전히 달랐다. 박정희 정부의 수출정책을 실행할 국가산업단지로 지정되었던 것인 만큼 마산입지 전후 과정에 숨은 이야기가 많다. 마산수출자유지역은 기능과 성과에 대한 연구에 비해 설립배경에 대한 연구는 많지 않다. 이에 대한 가장 심도 깊고 객관적인 연구는 최영진에 의해 이루어졌다. 이 글도 그의 연구를 참고했다.

정부가 최초의 수출자유지역을 마산으로 결정한 것은 1969년이었지만 그 배경을 설명하기 위해서는 한참 거슬러 올라가야 한다. 1963년 10월 박정희 정권은 국토건설종합계획법을 제정하여 다음해 3월 국토건설종합심의회를 구성하였다. 이어서 국토 균형발전을 위한 공업 분산정책을 추진했다. 1965년 10월 건설부가 발표한 공업의 입지 유형을 보면 원료지공업, 단지공업, 임해지공업, 소비자공업 등 4종으로 구분했다. 이때 마산은 진해·여수·군산·장항·포항·목포·제주·속초와 함께 임해지공업의 입지로 분류되었다. 이 정책은 기존 대도시의 공업 중 11%를 지방으로 분산시키고 신규 공업도 적절히 분산시켜 생산액 기준으로 59% : 41%였던 대도시와 지방의 공업 비율을 31 : 69로 변환시킬 것이라는 계획을 세웠다. 이 계획은 1967년부터 시작된 제2차 5개년 계획의 주요정책이었다. 정부의 이와 같은 지방공업 육성정책의 흐름은 이미 임해공업단지를 이용해 도시발전을 모색하던 마산시 관계자들에게 큰 힘이 되었다.

1964년 12월 23일, 마산상공회의소는 진주·진해·충무(통영)·삼천포(사천과 통합)·울산의 상공회의소 회장단과 경상남도지사, 마산시장, 진해시장, 경남도 상공과장 등을 초청하여 연석회의를 개최한 후 정부에 임해공업 육성을 건의하였다. 또한 6개 상공회의소 회장단은 경남지사에게 13개 항목의 건의서를 제출했는데 그 내용에 임해공업의 육성과 수출공업단지 경남 유치가 포함되어 있었다. 정부의 공업입지 분산정책에 대해 선제적으로 대응했던 것이다. 그 이유는 개항 이후 시작된 일본 주도의 산업화와 경제적 기반 때문에 다른 도시보다 공업입지와 이해를 가진 당사자들이 많이 존재했기 때문이었다.

주요 배경 중 다른 하나는 재일동포 사업가와의 연결망이다. 이 시기 재일동포 사업가들은 마산뿐만 아니라 한국산업 전반에 걸쳐 매우 중요한 역할을 하고 있었다. 박정희 정권 경제개발계획의 주요한 자금원도 재일본 한국 기업인들이었다. 재일동포 사업가들은 국가적 차원의 산업화뿐만 아니라 자신의 연고지에 다양한 방식으로 관여하였다.

　마산의 임해공업단지 조성에는 두 사람의 재일동포 사업가가 관계되어 있다. 첫째는 마산 출신 이명조이다. 이명조는 도쿠야마(德山)와 히로시마(廣島)에서 사업기반을 구축한 뒤 1966년 이후 귀국해 영남 일대에서 건설업을 한 사업가이다. 이명조는 1966년 6월 7일 다른 일본인 기업가들과 함께 마산을 방문하여 마산항 개발계획 설명을 듣고, 다음날 봉암동 공유수면 매립예정지를 둘러보았다. 그리고 다음달인 7월 자본금 500만 원으로 삼양산업을 설립하여 마산

봉암동 임해공업단지 매립공사 초기(1967)

시가 정부로부터 승인 받은 봉암동 매립공사를 위임받아 추진했다. 마산임해공업단지 기공식은 1966년 11월 11일 거행되었다. 이 사업을 계기로 삼양산업은 영남 일대의 정부 발주 건설사업에도 상당한 지분을 차지하였다.

둘째는 평안남도 양덕 출신의 손달원이다. 신일본공기 사주 손달원은 1962년 당시 종업원 3,100명에 연 생산액 215억 엔에 이르는 대기업 소유주였다. 손달원은 박정희 정부가 추진하던 기계공업 발전계획에 중대한 영향을 주었다. 특히 종합기계공장을 마산에 설립하도록 추진하여 마산임해공업단지 조성사업에 큰 활력을 불어 넣었다. 손달원은 1962년 박정희 재건최고회의 의장 주최 '한국공업건설을 위한 관민연석회의'에 초대되었고 박정희와 함께 기계공업 육성방안에 대해 협의하였다. 이후 기계공장을 건설할 주체로 동양공업주식회사 설립계획안을 정부에 제출했다. 초기 계획에서는 울산을 고려하였으나 실제로 동양공업이 발족한 1966년부터 적지로 마산이 언급되면서 점차 기정사실화되었다.

마산시 관계자는 마산임해공업단지 조성사업에 대통령의 관심이 깊다는 것을 정부 관계자들에게 보여주기 위해 1966년 11월 11일 공설운동장에서 개최된 마산임해공업단지 기공식에 대통령 참석을 적극 요청했다. 기공식 전에 이미 대통령 참석을 기정사실화한 언론보도들이 있었고 심지어 기공식 직후에는 기공식에 대통령이 참석했다는 보도까지 있었다. 오보였다. 마산을 방문한 박정희 대통령은 한국철강, 한일합섬, 요업센터 등만 방문하였다. 해방 후 국가원수 최초의 마산방문이라 학생과 시민 수만 명이 환영행사에 모였지만 마산시청에서 임해공업단지 브리핑만 듣고 치하하는데 그쳤다. 마산임해공업단지에 관심은 있었지만 정부의 지원은 꺼렸기 때문이었을 터이다.

그럼에도 불구하고 마산임해공업단지 조성사업은 손달원의 종합기계공장 건설계획과 결합되면서 기세를 올렸다. 경제개발 5개년계획의 3대 핵심사업으로 종합제철, 석유화학공업, 종합기계공장 건설을 추진해 온 정부도 1967년 9월 종합기계공장을 마산 연안의 매립지에 입지하기로 했다면서, 그 자금은 정부와 재일사업가 손달원이 각각 절반씩 부담한다고 구체적으로 밝혔다.

이런 장밋빛 전망을 더욱 밝혀준 것은 1967년 12월의 마산임해공업단지 조성사업 확대소식이었다. 종합기계공장 외에 유리, 합판, 조선소를 건설하겠다는 자본가가 쇄도하여 매립 중인 임해공업단지를 확장해야 한다는 것이 마산시의 입장이었다. 성공이 목전에 달한 듯했다. 거기에 더해 68년 2월에는 군수산업과 관련한 종합기계공장을 마산에 부지 50만 평을 확보해 6월 착공한다면서 공작기계공장과 주물공장을 병합해서 건설한다고도 했다.

하지만 외부에 드러난 전망과 달리 내부의 어려움이 있었다. 자금 문제였다. 국고보소와 기채(起債)가 순조롭지 않았다. 변광영 마산시장이 '마산시의 재정이 바닥났고, 급기야 마산시 금고의 압류 사태까지 벌어졌다'고 하소연할 정도였다. 어려움은 자금뿐이 아니었다. 설상가상으로 매립공사 부실 때문에 입주가 쇄도했던 초기와 달리 공업용지 매입마저 꺼리는 상황이 벌어졌다. 매립공사를 맡았던 이명조의 삼양산업이 준설토만으로 매립했기 때문에 이를 공장

부지로 사용하려면 성토작업을 추가로 해야 했고 그 비용이 발목을 잡았다.

이런 난관 속에서 임해공단 건설사업은 손달원의 종합기계공장 건설계획이 흔들리자 또 위기를 맞는다. 68년 5월부터 정부와 산업계 일각에서 종합기계공장 사업이 시장성이 없다는 회의적인 주장이 나오기 시작하여 정부와 손달원의 줄다리기가 지속되다가 68년 8월 결국 백지화되고 말았다. 손달원의 투자문제 때문이라고도 했고, 손달원이 북한 출신이라 박정희의 신뢰를 얻지 못했기 때문이라고도 했지만 진실은 알려지지 않았다. 어쨌든 오랫동안 꿈에 부풀어 진행해온 마산임해공업단지는 1968년 여름 완전히 좌절되었다. 이미 제1공구 매립은 끝난 때였다. 난관에 빠진 마산시 관계자들은 당시 정계의 실력자인 마산 출신 박종규 대통령 경호실장을 찾아가 하소연하기도 했다.

그러던 중 새로운 기회가 열렸다. 1969년이 되면서 전국경제인연합회(전경련)가 내부 연구를 통해 한반도의 지정학적 취약점을 극복할 방안으로 남해안 일대의 임해공업벨트 개발 의견을 정부에 제시했던 것이다. 정부는 전경련의 안을 받아들여 수출자유지역의 적지를 물색하였다. 처음에 20여 후보지를 물망에 올렸다가 마산을 포함한 8개 지역으로 압축하였다. 최종심사에서 울산·포항·인천·부산·마산 순으로 결정, 마산은 다섯 번째였다. 그러나 울산과 포항은 이미 중화학공업으로 발전 중이었고, 인천은 국방상의 문제로, 부산은 용지매수가 어렵다는 문제를 안고 있어서 다섯 번째였던 마산이 유리한 상황이었다. 하지만 마산은 중앙 관계부서와 관련 민간단체의 반대에 부딪혀 삼천포·여수·목포 등과 다시 경합을 벌여야 했다. 이때 마산시 관계자들과 정치인 등 실력자들이 힘을 모아 수출자유지역 마산유치에 많은 노력을 했다. 이때 가장 앞에 내세운 조건이 매립공사를 마친 임해공업단지가 이미 확보되어 있다는 것이었다.

최종 결정은 1969년 8월에 되었다. 정부는 마산임해공업단지를 직접 인수하여 1971년까지 수출임해공업단지를 조성하기로 결정하고 세부계획 수립을 시작했다. 이미 조성되어 있는 매립지여서 삼천포·여수·목포 등에 비해 저비용임을 결정 이유로 제시했다.

이에 따라 1970년 초 수출자유지역설치법과 시행령이 공포되었고, 1970년 3월 13일 마산수출자유지역 관리청 직제가 대통령령 제

마산수출자유지역 관리청 개청식 광경(1970. 4. 3.)

4730호로 공포되어 실체가 나타났다. 수출자유지역 관리청 개청식은 1970년 4월 3일 서성동 3·15기념회관 앞 광장에서 이낙선 상공부 장관, 한태일 국회의원 등이 참석한 가운데 열렸다. 초대 청장은 당시 경제기획원 운영차관보였던 정문도였다. 의도하지는 않았지만 1966년부터 시행했던 임해공업단지용 매립지가 수출자유지역 마산 입지의 결정적 요인이 되었고, 이를 성사시키기 위한 정치적 노력이 타 도시보다 적극적이었기 때문에 이루어진 결과였다.

마산수출자유지역은 고용인원이 가장 많았던 1987년의 경우 36,411명에 이르렀다. 당시 마산 인구 47만여 명의 7~8%가 수출자유지역 종업원이었을 만큼 마산 지역의 경제를 좌우했던 산업단지였다. 뿐만 아니라 오늘날 한국의 전자제품이 세계 최고 수준에 이르게 된데도 당시 마산수출자유지역에 입주해 있던 전자제품 분야 선진국들의 직간접적인 영향이 적지 않았다. 마산수출자유지역에 입주해 있던 외국의 첨단기업에 국내 전자기업의 산업스파이가 활동한 것은 공공연한 비밀이었다.

이상과 같은 거대 산업시설의 유치배경에서 보듯 당시 마산시정의 핵심과제는 기업유치였다. 지역차원에서 기업과 투자유치를 강조하는 분위기가 거세진 것은 지방자치제가 실시되고 IMF 경제위기가 닥친 이후였다. 그러나 마산은 중앙집권적 의사결정구조가 최고조에 있던 1960년대에 이미 기업유치를 지방정치의 핵심과제로 삼았던 것이다.

4. 시가지 변화

해방과 전쟁 후 계속된 도시 내 무허가 건물의 증가는 60년대 들어서도 마찬가지였다. 남성동을 비롯해 시가지 전 해안의 물량장(物量場)에까지 무허가 판잣집이 들어섰다. 군사 쿠데타 직후에는 무허가 건물이 자진철거 되어 해안가 거리가 밝아지고 있다는 보도가 있을 만큼 무허가 건물은 당시의 사회적 이슈였다. 무허가 건물 외에 적산 창고 등에 집단 거주하는 귀환동포와 전쟁 피난민들의 문제도 심각했다.

늘어난 인구는 대부분 도시의 북쪽 지역에 수용되었다. 일본인들이 자리 잡았던 남쪽 신마산은 이미 시가지화되어 있었고, 서쪽은 무학산, 동쪽은 바다에 막혔으니 뻗어갈 곳은 북쪽밖에 없었다. 북쪽은 산호동·석전동·양덕동을 비롯해 창원군에 속했던 회성리·합성리·구암리 등 훗날 마산시에 편입되어 동(洞)이 되는 지역인데 대부분 넓은 평지여서 시가지 확산이 용이했다.

1) 시가지 확산

60년대를 지나면서 신마산 일대의 시가지가 넓어졌다. 고운로 아래는 물론이고 고운로 위쪽에 있는 현재의 삼부햇살마루아파트 일대와 경남대 예술관 앞까지 건물이 빼곡히 들어섰다. 자산동 일대의 시가지는 마산고 정문 앞 심온길까지, 그리고 무학초 부근은 모두 시가지로 변했다.

1966년부터 간석지였던 산호동 해안은 임해공업단지를 조성하

1968년 신마산 전경(우측이 화력발전소, 남기섭)

기 위한 매립공사가 시작되었다. 현재의 마산자유무역지역이다. 마산시가 시행했으나 갖은 부침을 겪었다. 이 매립으로 마산은 도시의 결정적 변화를 맞는다. 이 매립 때 합성동의 옛 유적 합포성 석축을 매립용으로 사용하여 성의 형체가 완전히 망실되었다.

거대 산업시설들이 마산에 유치되면서 이를 위한 배후 시설, 즉 늘어날 인구를 수용하기 위한 시가지 개발이 시작되었다. 가장 먼저 나타난 것이 바냇들이라 불렀던 산호동의 토지구획 정리사업이었다. 1967년 12월 30일 건설부 장관 고시로 시행 인가를 받은 택지 조성사업이었다. 1968년 2월 10일 기공식을 가졌고 예정 완공일은 70년 말이었다. 서쪽으로는 당시 철길이었던 현재의 회원동로, 동쪽으로는 합포로, 남으로는 용마산, 북으로는 삼호로와 운동장까지,

구획정리사업 전 산호동(바냇들, 이영조)

그야말로 바냇들을 꽉 채운 규모였다. 총 162,000평에 건축이 가능한 118,143평의 대지 외에 폭 4~20m의 도로 12,487m, 어린이 공원 400평, 공설시장 1,000평, 학교 부지 8,257평 등이 포함되어 있었다. 준공 후에는 2,360세대 11,800명이 거주 가능한 규모였다. 산호 토지구획정리사업지구는 새로 건립된 한일합섬 및 마산수출자유지역 등과 인접해 있어서 당시 마산에서 가장 좋은 택지로 평가받았다. 1968년 산호초와 무학여중까지 개교하여 교육 조건도 갖추었다. 산호초는 준공이 늦어 합포·회원 2개교를 단기간 사용하기도 했다. 현재의 신세계백화점과 용마맨션 일대는 신흥방직주식회사 등으로 사용되던 기존의 시설을 철거 없이 사업구역에 포함시켰기 때문에 블록의 규모가 너무 크고 도로의 방향성도 유기적으로 연결되지 못했다.

1960년대 중반 상남초등학교(1959년 개교)가 주거지 밀집지역에 둘러싸일 정도로 용마산과 노비산 남쪽까지 시가지가 확산되었으며, 회원동 지역은 회원초등학교와 동중학교까지 확산되었다.

1969년 하반기 삼호천 제방 축조공사를 완료했다. 이 사업은 산호 토지구획정리사업에 이은 석전동 토지구획정리사업 때문에 시작된 것이었다. 석전 토지구획정리사업의 규모는 1만 3천여 평이었으며, 이 사업은 1970년대 동마산 개발의 신호탄이었다.

1960년대 마산은 도시정책의 부침을 겪으면서 공업도시로 크게 전환했던 시기였다. 1960년 3·15의거로 시작한 도시가 거대 산업시설 입지라는 기회를 획득하면서 경제성장의 밑자락을 깐 도약의 여명기였다.

2) 도로의 신설과 확장

1965년 주요 간선도로인 합포로 공사가 이때 시작되었다. 신설구간도 있었지만 기존도로를 확장한 구간도 있었다. 가장 먼저 시행된 구간이 오동교부터 동보극장(현 창동학문외과 앞 5거리, 문화의길과 합포로가 만나는 지점)까지 10m이던 도로를 25m로 확장한 공사였다. 당시 언론에서는 이 사업을 '대마산 건설의 첫 작업'이라고 보도하기도 했다. 60년대 말에는 이 도로를 서성동분수대까지 연결시켜 구마산과 신마산을 잇는 간선도로가 되었다. 합포로는 신마산에서부터 어시장 및 도심을 거쳐 산호동-양덕동을 지나 진해 방면과 옛 창원읍 방면으로 이어졌다. 거기에 더해 합포로가 서성로를 거쳐 해안대로에 자연스럽게 연결되게도 했다. 다만 합포로가 폭넓게 뚫리자 그때까지 어시장으로 직통으로 연결되던 기존의 불종거리-어시장, 부림시장-어시장 연결도로는 합포로에 의해 단절될 수밖에 없었다.

60년대 중반에 시행된 산호동 해안 매립으로 산호동 해안이 모두 직선화되면서 현 해안도로의 산호동 구간이 개설되었다. 이 과정에서 구강이라 불렸으며 마산포의 기원이랄 수도 있는 오산진 해안이 원래 형태를 잃어버렸다.

1966년 7월에는 서원곡 유원지로 올라가는 도로(서원곡 1길)의 폭을 넓혔다. 1962년 교방천 상류에 야외풀장이 들어선 이후 유원지화된 서원곡의 변화 때문이었다. 관광도로라고도 불렀던 이 도로는 총연장 460m의 좁은 길을 5m 폭으로 확대하여 10월에 준공하였다. 지금 사용되는 도로의 폭이 이때 확보되었다.

1967년 자복포에 들어선 한국철강의 진입도로가 개설되었다. 까치나루(작진등, 鵲津嶝)를 돌아 들어가는 현 가포로이다.

1969년 11월 현 3·15대로, 합포로, 서성로가 조성되면서 그 결절점에 교통용 로터리를 설치하고 그 중앙에 서성동분수대를 건립하였다.

1960년대 후반, 기존의 마산선 철도와 경전신 철도의 언결을 시내로 진입하지 않고 석전동에서 바로 연결되도록 선로를 증설했다.

해안 매립의 역사 · 6

'매립지가 있기 때문에 산업시설이 들어오느냐, 산업시설이 들어오니 매립을 하는 것이냐'라는 질문에 간단히 답할 수 없듯이 매립과 산업시설의 관계는 양면성이 있다. 해방 후 마산 해안의 매립은 산업화가 태동되는 1960년대부터 시작된다. 그중 60년대에 시행된 매립공사는 모두 세 번이다. 최초의 매립은 한국철강 1차 매립인데 해방 후 첫 매립이기도 하다. 수출자유지역 부지는 애당초 마산임해공업단지 조성을 목적으로 시작한 매립이었다. 이 매립공사는 70년대 들어서 준공되었기 때문에 다음 장에서 다룰 것이다.

25. 한국철강 터 1차 매립, 월영동

한국철강 공장이 최초로 마산에 자리를 잡을 때 공장부지에 포함된 토지다. 1909년 일본 육군중포병대대가 현 월영동아파트 단지로 이전한 후 자복포의 안쪽 간석지를 매립하여 군인들의 연병장으로 사용하던 땅과 인접해 있다. 매립의 기원으로 보면 해방 후 첫 매립이자 마산만의 25번째 매립이며 면적은 1만 6천여 평이다.

1956년 설립된 인근 마산화력발전소의 잔회(殘灰) 처리장으로 사용되어 자연스럽게 매립되던 곳인데 1963년 1월 마산시가 매립승인을 받았다. 7년의 매립과정에서 일부 토지를 인근 주민들이 밭뙈기로 사용했기 때문에 한국철강 입지 초기에 경작지 보상 문제로 갈등을 일으키기도 했다. 매립 완료시기는 한국철강 1차 건설공사가 준공된 67년경이다.

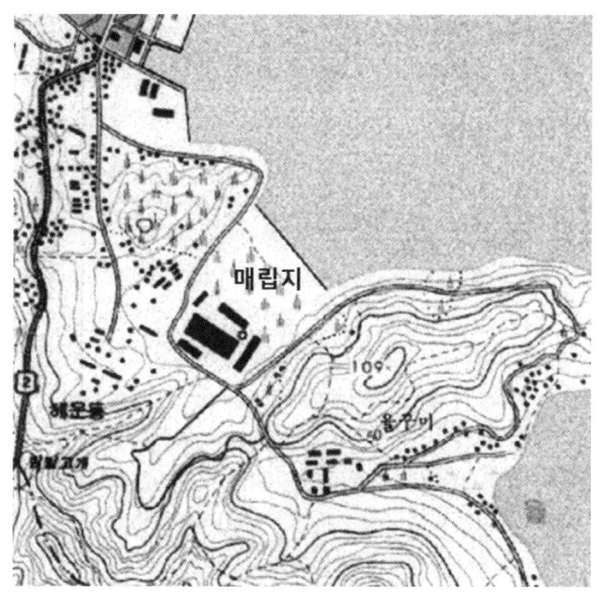

한국철강 터
1차 매립

　이 매립지를 확보함으로써 한국철강은 미래에 공장을 증설할 수 있는 부지를 가지게 되었으며, 이후 1980년대까지 모두 4차에 걸쳐 추가매립하면서 부지를 넓혀 나갔다. 2003년 말 한국철강이 창원으로 이전한 후 공터로 있다가 부영주택에서 인수하여 지금은 마린애시앙부영아파트가 지어졌다. 한국철강 이전 후 철강공장 특유의 심각한 토양오염으로 한때 지역사회의 최대 이슈가 되기도 했지만 토양정화작업으로 마무리되었다.

26. 오동교 인근에서 신세계백화점 앞까지, 산호동 해안 매립

　산호동 해안의 매립은 1961년 6월 마산시가 매립을 염두에 두고 호안석축공사를 한 것이 시작이다. 그 후 이 매립공사를 민간에게 넘겨 사회적 물의를 일으키기도 했다. 공사는 일찍 끝났지만 완전한 준공은 60년대 중후반이다. 면적은 3만여 평이었고 용도는 해안도로와 대지로 사용되었다. 소규모 공장 및 상업시설과 주거시설용 건물이 가능했기 때문에 일반에게 분양되었다. 민간분양 매립으로는 해방 후 최초의 것이었다. 이 매립으로 마산의 시가지 해안은 모두 직선의 호안을 갖게 되었다. 지금은 해안도로와 연결되어 차량통행도 많아 도시 간선도로로 이용되고 있다.

27. 창포동 3가, 중앙교회 서쪽 매립

창포동 3가 1-1번지 일대로 현 중앙교회 서쪽 위치다. 1931년 일본인 기쿠타 이와이치(菊田岩市)가 자신이 운영하던 조선소 부지로 사용하기 위해 시행한 매립지(10. 현 임페리얼빌리지 부지) 앞 해안이다. 상업용지로 사용되고 있으며 규모는 500평 정도이다. 1970년 지도부터 나타나기 때문에 매립 시기를 60년대 후반으로 추정하였다.

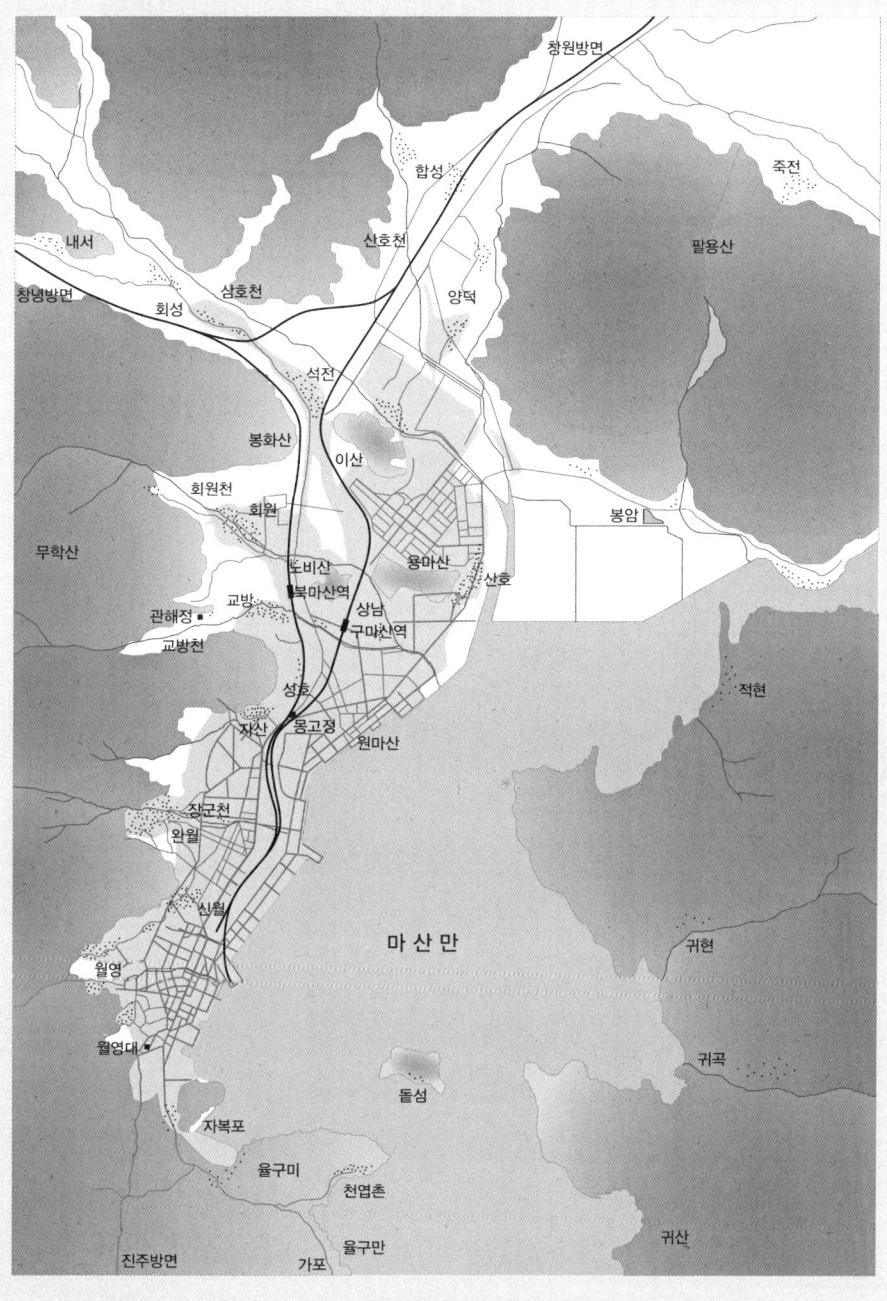

1970년 마산

III.
성장의 늪,
1971~1990

　영구집권을 꿈꾼 박정희 대통령은 1972년 10월 17일 비상계엄을 선포하여 국회를 해산한 뒤 유신헌법 개헌투표를 실시해 91.5%의 찬성으로 제4공화국이 수립되었다. 하지만 민주주의를 바라는 국민들과 학생 및 민주인사들의 저항은 날로 더해 갔다.
　1974년 8월 15일 육영수 여사가 피격으로 사망했다. 박정희 정권은 이 사건을 계기로 다음해인 1975년 5월 13일 긴급조치 9호를 발표해 유신체제를 반대하면 영장 없이 구속할 수 있게 했다. 그럼에도 불구하고 유신반대 운동은 수그러들지 않았다. 학생들은 물론 각계 인사들이 폭넓게 민주화 운동에 합류하면서 민주주의를 향한 거대한 흐름이 형성되었고, 정치적 문제에 더해 재벌 위주의 경제정책이 낳은 빈부격차와 경기침체 등으로 민심이 크게 이반했다.
　1979년 제2차 오일쇼크로 난국에 빠진 경제상황에서 8월 YH사건과 10월 김영삼 총재 제명으로 하루를 예측할 수 없는 정국이 이어졌다. 이런 위기 속에서 부산과 마산의 시민과 학생들이 거리로 나섰다. 부산은 10월 16일, 마산은 10월 18일, 부마민주항쟁이었다. 이 항쟁에 박 정권은 계엄령과 위수령을 선포하며 강압적인 수습책을 폈으나 권력층 내부 대립이 격화, 김재규 중앙정보부장이 박정희 대통령을 저격함으로써 유신독재 정권은 막을 내렸다. 1979년 10월 26일이었다.

독재정권이 끝나고 새로운 시대가 열리자 민주화의 열기도 거세졌다. 그러자 전두환 중심의 정치군인들이 마각을 드러냈다. 민주화 세력과 신군부가 충돌한 정점이 5·18광주민주화운동이었다. 유혈진압된 광주시민의 항쟁은 열흘 만에 끝났다. 하지만 이 항쟁은 유월항쟁으로 이어지는 80년대 민주화 운동의 시원이 되었다.

유신헌법에 의해 대통령이 된 전두환은 제5공화국 시대를 열었다. 1980년대는 '단군 이래 최대의 호황'이라 했을 만큼 경제사정이 좋았다. 수출이 증가했고 물가도 안정되었다. '마이카 시대'가 시작된 것도 이때였다. 그러나 전두환 정권의 폭압독재는 날로 더해 갔다. 정치통제, 언론검열, 인권탄압으로 유지되던 집권세력은 결국 박종철 고문치사 사건을 시발로 불붙은 87년 유월항쟁으로 무너졌다.

새로 출범한 노태우 정권은 비록 국민들의 직접선거로 선택되었지만 5공 군사정권의 후신이있다. 하지만 법적 제도적 민주주의가 보장되었고 직접선거를 통한 정권이라는 정당성도 확보했다. 노태우 정권의 가장 큰 업적은 탈냉전 흐름에 맞춰 국정의 큰 틀을 북방정책으로 설정, 중국과 소련 등 사회주의 국가들과의 관계를 개선하고 새로운 시대를 연 것이라는 평가가 있다.

1. 성장기의 도시 상황

1969년 4월 11일 제2차 도시재정비 계획(182.9㎢)에 이어 제3차 (1975. 2. 19.), 제4차 재정비 계획(1976)에서는 김해군의 일부까지 편입되어 계획구역 면적(343.10㎢)이 더 크게 확대되기도 했다. 하지만 이 계획은 창원공단과 신도시 착수(1974. 4. 1.) 이후의 계획이라는 점에서 2차 재정비 계획과는 의미가 크게 다르다. 이미 창원이라는 신도시가 마산에서 분리될 것을 염두에 둔 계획이었다. 이에 따라 1976년 9월 1일 창원시의 예비단계라고 볼 수 있는 '경상남도 창원지구 출장소'가 개소되었다.

1970년대와 80년대 마산은 한일합섬과 수출자유지역, 창원종합기계공업단지(현 창원국가산업단지)라는 거대 규모의 경제동력으로 큰 변화를 겪었다. 70년대 들어 창원 신도시가 별도의 독립 시로 추진되었음에도 마산의 발전양상은 지속되었다. 하루가 다르게 인구가 늘었고 택지가 개발되고 길이 뚫렸다. 직장을 찾아 전국에서 몰려든 청년들이 거리를 메웠고 이들을 받기 위해 단칸방(속칭 벌집)들이 속속 들어섰다. 유사 이래 최고의 성장기였다.

한일합섬은 1967년부터 가동하고 있었고 1971년부터는 마산수출자유지역(현 마산자유무역지역)에도 기업들이 입주하기 시작했다. 창원 신도시 건설도 마산에 큰 영향을 미쳤다. 1973년 11월 19일 창원공단의 준비 착공이 있었지만, 생산 규모 20억 불의 종합기계공업기지와 계획인구 30만 명(목표 연도 1986년)의 창원 신도시가 산업입지 계획심의회 후 국무회의 의결을 거쳐 대통령이 재가하여 최종

지정된 것은 1974년 4월 1일이었다. 신도시 창원시가 출범한 것은 그로부터 6년 후인 1980년 4월 1일이었다. 하지만 90년대 중반까지 창원국가산업단지의 실질적인 배후도시 기능은 마산이 했다. 그랬던 만큼 마산은 1970~80년대 20여 년 간 성장을 거듭했고 사회간접시설에도 많은 변화가 있었다.

해방 후 마산시 인구 변화

연도	인구	연도	인구
1945	60,000	1980	386,773
1955	129,986	1985	335,531
1960	157,547	1990	493,673
1965	158,629	1995	441,358
1970	190,992	2000	434,420
1975	371,973		

가장 큰 변화는 인구였다. 1960년 157,547명에서 1970년 190,992명으로 늘어났던 인구가 1975년 371,973명으로까지 늘어났다. 1970년 이후 불과 5년 만에 인구가 두 배로 증가했다. 해방 후 귀환동포와 전쟁 피난민으로 인구가 많이 늘어났던 적이 있었다. 1945년 6만 명에서 1955년 13만 명으로 10년긴 7만 명, 두 배 이상 증가했었다. 하지만 1970년과 1975년 사이에는 불과 5년 만에 19만 1천 명이 37만 2천 명으로 무려 두 배나 증가하였다. 귀환동포와 전쟁 피난민이 몰려들었던 때보다 증가 속도가 빨랐으니 얼마나 도시가 북적였겠는가. 그 뒤 증가 속도가 약간 둔화되어 1980년에는 38만 6천 명으로 완만한 추세를 보였지만 1990년 49만 4천 명으로 늘

어났다. 시가지의 범위가 확장될 수밖에 없었다.

인구증가의 가장 큰 요인은 한일합섬과 수출자유지역의 고용증가와 창원공단에 일자리를 찾아 모여든 이들 때문이었다. 1966년 한일합섬 마산본사에서 근무한 직원은 2,430명이었는데 이듬해인 1967년 4,030명으로 늘어났다. 남녀 비율은 1,702명 대 2,328명이었으며 그중 절반은 전국에서 일자리를 찾아 모여든 이들이었다. 이후 생산규모가 늘어나면서 그에 따른 고용도 계속 늘어났다. 직원 수 12,000명 이상으로 최고를 기록한 시기는 1973년부터 1980년까지의 8년 정도이지만 1969년 이후 1984년까지 꾸준히 1만 명 전후의 직원 수를 유지하였다. 15,570명이라는 최다 직원 수를 기록한 1973년은 한일합섬이 우리나라 수출 역사상 단일기업 1억 불 수출을 최초로 달성해 대통령으로부터 '1억 불 수출탑'을 수상했던 해이기도 하다. 이 수상을 시작으로 1976년 '2억 불 수출탑', 1978년 '3

한일합섬 작업 광경(1970년대)

억 불 수출탑', 1979년 '4억 불 수출탑'을 수상했다. 이 시기 한일합섬은 국내 최대 최고기업이었으며 '마산은 한일합섬이 있는 곳'이라는 말이 생길 정도였다. 1977년부터 가동되기 시작한 같은 그룹계열사인 경남모직 마산공장의 직원 수도 2~3천 명을 넘나들었으니 한일합섬은 마산 경제에 절대적이었다. 1970년대 후반부터 노동집약형 생산시스템이 점차 자동생산시스템으로 전환되면서 고용이 조금씩 줄어들었다.

초창기 마산수출자유지역의 입주기업은 1970년 4개사, 71년 22개사에 지나지 않았고 가동업체는 6개사밖에 되지 않아 전망이 밝지 않았다. 하지만 뜻밖에도 1972년 2월 미국이 중국과 관계를 개선하고 중국의 UN 가입을 지지함에 따라 미국과 대만의 외교관계가 심각하게 훼손되었다. 이렇게 되자 미국·일본 등의 다국적기업들이 대만 투자를 기피하게 되어 마산수출자유지역으로 눈길을 돌렸다. 때에 맞춰 정부도 1971년부터 79년까지 연차적으로 표준공장을 7동까지 건축하여 입주기업에게 저렴한 가격으로 임대함으로써 더 큰 성과를 냈다.

1970년대 후반부터 1980년대 초까지 국제적으로는 제2차 자원파동과 자국보호수의, 국내직으로는 1979년 10·26사태 이후 정치사회적 위기 국면을 맞았다. 그럼에도 불구하고 마산수출자유지역의 성장은 지속되었다. 1971년 90만 불에서 시작해 80년 6억 2천 8백만 불, 최고점을 찍은 1988년에는 17억 6천 9백만 불까지 도달하였다가 1990년 14억 5백만 불 수준을 지켰다. 고용인원의 변화도 많았다. 초창기였던 1971년 1,248명이었던 직원 수가 1973년 2만

마산수출자유지역 퇴근 때의 산호동

명을 넘긴 다음 1976년부터 1988년까지는 전체 직원 수가 3만여 명을 오르내렸다.

창원공단으로 인한 인구증가를 제외한 한일합섬과 수출자유지역 두 곳의 직접고용 인원이 마산 전체 인구의 10% 전후였다. 여기에 간접고용과 가족까지 고려하면 그 영향은 절대적이었다고 볼 수 있다. 절정은 1970년대 중반부터 1980년대 중반에 이르는 약 10여 년간이었다.

각 분야의 산업이 성장세를 탔다. 금속·기계산업의 경우 70년대 중반 이후부터 가동되기 시작한 창원국가산업단지 입주업체들의 가동률 증가 덕분에 관련 업체들의 생산량도 높아졌다. 섬유업은 한일합섬을 필두로 고려방직과 경남모직 등 3대 대기업의 수출이 증가하자 연관된 중소기업들의 생산량도 성장하였다.

식음료업도 성장의 물결을 탔다. 무학주조, 의창농수산, 불로식품의 수출과 군수 납품량도 늘어났다. 마산 최초의 대규모 맥주공장도 이때 설립되었다. 1973년 6월 섬유회사 삼기물산이 독일 맥주기업 이젠벡(Isenbeck)사와 합작하여 한독맥주를 설립하고 공장을 마산에 세웠다. 구암동의 현 하이트맥주 전신이다. 연 410만 상자를 생산해 전량 수출한다는 계획으로 이듬해인 1974년 4월부터 가동했다. 하지만 출발부터 적자를 기록했다. 국내에서 돌파구를 찾기 위해 '미스 이젠벡 선발대회'를 개최하는 등 국내 시판을 시도하였으나 실패, 공장 가동 6개월만인 1974년 10월 생산을 중단했다. 우여곡절 끝에 1975년 국내 판매를 허가 받은 후 한때 국내 맥주시장 15%까지 점유하며 품귀현상까지 빚을 정도로 호황을 누리기도 했다. 하지만 경영진의 금융권 부정대출 사건으로 1976년 8월 31일 한국증권거래소에서 퇴출되었고 다음해 조선맥주에 인수되었다.

　상업 및 유통산업에도 변화가 많았다. 정부의 공설시장 민영화 계획에 따라 공설시장이던 부림시장이 1970년 8월 27일 설립된 사단법인 부림시장번영회에 71년 3월 25일 불하됨으로써 민영시장이 되었다. 민영시장이 된지 2년 후인 73년 3월 대형화재로 시장 전체가 소실되는 피해를 입었다. 마침 오동동 옛 교도소 터(현 천주교 마산교구청, 삼성생명 빌딩, 부영주차장 일대)가 공지로 있을 때라 임시점포를 설치해 명맥을 이어가다가 74년 9월 다시 신축한 시장 건물로 이전하는 곡절을 겪었다. 부림시장은 78년 2월 다시 B동에 화재가 나 보수공사를 하는 등 화재로 인한 어려움이 많았다. 인구가 늘어나자 시장도 더 증설하였는데 이때 설립된 민영시장이 1974년에 개장된 오동동 자유시장 외에 북마산 중앙시장, 산호시장 등 10여 개나 되었다. 대형 소매점인 대진백화점(창동 182), 한성백화점(창동 137-2), 가야백화점(현 산호동 가야빌딩)도 문을 열었다. 가야백화점은 군수산업체인 코리아타코마(현 KC월드카프라자 일대)[23]가 내려다보인다는 이유로 건물 높이를 초기 설계보다 절반으로 줄여 현재의 9층으로 건설되었다

대규모 기업들이 들어서고 외부와의 교류가 많아지자 기존의 숙박시설보다 한 단계 높은 수준의 숙박시설이 필요해졌다. 고급음식점이던 장군동 푸른집 자리에 대규모 크리스탈호텔이 1974년 건설되었고 고려호텔(1973), 로얄호텔(1986), 사보이호텔(1990), 아리랑호텔(1990) 등도 이 시기에 건설되었다.

1968년 설립준비위원회를 구성해 1969년 발기한 경남은행이 1970년 4월에 설립등기를 완료하여 영업을 시작했으며 국내 여러 금융기관들의 지점이 마산에 개설되어 지역산업의 자금조달에 큰 역할을 했다. 한국은행은 1973년 10월 16일 남성동 한일은행 마산지점 내 임시사무소에서 마산출장소를 개설한 뒤 1975년 7월 1일 마산지점으로 승격되어 1977년 11월 오동동 옛 마산교도소 부지(현 삼성생명 빌딩 옆 주차장)에 신축하여 이전하였다.

1971년 12월 31일 마산대학은 경남대학으로 교명을 변경하였고 1973년 11월 현재의 월영동으로 이전하였으며 1982년 3월 종

---

[23] 미국 타코마사와 김종필(전 국무총리) 셋째 형인 김종락의 합작으로 1972년 설립된 군수산업 위주의 조선회사. 1991년 한진중공업, 2007년 성동조선을 거쳐 2015년 전체 공장부지가 민간에 분할 매각되었다.

합대학교로 승격되었다. 현 경남대학교 부지는 철도병원으로 사용되던 곳이어서 한적하고 숲 경관이 아름다웠다. 월영동 이전 후 경남대학의 규모는 나날이 커져 갔다. 캠퍼스의 지형이 구릉지여서 대학건물들이 들어설 때마다 신마산의 도시경관이 확연히 달라졌다.

1956년 5월 30일 공립으로 설립된 마산간호고등기술학교는 1972년 12월 전문학교로 승격되어 마산간호전문학교로 교명을 변경하였다. 1975년 1월 지금의 도립마산의료원 내에 캠퍼스를 이전하였다. 1982년 12월 사립으로 전환되어 학교법인 문화교육원 소속이 되었다. 1983년 3월 마산합포구 고운로 66 현 제일여고 정문 앞으로 이전하고 그해 12월 9일 마산간호보건전문대학으로 교명을 변경하였다. 캠퍼스를 현 마산회원구 내서읍 일대로 이전한 것은 1985년 3월 1일이었으며 2011년 11월 20일 마산대학으로 교명을 변경하였다. 또한 1990년 12월 19일 창신전문대학이 설립되어 이듬해 3월 7일 봉암동에서 개교하였다.

행정구역의 변화도 있었다. 1973년 7월 1일자로 창원군 창원면·상남면·웅남면 일원과 내서면의 구암리·합성리·회성리·두척리, 구산면의 예곡리·우산리·현동리·덕동리가 마산시에 편입되었다. 이는 1969년 4월 11일 고시된 인구 50만을 목표한 정부의 제2차 마산 도시재정비 계획에 따른 조치였다. 이 조치로 마산시의 면적이 30.8㎢에서 194.31㎢로 무려 여섯 배 이상 대폭 확장되었다. 이에 따라 마산시는 넓어진 관할구역을 관리하기 위해 동부 및 남부 출장소를 설치하였다. 그러나 정부가 창원 신도시를 추진하기 위해 1976년 8월 25일 경상남도 창원지구출장소를 설치하면서 다시 축소 변경되었다. 창원군에서 마산시에 편입되었던 창원면·상남면·웅남면 일원이 창원지구출장소 관할로 되면서 마산시 면적이 84.59 km^2로 재조정되었다.

이러한 행정구역 조정과는 상관없이 1970~80년대 마산의 변화는 급격했다. 남해고속도로(1973)와 구마고속도로(1977), 부마고속도로(1981)가 이 시기에 건설된 것은 물론 항만·전기·통신시설 등이 신설되거나 확충되어 지역의 산업을 뒷받침할 기반들이 갖추어졌다. 낙동강 광역 상수도시설을 갖춘 것도 이 시기였다. 1973년 6월 27일에는 건설부 고시 제258호로 341km^2 규모의 개발제한구역(그린벨트)이 결정되었다.

1970년대 초반의 건축은 주거용이 태반이었고 임대용 상업빌딩과 공공건축은 드물었다. 주거용 건축은 단층 조적조 기와지붕이 많았으며 건축설계에 대한 개념도 크게 없었다. 단지 건축허가 구비서류에 필요한 수준의 설계도면 정도였다. 70년대 초반이 지나자 산호동과 석전동 등의 토지구획정리사업지구에 주택들이 대거 들어서기 시작했고 구조변화도 눈에 띄게 달라졌다. 목조 기와지붕이 점차 줄어들고 철근콘크리트 평슬래브 구조가 대부분이었다. 2층 주택도 많이 생겼다. 간혹 건축주에 따라 내부공간과 외관의 수준을 높이기 위한 노력도 있었지만 대부분은 집장사의 손에 일률적으로 지어졌다. 열효율을 위한 규정도 없어서 홑창이었고 외벽은 벽돌이나 블록 위에 모르타르 마감이 전부였다. 외장은 도료가 일반적이었고 고급주택은 인조석 시공을 하기도 했다. 신축하는 주택에는 집주인이 거주하는 공간에 더해 셋방이 한두 개, 많은 집은 대여섯 개나 들어 있는 집이 보통이었다. 아예 임대수익을 위해 셋방만 있는 주거건물도 있었다. 셋방은 수출자유지역과 한일합섬 등 일자리를 찾아온 남녀 청년들의 임대주택이었다. 1.2m 폭 부엌 한 칸이 딸린 사방 2.4m 정도의 방, 합 2.4m×3.6m의 좁은 방이 보통이었고 그나마 부엌이 없는 경우도 많았다. 화장실은 대문가에 별동으로 지은 사방 1m의 재래식이 전부였다. 따로 세면장은 없었고 샤워시설은 꿈도 못 꾸던 시절이었다. 심지어 추녀 끝에 달아낸 단칸방도 많았다. 워낙 좁은 방이 촘촘하게 있어서 '벌집'이라고도 했다. 연립주택, 다가구주택, 다중주택 등 주거용 건축을 구분 관리하는 법률이 제정되기 전이어서 이들 모두를 '주택'으로 허가 받아 지었다.

산업의 성장과 그로 인한 인구의 증가는 필연적으로 도시 변화를 가져온다. 토지를 개발하고 개발된 토지에 건물이 들어서면서 시가지가 팽창된다. 마산의 경우 시가지 확산에 따른 토지개발은 대부분 구획정리사업으로 시행되었으며, 사업완료 시점이 대부분 산업성장과 인구증가의 절정기였던 1971~1990년 사이에 이루어졌다. 위치는 시가지 확산이 가능했던 북쪽 지역, 현 마산회원구 지역에 집중되었다.

토지구획정리사업은 사업 시행 전에 존재했던 권리 관계를 변동하지 않고 지주에게 환지하는 방식의 개발이다. 형식상 지주들이 조합을 구성해 시행하며 공사비는 체비지를 매각해 충당한다. 토지 소유주에 의해 시행되는 것이 원칙이지만 공공기관이 수행하기도 한다. 감보율은 보통 40~50% 정도다. 마산에서 이루어진 토지구획정리사업은 모두 이런 일반적인 경로를 택했으며 민간에서 시행하였다. 감보율은 각 지구마다 약간의 차이가 있었다. 필요에 의해 지주들이 자발적으로 조합을 구성했다기보다 형식만 그랬을 뿐 사실상 개발사업자의 주도로 이루어졌다. 구획정리사업지구 내의 공공용지는 대부분 도로였고 그 외 학교·공원·시장 등에 할당되었다.

마산에서 시행된 토지구획정리사업

사업명칭	위치	면적(㎡)	사업완료일
산호지구	산호동 일대	540,000	1974. 8. 14.
석전지구	석전, 회원동 일대	36,700	1974. 8. 14.
양덕지구	양덕, 봉암동 일대	1,046,587	1975. 2. 6.
회원지구	회원, 석전동 일대	403,886	1975. 3. 27.
석전지구	석전, 양덕, 합성동 일대	519,573	1975. 12. 31.
합포지구	산호동 일대	250,249	1976. 8. 20.
합성지구	합성, 양덕동 일대	385,405	1979. 10. 4..
구암지구	양덕동 일대	1,174,308	1979. 10. 4.
봉덕지구	봉암동 일대	392,500	1981. 12. 4.
초계지구	초계, 구암동 일대	515,635	1981. 12. 4.
회성지구	회성, 석전동 일대	386,192	1982. 3. 16.
교방지구	교방, 회원동 일대	624,222	1982. 7. 16.
자산지구	자산동 일대	159,759	1996. 4. 10.
계	13개소	6,435,015	

일제강점기에 도입된 구획정리사업은 도시기반시설을 갖춘 토지조성까지의 공정이기 때문에 건축공사로 인한 가시적인 도시 변화는 완공 후에 시작된다. 구획정리사업 완공 전에도 건축이 이루어지지만 일부분이다. 대체적으로 70년대 중반 경 토지구획정리사업이 시작되었지만, 건축물은 한참 뒤부터 들어서기 시작하여 1980년대 후반에서 1990년경이 되어서야 공지가 거의 없을 정도의 시가지로

주요 도시계획사업지구(지구 명칭 뒤 '70은 1970년대, '00은 2000년대 시행)

되었다. 마산이 현재의 도시로 되기까지는 토지구획정리사업에 의한 도시계획사업이 큰 역할을 했다. 주로 인구증가에 따른 주택수요에 대응하기 위한 사업이었다.

토지구획정리사업 외에도 주택재개발사업, 일단의 주택지 및 공업용지 조성사업, 주거환경 개선사업 등도 시행되었다.

마산은 이렇게 달라져 갔지만 국내정치는 점점 수렁에 빠져들었다. 박정희 유신정권은 결국 1979년 10월 부마민주항쟁으로 발발한 10·26사건으로 막을 내렸다. 이번에도 역사의 주인공은 부산과 함께 일어선 마산이었다. 1960년 3·15의거에 이어 1979년 또 다시 독재권력을 무너뜨렸다. 이 두 역사적 사건 후 마산에는 '민주화의 성지'라는 자랑스러운 별칭이 붙었고 이로 인해 마산시민들은 민주시민으로서의 자부심을 가지게 되었다. 부마민주항쟁이 발발했던 시기는 삼역 통합(1977) 2년 후로 동마산 지역, 즉 석전동을 시작으로 양덕동·합성동·구암동 등에 토지구획정리사업이 시작되거나 진행되어 마산의 시가지가 확산되고 있을 때였다.

부마민주항쟁 3년 후인 1982년 제63회 전국체육대회가 마산에서 개최되었다. 제63회 전국체전은 마산뿐 아니라 경상남도에서도 의미 있는 행사였다. 전국체육대회는 1952년부터 지방을 순회하며 개최되었지만 서울이 16회, 부산과 전남이 각 3회, 경기·충남·전북·경북이 각각 2회씩 개최되는 동안 경남은 마산대회가 처음이었다. 그런 만큼 마산시와 경상남도는 긴밀히 협력하며 전국체전을 준비 추진하였다. 무엇보다도 중요했던 것은 경기장 시설이었다. 주경기장을 창원에 지을 것인지에 대한 논란이 있었으나 결국 마산의 현 위치에 다시 신축하였다.

　창원시가 출범(1980. 4. 1.)하고 경남도청이 부산에서 창원으로 이전(1983. 7. 1.)하였다. 1925년 진주에서 이전한 후 58년간 부산에 있었던 경남도청이었다. 1963년 1월 1일 부산이 직할시로 승격되어 행정구역이 분리되었지만 도청은 그때까지 그대로 부산에 있었다. 부산이 직할시로 승격된 후 진주와 마산이 각각 도청유치 운동을 전개하였고 그 때문에 갈등도 많았다. 결국 1981년 3월 27일 국가보위비상대책위원회 입법회의가 '경상남도 소재지 변경에 관한 법률'에 '경상남도 사무소의 소재지를 경상남도 창원시로 한다'고 명시함으로써 논란이 종결되었다. 도청 이전 이후부터 도 단위 공공기관들이 하나둘 이전하며 창원은 서서히 변하기 시작했다. 이런 창원의 변화에 위기의식을 가져야 했지만 워낙 마산의 산업시설이 튼튼했

제63회 전국체육대회 개회식 매스게임(1982, 마산)

고 창원시가 도시기능을 제대로 못 갖추었기 때문에 관성에 따른 도시정책으로 80년대를 보냈다. 창원의 변화와 상관없이 마산은 80년대에도 70년대처럼 성장일변도였다.

급격한 성장기였던 1970~80년대에 도시 변화를 알 수 있는 새로운 건물들도 많이 들어섰다. 새 도로가 뚫리면 새 건물이 들어서고 새 지역이 개발되면 거기에도 새 건물이 들어섰다. 인구도 늘고 소비가 많아지고 가동되는 산업시설도 많았으니 건설업은 자연 호경기일 수밖에 없었다. 70년대는 대규모 산업시설 입지로 인한 특수상황도 있었지만 80년대의 3저 현상에 따른 국내경기 활황도 작용하였다. 그야말로 1936년 『조선과 건축(朝鮮と建築)』 15집 9호에서 마산의 건축경기에 대해 '마산의 건설업계가 지금 황금시대를 맞았다'고 한 이후 다시 맞은 건축의 황금기였다. 1981년 설계사무소를 시작한 나도 그 혜택을 적잖게 받았다.

1960년대에 입지가 결정된 한일합섬, 수출자유지역 등 대규모 산업시설은 마산 도시성장의 씨앗이었다. 그 꽃과 열매는 1970년대와 80년대에 피고 맺었다. 이로써 마산은 공업도시로서의 성격을 분명히 가졌고 시가지도 확산되었다. 또한 이런 변화가 1979년 부마민주항쟁의 자양분이 되기도 했다.

이 시기에 건축된 대표적인 공공건축은 마산종합운동장(양덕동, 1972), 경남대학교(월영동, 1973), 수출자유지역 표준공장 7동(봉암동, 70년대 초중반), 한국은행 마산지점(오동동, 1977), 마산역(합성동, 1977), 마산시외버스터미널(합성동, 1979), 종합운동장 내 실내체육관(양덕동, 1980), 마산종합운동장 주경기장 개축(양덕동, 1982), 남부시외버스터미널(해운동, 1990) 등이다. 민간건축은 고려호텔(1973), 한독맥주(현 하이트맥주 전신, 구암동, 1973), 천주교 마산교구청 및 문화원(오동동, 1974), 하천복개형 오동동아케이드(오동동, 1974), 부림시장(화재로 인한 재축, 부림동, 1974), 크리스탈호텔(장군동, 1974), 가야백화점(산호동, 1970년대 중반), 대진백화점(창동, 1970년대 중반), 경남매일 사옥(현 경남신문 전신, 합성동, 1977), 중앙주공아파트(중앙동, 1978), 용마맨션아파트(산호동, 1978), 무학맨션아파트(산호동, 1979), 정우맨션아파트(양덕동, 1979), 타워맨션아파트(양덕동 1979), 화란주택 101세대(회원동, 1979), 동방빌딩(오동동 현 삼성생명 빌딩, 1980), 삼익아파트(월포동 현 월포벽산블루밍아파트, 1980, 마산역 부지), 마산시영아파트(월포동 현 월포경동메르빌아파트, 1980, 마산역 부지), 마산고려병원(합성동 현 삼성병원), 1981, 교방주공아파트(교방동 회원동, 1983), 로얄호텔(1986), 한우아파트(자산동, 1987), 성안백화점(산호동 현 신세계백화점, 1987), 사보이호텔(1990), 아리랑호텔(1990) 창신중고등학교 이전 신축(봉암동, 1990) 등이다.

도시의 성장에는 그늘도 있게 마련이다. 마산 역시 얻은 것만큼 잃은 것도 많다. 지어지는 건물이 많았던 만큼 헐려 나간 건물도 많았다. 옛 마산시 청사처럼 낡고 좁아 어쩔 수 없이 헐어낸 건물도 있지만 1924년 건축한 창신학교 옛 본관처럼 아파트 단지로 개발하기 위해 헐어낸 건물도 많다. 대부분 후자 쪽이다. 이 시기에 헐려 나간 건축물 중에는, 지금까지 남았다면 문화재로 보전되었을 만한 건물이 수두룩하다. 옛 마산부청(경남대 평생합습관 자리)을 비롯해 창신학교 본관, 석조 문창교회, 역사(驛舍), 조선식산은행, 그 외에 다양한 형태의 산업시설 등 헤아리기가 힘들 정도다. 신마산 일대에 산재해 있던 주택 등 민간건축도 대부분 헐려 나갔다. 전쟁의 포화를 입지 않았기 때문에 보존이 가능했지만 급격한 경제성장에 희생되어 줄지어 사라졌다. 그리고 그 자리에는 개발이익을 위한 아파트와 상업용 건물이 들어섰다.

성장과 함께 이 도시를 번성시킨 공장들은 '가고파'의 맑은 바다 마산만을 오염시켰고 그 결과 천혜의 바다 마산만이 '독수대(毒水帶)'가 되었다는 한탄이 나왔다.

독수대

이선관

바다에서
둔탁한 소리가 난다
이따이 이따이

설익은 과일은
우박처럼 떨어져 내린다
이따이 이따이

새벽잠을 설친 시민들의

눈꺼풀은 아직 열리지 않는다

이따이 이따이

비에 젖은 현수막은

바람을 마시며 춤춘다

이따이 이따이

아아

바다의 유언

이따이 이따이

(1975)

2. 동마산의 탄생과 삼역 통합

1) 신시가지 동마산

한일합섬과 수출자유지역으로 인한 인구 급증은 기존의 마산시가지가 받아낼 수 없는 규모였다. 이때문에 한일합섬과 수출자유지역에서 가까운 도시의 북쪽 일대를 시가지로 개발하기로 하고, 1973년 7월 1일 창원군 내서면의 구암리 · 합성리 · 회성리 · 두척리를 마산시에 편입하였다. 이 네 개 리(里)는 마산회원구에 같은 이름으로 동(洞)이 되어 현존하고 있다.

마산에는 구마산 · 신마산 · 북마산이라는 3개의 도시권이 있다.

선을 그은 듯 뚜렷한 구분은 없지만 시민들의 공간인식 속에는 정확히 구분되어 있다. 이 중 구마산과 신마산은 강점기에 마산에 거주했던 일본인들이 명명한 지역명칭이고 북마산은 도시의 북쪽 시가지라 관용적으로 사용하게 된 명칭이었다. 세 지역의 뿌리도 뚜렷이 다르다. 구마산은 조선시대 마산포로부터 시작되어 강점기에도 한국인이 거주한 시가지이고, 신마산은 개항지로 시작해 일본인이 집단거주하면서 형성된 지역이다. 두 곳보다 늦게 형성된 북마산은 1920년대 경남선 철도 개설 이후 북마산역의 역세권이 형성되면서 생긴 지역이다. 서마산 IC로 인해 회성동 일대를 서마산이라고 부르기도 하지만 3개 권역에 비할 바는 아니다.

1970년대 들어 구마산·신마산·북마산에 더해 동마산이라는

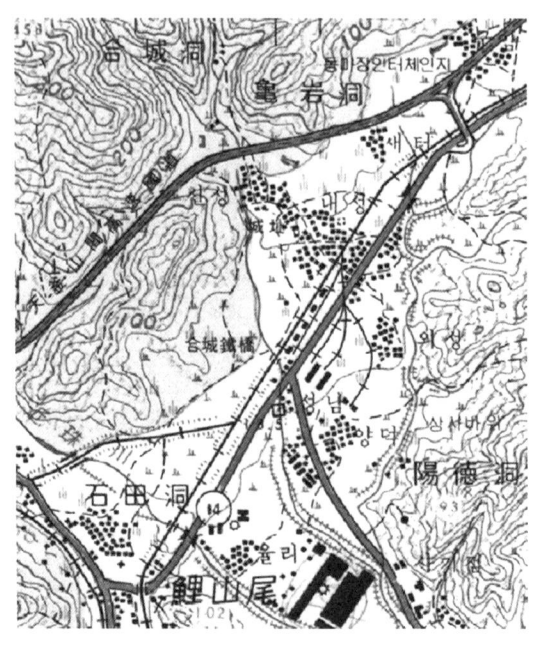

1974년 국립지리원
간행 지도의 동마산 지역

새로운 도시공간이 탄생하였다. 합성·구암·양덕·석전동 일대이다. 역사에서는 다른 지역에 비길 수 없지만 입지조건과 규모는 3개 지역을 앞지른다.

시가지 개발 전까지 동마산 지역은 한국전쟁기에 건립된 미군 제8보급기지창을 중간에 두고 여기저기 마을들이 산재해 있던 들판이었다. 북쪽으로는 구암리가 있었고 보급창 가까이 내성·외성·성남 세 동리와 남쪽에 양덕이 자리하고 있었다. 내성리에는 합성초등학교(현 합성초)가 있을 뿐 중요한 공공시설은 없었으며, 들 한복판을 관통해 마산-삼랑진 간 철도(현 3·15대로 자리)만 지나가고 있었다. 개발 전 대부분 논밭이었던 동마산은 삼역 통합 결과물인 마산역 이전에 더해 서성동에 있던 시외버스터미널까지 이전해 옴으로써 마산의 교통중심지가 되었다.

서성동에 있던 시외버스터미널이 이곳 보급기지창으로 이전한 것은 1979년 7월 26일이었다. 이 변화는 1977년 12월 15일 개장한 마산역과 함께 도시의 관문 역할을 하며 동마산 지역개발을 촉진시켰다. 중앙 간선도로인 8차선 3·15대로도 동마산 지역을 관통하고 있다. 서마산 IC, 동마산 IC가 가까워 고속도로와의 연결도 용이하다.

2) 삼역 통합으로 태어난 마산역

동마산 탄생의 정점은 신설 마산역의 이전이다. 일제강점기 개통된 마산역(1905)·구마산역(1910)·북마산역(1923)을 하나로 통합하는 소위 '삼역 통합'은 1960년대 초반부터 계획되기 시작해 1977

년 12월 15일 완료되었다. 새로 탄생한 마산역은 마산의 도시공간 변화에 큰 영향을 미쳤다.

마산의 철도 역사는 길다. 1905년 경부선의 지선으로 삼랑진-마산을 잇는 마산선이 개통되었다. 마산선의 종착역이었던 마산역은 일본인들의 거주지였던 신마산 쪽에 세웠다. 구마산역은 철도 개통 5년 후인 1910년 한국인들이 거주하던 원마산(마산포)에 세운 후 1936년 크게 확장하였다. 북마산역은 기존의 마산역에서 진주까지의 경남선 철도를 건설할 때 생겼다. 경남선 철도는 1923년 군북까지 우선 개통했다가 1925년 진주까지 연결되었다. 일제의 계획은 경남선 철도가 진주를 지나 순천을 거쳐 목포까지 연결되는 것이었지만 성사시키지 못했고, 1967년 박정희 정권 때 건설되었다. 이처럼 착발(着發)을 신마산 옛 마산역(현 월포벽산블루밍아파트 자리)에서 했던 마산선(1905)의 구마산역과 경남선(1925)의 북마산역은 근대기 마산의 교통과 유통의 중심이었다. 그러나 인구가 늘어나고 시가지가 확산되자 시내를 관통하는 두 철도가 유기적으로 연결되어야 할 도시공간에 악영향을 주었다. 이에 마산시는 두 철도 노선을 시가지의 북쪽 외곽을 지나가는 한 가닥 노선으로 변경하여 한 개 역만 두도록 계획했다. 이 사업을 '삼역 통합'이라 불렀다.

삼역 통합의 영향은 동마산 탄생뿐 아니라 오랜 세월 마산 시내 한복판을 관통하며 도시공간을 분절시킨 마산-삼랑진 간의 철도를 걷어내는 변화를 가져왔다. 철도 노선을 폐지하는 과정에서 생긴 용지 15만 7천여 평의 부지는 마산시가 매입하여 새로운 용도로 사용하였다. 현재 중앙 간선도로인 3·15대로는 삼역 통합으로 철도를 걷

위로부터
마산역
구마산역
북마산역

어내지 않았다면 불가능한 일이었다.

 철도를 걷어내고 새로운 간선도로를 개설하는 사업은 재정수요가 많을 뿐 아니라 철도변 정착민 등 이해당사자도 많아 어려운 일이다. 마산시의 명분은 1982년 전국체육대회였다. 당시만 해도 국제경기가 드문 때여서 전국체전이 최대의 국민 스포츠행사였다. 전국체전을 유치한 도시는 행사를 위한 준비단계로서 도시를 재정비하였다. 전국체전을 성공적으로 치르기 위해 중앙 간선도로 개통에 협조하자는 시민 여론이 높았고, 그 여론을 앞세워 마산시가 불도저처럼 밀어붙여 현재의 3·15대로가 탄생하였다.

 삼역 통합에 대한 최초의 중앙정부 움직임은 1962년 말에 있었다. 그해 12월 23일 당시 김병식 교통부 차관은 교통부 국장들을 대동하고 마산을 방문했다. 김 차관 일행은 월영동 교통병원(현 경남대학교 자리)을 방문한 뒤 삼역 통합 예정지를 답사하면서 시가지 계획이 수립되는 대로 본격 검토하기로 약속했다. 이어서 1963년 12월 일부 측량작업까지 있었지만 그 뒤 흐지부지되었다.

 삼역 통합계획이 구체화된 것은 1964년 8월 6일 건설부 고시 제1018호로 고시(告示)된 '마산시 도시재정비 및 확장계획'이었다. 이 계획에 따라 1967년 4월 4일 제1차 공사를 착공한 뒤 두 번씩이나 공사를 중단하기도 하다가 결국 1977년 12월 15일 완공했다. 당시로서는 워낙 큰 사업이어서 준공식도 거창했다. 철도청이 준비한 특별열차를 이용해 내무부·교통부 두 장관과 철도청장, 국회 교통체신위원회 소속 국회의원 15명과 마산의 두 국회의원을 포함한 경남 국회의원 16명까지 도합 31명의 국회의원이 참석하였다.

통합 마산역 준공(1977. 12. 15.)

무려 15년을 끌어온 삼역 통합계획은 준공 다음날인 1977년 12월 16일 0시를 기해 마산역에서 영업을 시작하면서 마무리되었다. 삼역 통합은 마산 도시변천사의 정점이었다고 할 만한 일이다. 이로써 도시의 중심 간선도로 체계가 완전히 달라졌으며 '동마산'이라는 새로운 지역이 탄생해 시가지 범위도 크게 넓어졌다. 삼역 통합 후 구마산역을 지나는 마산선 철도는 3·15대로로 바뀌어 중앙 간선도로가 되었고, 북마산역을 지나는 마산-진주 간 경전선 철도는 제1부두의 화물만 수송하는 임항선으로 사용되다가 2012년 1월 26일 폐지되어 지금은 산책로 그린웨이로 이용되고 있다.

3. 외부 교통망의 확충

1) 고속도로

정부는 제1차 및 제2차 경제개발 5개년 계획 기간 동안 도로정비촉진법을 제정하여 기존의 도로를 정비하거나 신설하는 등 경제부흥에 필요한 교통망을 확충했다. 그 연장선에서 제3차 경제개발 5개년 계획에서는 수도권 외 각 지역을 연결하는 고속도로를 전국적으로 건설하기 시작했다. 마산을 기점 또는 종점으로 하거나 통과지점으로 하는 고속도로들이 이 시기에 건설되었다. 경부고속도로의 마산 경유는 이루어지지 않았지만 1973년 남해고속도로, 1977년 구마고속도로, 1981년 부마고속도로 등 4년의 시차를 두고 서편(진주 및 호남 방면), 북편(대구 및 수도권 방면), 동편(김해공항 및 부산 방면) 지역으로 손쉽게 연결되는 고속도로가 뚫렸다. 이에 대응하여 1979년 양덕동에 고속버스터미널이 신축되었다.

① 남해고속도로

전남 영암군과 부산시 북구를 연결하며 마산을 경유하는 고속국도 제10호선이다. 1972년 1월 10일 착공하여 1973년 11월 14일에 개통하였다. 당시에는 부산 동래-전남 순천까지의 구간이었으며 개통 초기에는 왕복 2차선이었다. 평면 교차로와 입체 교차로가 공존하였고 심지어 신호등이 있는 교차로까지 있었다. 이후 교통량이 증가되자 1981년부터 구간별로 다양한 형태의 확장공사를 통해 1996년 왕복 4차선으로 확장하였다.

교통량이 증가하면서 1976년 4월 1일부터 부산-마산 구간 유료화를 시작으로 일일평균 차량통행량이 1만 대를 넘기자 1978년 6월 1일부터 전 구간이 유료화되었다. 남해고속도로 개통으로 마산은 서쪽 방면인 진주와 하동까지 교류가 활발해졌고, 특히 교류가 많이 없었던 호남권과는 경제적 효과뿐 아니라 생활과 문화교류도 증가하였다.

② 구마고속도로

　마산과 대구를 좀 더 빠른 도로로 연결시키기 위한 노력은 1930년대부터 있었지만 성사되지 못했다. 해방 이후 마산시와 대구시는 두 도시의 상공계가 마산-대구 철도부설 추진위원회까지 구성하여 국회와 중앙 관계요로에 촉구했으나 역시 성사되지 못했다.

　1970년 마산수출자유지역과 한일합섬 등이 입지하자 다시 마산-대구를 연결할 필요성이 높아졌다. 이에 교통 방식의 변화에 따라 철도보다는 고속도로의 건설이 유력하게 검토되어 1970년 9월 마산과 대구의 관계자들이 함께 인구·산업 등 구마고속도로 개설에 필요한 사전 기초자료 조사에 착수했다. 이어서 1971년 3월 6일 대구에서 구마고속도로 개설 추진위원회 결성대회를 개최하여 마산-대구를 연결하는 고속도로의 시급성과 중요성을 재확인하면서, 정부를 향해 1972년까지 준공하라고 목소리를 높였다. 이렇듯 마산과 대구에서 끈질기게 추진했던 마산-대구 고속도로는 1976년 6월 24일 착공하여 1977년 12월 17일 준공, 구마고속도로라는 이름으로 열매를 맺었다. 개통 당시에는 왕복 2차선이었으나 구간별로 폭을 넓혀 현재는 전 구간 4차선이다.

2001년 8월까지 마산과 대구를 연결하는 고속국도 제7호선이었으나 중부내륙고속도로로 편입되면서 2008년 중부내륙고속도로(고속국도 제451호선)의 지선이 되었다. 이 도로의 개통으로 대구 지역은 물론 수도권과의 운행시간이 현격히 단축되었다.

③ 부마고속도로

마산과 부산 사상 방면을 연결하는 43.5km의 부마고속도로는 1978년 5월 22일 착공하여 1981년 9월 4일 준공하였다. 남해고속도로 구간인 동마산에서 냉정분기점까지의 22.9km는 2차선에서 4차선으로 확장했고, 냉정에서 부산 사상에 이르는 20.6km는 4차선으로 추가 건설했다.

마산과 창원 일대의 공업지대와 부산 사상공단 및 부산항만 간의 물자수송을 원활히 했으며 특히 김해국제공항 이용의 편의성을 높였다.

2) 해운

1960년대 마산항과 연결되어 있던 중거리 남해 연안항로는 마산-여수(천신호), 부산-마산-통영(창용호), 부산-마산-거제(제3동일호) 등이 대표적이었다. 해운산업은 1960년대 이후 도로교통의 발달로 이용률이 점차 줄어들었지만 화물선은 늘어났다. 공업도시로 변한 도시 성격 때문이었다. 화물의 종류는 시멘트·비료·유류·어류·무연탄·잡화 등이었다.

1970년대는 거제대교와 남해대교가 준공되고 남해고속도로가 개통되어 마산 인근 지역의 육로교통이 급속히 발전한 시기다. 이에 따라 연안여객 항로는 점차 줄어들었다. 마산항에서 부산·진해·통영으로 취항하던 정기여객선은 폐쇄되고 거제 노선만 남았다. 인근 해안으로 운항하던 소형 선박들도 자취를 감추기 시작했다. 하지만 마산·창원 지역의 공업시설이 점차 활성화됨에 따라 대형화물과 중(重)화물을 적재하는 선박의 입출항은 점차 많아졌다. 이런 변화는 대형선박에게 필요한 새로운 항만과 항로가 필요해져 마산만 매립과 준설이 시작되었다.

4. 시가지 변화

1971년부터 1990년까지의 20년, 이 시기 마산은 하루가 다르게 변했다. 60년대에 가동되기 시작했거나 입지가 확정된 한국철강, 한일합섬, 수출자유지역이 이 시기에 본격적인 성장세를 탔기 때문이다. 또한 창원기계공업단지의 건실과 입주기업의 기동이 마산에 미친 영향도 컸다. 이러한 경제 사회적 조건변화는 필연적으로 도시의 물리적 변화를 가져왔고, 그 변화가 오롯이 이 시기에 이루어졌다. 새 도로가 뚫리고 기존 도로는 넓어졌으며 시가지가 눈에 띄게 달라졌다. 동쪽 마산만은 매립으로, 서쪽 산록은 산야를 파헤쳐 시가지를 넓혔다. 한일합섬 공장 건설로 시작된 북쪽 양덕들판은 마산역과 시외버스터미널 이전까지 더해 상전벽해라 할 만큼 변화가 심해 '동마산'이라는 새로운 도심권이 생겼다.

1960년대 말부터 조금씩 일기 시작한 마산의 건축 붐은 1970년대 들어 활발해졌다. 1971년 1,007건이던 마산시 건축허가 건수가 1973년 2,385건, 1977년 3,555건으로 될 만큼 증가 속도가 빨랐다. 건물의 규모도 점차 대형화되어 갔다.

기존 시가지에 인접한 미개발 지역은 구획정리사업으로 도시권에 편입되었다. 이 시기에 이루어진 토지구획정리사업은 최초로 시행된 산호지구 토지구획정리사업을 필두로 양덕 · 회원 · 석전 · 합포 · 봉덕 · 합성 · 회성 · 교방 · 초계 · 구암 · 자산 · 진동 등에서 마치 경쟁이라도 하듯 펼쳐졌다. 가장 일찍 시작한 산호지구는 1971년 연말을 기해 완료하였고 나머지 지구도 모두 1980년대를 거치면서 완공되었다.

70년대 말부터 대규모 단지형 아파트가 건립되었다. 민간에서 건설한 아파트는 한두 동의 3~5층 소형이 대부분이었지만 대한주택공사(현 한국토지주택공사)가 건설한 단지형 아파트가 이 시기에 들

교방동
주공아파트

어서기 시작했다. 대표적인 곳이 중앙동(1978년, 현 우방아파트), 교방동(1983년, 현 무학산 벽산블루밍아파트) 주공아파트였다. 모두 승강기 없는 5층 아파트였다. 하지만 민간에서 건설한 산호동 용마맨션과 무학맨션, 양덕동 정우맨션과 타워맨션 등은 이른 시기의 고층아파트였다. 민간기업이 건설한 이 아파트들은 단지형으로 조성된 대규모 아파트 단지가 아니고 한 동의 건물, 속칭 '나 홀로 아파트'였다. 단지형으로 건축된 고층 아파트는 그때까지 없었다.

1979년 양덕동 72-7번지에 양덕성당이 신축되었다. 한국 현대건축 1세대 건축가 김수근의 대표작 중 하나다. 하지만 40년을 넘긴 지금은 간선도로를 따라 고층건물들이 들어서고 성당 주위에도 상가건물과 아파트들이 지어져서 초기와는 다른 건축적 맥락을 가지게 되었다. 누수 등의 이유 때문에 원형이 많이 훼손되었다.

마산은 마산만과 무학산이라는 자연 조건 때문에 동서 방향 산사지라는 지형을 가졌다. 이러한 자연 조건에는 필연적으로 저지대에 대상형(帶狀型) 도시가 형성되게 된다. 따라서 산과 바다의 연결은 단축이지만 경사 때문에 도로건설이 용이하지 않다. 마산 역시 남북 방향의 장축도로가 발달해 있고 단축도로는 경사 때문에 발달하지 못했다. 산사지에 형성된 도시에서는 바다를 따라난 도로를 '해안도로', 산록을 따라난 도로를 '산복도로'라 부른다. 해안도로가 가장 뚜렷이 나타난 것은 1980년대에 조성된 오동동·남성동·서성동 해안 매립공사 때였다. 흔히 '구항 매립공사'라 부른다. 이 매립지를 관통한 대로를 시민들은 약속이나 한 듯이 '해안도로'라 불렀다. 정식 명칭도 '해안대로'이다. 산복도로의 연원은 더 깊다. 강점기였던

1930년대에 당시 시가지에서 가장 높은 고도에 무학산록을 가르는 도로가 났다. 현재의 고운로이다. 이 도로를 마산사람들은 오랫동안 '산복도로'라고 불렀다. 하지만 이 고운로는 시·종점이 시내와 연결된 도로여서 통과차량 문제를 해결하지는 못했다.

1) 시가지 확산

1966년부터 시작된 양덕동과 봉암동 해안의 마산임해공업단지 매립지가 1969년 국가수출자유지역으로 지정되어 1970년부터 각종 산업시설이 건립되기 시작하였다. 72년 이후 기업입주가 급증하여 짧은 기간에 산업단지가 건설되었다.

1981년 회원동에 '화란주택'이라 부르는 집합주택이 건립되었다. 1채에 4가구가 살 수 있도록 설계된 2층 다세대주택 40여 동이다. 1977년 천주교 마산교구에서 네덜란드 가톨릭 해외지원 단체인 세베모(Cebemo)의 지원을 받았고 이를 마산시가 서민주택 사업위원회를 구성하여 건립하였다. 최초 입주가구는 수재민, 빈민, 천주교 마산교구 추천 등 세 범주였으며 지원이 있었던 만큼 매우 저렴한 가격으로 공급되었다.

70년대 초에 완료한 산호지구 토지구획정리사업은 70년대 말경 대부분의 대지에 건축이 조성되어 시가지로 변했다.

1973년 구암동에 한독맥주공장(현 하이트진로 마산공장)이 건설되었다. 같은 시기에 개통한 남해고속도로 바로 뒤편으로 구암동 일대를 개발한 초계지구 토지구획정리사업과 연계 개발되었다.

1965년 7월 착공하여 67년 4월 준공해 가동에 들어간 한국철강이 1970년부터 1986년까지 2, 3, 4차 매립을 하며 부지를 넓혀 나갔다. 또한 인접한 까치나루(작진등, 鵲津嶝)를 낀 언덕의 북쪽 절반을 단독주택지로, 나머지 남쪽 부분은 월영주공아파트 단지(현 월영SK오션뷰아파트 자리)로 건설하여 언덕 전체가 주거용 부지로 변했다.

1970년경까지만 해도 성지여중고 인접해서는 주택들이 드문드문했을 뿐이었지만 1980년경 이곳에도 건물들이 들어서서 모두 시가지로 변했다.

사기그릇을 굽던 곳이라 '사기점'이라 불렸던 마을과 요정 봉선각이 있었던 봉정리, 즉 양덕로·봉양로와 팔용산 사이의 현 롯데캐슬아파트·봉덕초등학교·창원교육지원청 마산센터·창신중고등학교 일대 자연취락이 구획정리사업으로 1980년경 시가지로 되었다.

80년대 말에는 일제강점 말기에 조성된 나카무라매립지(현 남부터미널 일대)에 건설되었던 마산화력발전소가 1982년 폐쇄된 뒤 상업용지로 개발되어 시가지화되었으며 경남대학교의 남동쪽 일대(현 월영라이프, 화인아파트 및 마산서중학교 일대)도 시가지로 개발되었다.

1966년 1월 15일 양덕동에서 기공식을 가진 한일합섬은 제1자 공장 건축으로 최초의 가동이 있은 후 1971~90년 시기에 지속적인 증축으로 공장건물을 늘여 나갔다. 언제나 건설 중인 건물이 있었을 정도로 공사가 많아 웬만한 건설회사 규모보다 큰 시설담당 부서를 두고 있었다. 가동 20여 년이 지난 1985년 3월 31일 현재 양덕동 한일합섬은 부지면적 479,464m^2(14만 5천 평)에 329,300m^2(9만 9천 6백 평)의 건물이 들어섰으니 그 변화를 짐작할 만하다. 세계 최대의 화학섬유공장이었던 만큼 그 스케일이 시내의 다른 건물들과는 비길 수가 없었다.

　1973년 7월 창원군 내서면의 구암리와 합성리 및 회성리·두척리가 마산시에 편입된 후 구암동·합성동·회성동·두척동이 되면서 본격적인 동마산 개발이 시작되었다. 70년대 초에 착공된 석전지구 토지구획정리사업을 시작으로 동마산(양덕·합성·구암·봉암동 등) 지역의 대규모 시가지화가 둑이 터진 듯 진행되었다. 대부분 토지구획정리사업으로 시행되었는데 시기를 크게 구분해 보면 도시기반 및 부지 조성사업은 1970년대에 완료되었고 건축물이 들어서 시가지화된 것은 1980년대 후반부터 1990년경이었다.

　1971년부터 1990년까지 20여 년간 빠른 속도로 진행된 마산의 시가지 확산 추세에 따라 1990년경에 이르면 현재의 도시 규모를 거의 갖추게 되었다. 그 이후에도 부분적인 개발과 신설도로 및 해안매립 등의 새로운 시도가 있었지만 평면적 도시 확산은 대부분 이루어졌다.

2) 도로의 신설과 확장

　1970년 초 봉암동에서 통합 마산역으로 이어지는 양덕로를 확장하기 시작해 1975년 초에 완공하였다. 이미 확정되어 있던 통합역과 한일합섬, 수출자유지역 등을 고려한 도로 확장이었다. 이 공사와 함께 인근 동마산 IC에서 삼성병원 앞을 지나는 2.6km의 팔용로가 개통되었다.

산복도로인 무학로가 전면 개통(1992)되기 전인 1980년대에 마산고등학교 뒤편의 자산솔밭로가 개통되어 거기까지 조성되어 있던 무학로와 연결시켰다.

1970년 창동 평안안과에서부터 회성동까지 연결되는 2.8㎞ 북성로의 폭을 20m로 넓히는 확장공사가 연차별로 시작되어 1981년 마무리되었다.

1982년 3·15대로가 개통되었다. 77년 삼역 통합으로 구마산역을 경유하는 철도가 폐지되자 큰 변화가 일어났다. 78년부터 중앙간선도로인 3·15대로가 동마산 지역부터 조성되기 시작했다. 기존 철로를 이용한 도로 개설이라 토지보상과 공사가 용이하여 1980년까지 석전동 무학로(산복도로)가 시작되는 석전삼거리 지점까지 완공했다. 무학로 시작점부터 구마산역(현 육호광장)까지는 한국전쟁 때

공사 중인 무학로 자산동 구간(김구연)

피난민들이 도로변에 무허가 판자촌을 이루고 살았던 빈민가였다. 석전동·양덕동·회원1동 지역에서 구마산역과 도심부 쪽으로 갈 때 사용했던 오래된 길이었다. 구마산역 쪽은 윤락가이기도 했다. 이 지역 주민들과 토지보상 및 철거문제로 시간을 끌다가 1982년 9월 전국체전을 한 달 앞두고 개통되었다. 중앙자모병원 일대 구간은 철도 노선이 아니고 신설도로의 노선 각도를 완화시키기 위해 신설한 구간이며, 기존의 철도 노선은 현재의 회원동로와 바냇들2길이다.

3·15대로는 최북단에서 구마산역(육호광장)까지 폭 40m로 왔지만 육호광장부터는 폭이 좁아진다. 도심지라 토지보상금액 때문에 도로 폭을 줄였다. 육호광장 이남 부분은 기존의 철도구간과 신설구간이 합쳐져 서성동로터리(당시 분수로터리)까지 직선으로 개설하여 이미 개설되어 있던 서성로-해안대로와 이어졌다. 비슷한 시기에 서성동로터리에서 마산시청(현 마산합포구청) 앞을 지나 밤밭고개에 이르는 약 4.5㎞의 3·15대로 폭을 20~25m로 확장하였다. 이로써 도시의 중심을 관통하는 도로가 지금의 형태로 완성되었다.

1984년 불종거리에서 어시장으로 연결되는 구간 중 확장하지 못했던 현 신한은행 마산지점(전 대신증권) 앞부분이 불종거리의 폭에 맞춰 확장되었다.

1985년부터 1988년까지 '구항 매립'이 시행되었다. 이때 매립지 중앙에 남북으로 40m 폭의 해안대로를 개설하여 창원 및 동마산 쪽과 신마산을 직선으로 연결시켰다.

1980년대 초 교방동 회원동 구획정리사업지구에 포함되어 있던 산복도로 무학로가 조성되었다.

1980년대 들어 서마산 IC에서 시내로 연결되는 도로 삼호로의 진입 부분과 삼호천을 복개하여 확장한 양덕동 경남도민일보 앞부분이 완공되었다.

　1979년 7월 봉암교에서 수출자유지역 후문을 지나 어린교에 이르는 봉양로의 옛길 3.8㎞를 폭 35m로 넓히는 확장공사를 착공하여 1980년 4월 준공하였다.

　3·15대로의 석전삼거리 지점에서 빠져나와 무학산록을 거쳐 진동 방면으로 나가는 산복도로 무학로는 1979년 착공했다. 교방천 이북은 회원동 및 교방동 구획정리사업지구에, 자산동 쪽은 자산구획정리사업지구에 포함되어 토지보상이 용이했기 때문에 회원동에서 완월동까지는 80년대 후반에 먼저 개통되었다. 전 구간 개통은 1992년에 이루어졌다.

해안 매립의 역사 · 7

이 책에서 다루는 공간적 범위는 옛 마산시의 도시 지역이지만 매립 부분에서는 마산만을 접하고 있는 창원시 성산구 소재 두산중공업과 포스코특수강 일대 해안을 포함시켰다.

매립은 시기와 위치 및 매립지 주변과의 관계 등에 따라 공공, 주거, 산업, 교통 등 다양한 용지의 확보가 목적이다. 언제, 어디에, 어떻게 하는 매립이든 매립의 가장 큰 이유는 대부분 경제문제다. 토지를 매입하는 것보다 매립으로 토지를 확보하는 것이 저비용이기 때문이다. 마산의 해안 매립도 마찬가지다.

도시 성장이 급격했던 만큼 지가의 변화도 많았고 필요한 토지도 많았다. 이런 도시 상황은 곧 매립으로 이어졌다. 그런 만큼 1971~90년에 마산해안의 매립공사는 모두 13차례나 될 만큼 많았다. 대부분 산업시설을 위한 토지 확보용 매립이었다. 수출자유지역과 남성동 구항 매립 및 마산만 건너 삼귀 쪽(현 두산중공업 등의 공장지대)의 매립처럼 대규모 매립도 있었지만 중 소규모 매립도 있었다. 대부분 공업용지였지만 남성동 구항 매립은 상업용지와 해안도로가 목적이었다.

도시 성장기에 토지를 확보하는 것은 중요한 일이다. 하지만 마산의 매립은 그랜드 플랜 속에서 하나씩 채워 가는 매립이 아니라 그때그때 눈앞의 필요에 따라 매립을 결정한 측면이 많다.

28. 마산수출자유지역(현 마산자유무역지역) 1공구, 2공구(당시 3공구) 매립

한일병합 직후인 1910년대 초 실시된 봉암동 간석지의 매립지에 연결된 것이다.

1966년 마산시와 마산 상공계의 논의로 시작했으며 매립공사는 재일동포 사업가 삼양산업 대표 이명조가 맡았다. 하지만 1968년 자금난과 부실공사 등으로 곤경에 빠졌고 설상가상으로 기대했던 종합기계공장(대표 손달원)의 입주도 백지화되자 매립사업 전체가 좌절되었다. 그런 상황에서 1969년 정부가 국가수출자유지역으로 지정하여 1972년 준공시켰다. 제1공구는 1970년 3월 16일, 제2공구(당시 제3공구)는 1972년 12월 12일 상공부 고시로 이루어졌다. 모두 공장용지였으며 면적은 21만 6천 평이다.

매립과정에서 시방규정을 지키지 않아 수출자유지역 가동 후에

수출자유지역 1공구, 2공구 매립 후 전경

도 지반 때문에 문제가 불거지기도 했다. 그럼에도 불구하고 이 매립지는 1987년 기준 36,400명을 고용하고 연간 14억 달러까지 수출하는 수출입국의 요람이 되었고, 이로 인해 마산은 급격히 성장하고 변화했다.

29. 롯데백화점 주차장 빌딩 일대 매립, 신포동

임항 지역의 토지 확보를 위해 마산시가 매립하였다. 5천여 평의 상업용지였으며 1970년부터 1975년 사이에 매립되었다. 2024년 6월말 폐업한 롯데백화점의 주차장 빌딩이 서 있는 터와 나란한 부지들이다. 1930년대 마산매축주식회사가 시행한 매립지의 전면 위치다.

30. 포스코특수강 공장부지 매립, 성산구 신촌동

1970년부터 1975년 사이에 창원기계공업단지 조성의 일환으로 시행된 공장용지 매립이다. 매립 직후부터 20년 이상 삼미특수강에서 사용하였으나 1997년 포스코특수강으로 바뀌었다. 이 매립은 창원공단 조성 초기의 대형 사업이었으며 마산만 동쪽인 현 창원시 성산구 삼귀 지역의 대규모 매립 중 최초사업이었다.

31. 한국철강 2차 매립

1970년부터 1975년 사이에 매립되었다. 1967년 준공한 한국철강이 생산 규모가 커짐에 따라 시행된 부지 확장공사로 면적은 5천여 평이었다.

자유무역지역과 포스코특수강 매립지(1976)

32. 자유무역지역 1공구 앞 제3부두 매립

1978년에 완공되었다. 제3부두 및 현 모터스밸리를 포함한 무역로 남쪽 일단의 부지 전부다. 모터스밸리가 있는 서쪽 3천 3백여 평은 수출자유지역이 가동된 직후인 1973년 일본기업인 옛 북륙냉동식품 건물로 사용되었고 제3부두도 동쪽 부분을 먼저 매립해 사용하였다. 이 두 곳을 연결하여 지금의 제3부두로 완성된 것은 1978년이다. 총면적은 8천 4백여 평이다. 완공 당시 부두 앞 수심은 11m로 준설하여 2만 톤급 선박 2척이 동시에 접안할 수 있었다.

33. 한국철강 3차 매립, 접안시설

1980년경 시행된 한국철강의 매립이다. 공장용지였지만 선박 접안에 필요한 부지를 확보하기 위한 매립이었다. 면적은 3천여 평이며 현재는 마린애시앙부영아파트 부지 일부로 사용되고 있다.

34. SK 유류탱크부지 매립

1982년경 매립되었다. 당초의 용도는 대한석유공사 유류저장고였으나 현재는 SK유류저장고로 사용되고 있다. 면적은 4천여 평이며 대한석유공사에서 시행하였다. 대한송유관공사 경남지사가 이 매립지에 있다.

35. 두산중공업(현 두산에너빌리티) 부지 매립

매립 전 이곳은 구실해수욕장이 있던 귀현리와 귀곡리 해안이었다. 매립은 1975년부터 1983년 사이에 이루어졌다. 창원기계공단과 창원 신도시를 조성한 산업기지개발공사(현 한국수자원공사)가 시

두산중공업 전경(2020)

행하였다. 45만여 평의 대규모 매립으로 1962년 설립된 현대그룹 계열기업인 현대양행의 창원종합기계공장부지로 출발했다. 하지만 경영이 여의치 못해 1980년 공기업으로 바뀌면서 한국중공업으로 사명을 변경하였다. 2001년 3월 다시 한국중공업이 민영화되면서 두산그룹이 인수하여 두산중공업으로 사명이 변경되었다. 2022년 두산에너빌리티로 다시 사명이 변경되었다.

36. 한국철강 4차 매립

1983년부터 1986년 사이 한국철강에서 박지(泊地) 확장을 위해 시행한 매립이다. 한국철강 3차 매립지 동편 끝에 이어낸 1천여 평 규모였다.

37. 포스코특수강 앞 제4부두 매립

1973년 착공된 창원기계공업단지의 원·부자재 반입, 생산제품의 반출, 유류 등 에너지의 반입 등을 감당할 부두시설이 필요해 매립하였다. 1976년부터 2단계로 나누어 추진되었으며 1983년경 완공하였다. 컨테이너 전용부두와 자동차 전용부두로 이용되고 있다. 항만청에서 시행한 부두용지였으며 면적은 8만여 평이다.

38. 두산중공업 앞 제5부두 1차 매립

1983년부터 1986년 사이에 시행된 매립이다. 이미 부두용지로 사용할 부지가 확보되어 있었기 때문에 이때 매립한 규모는 2천여 평 정도였다. 항만청에서 시행하였으며 고철과 원목부두로 계획되었지만 창원공단에서 생산되는 대형생산품의 입출항 부두로 사용되고 있다.

39. 봉암공업단지(매립공사 당시 제2공구) 매립

1966년 임해공업단지 조성 목적으로 매립이 시작되었으나 1988년경 완공되었다. 면적은 15만 4천여 평이다. 1971년 마산수출자유지역이 개청했을 때만 해도 매립이 완공되지 않아 제척(除斥)되었다가 완공된 후 '봉암공업단지'로 민간 중소기업이 사용하였다. 동쪽 일부는 2002년 11월 21일 산업자원부의 마산자유무역지역 확대지정 고시로 마산자유지역에 포함되어 제3공구가 되었다.

1990년 마산

IV.
정체기와 도시 통합, 1991~2010

반세기나 이어진 체제경쟁에서 자본주의가 승리했다. 1990년 동서독 통일과 91년 소비에트연방 붕괴로 확인되었다. 그 결과 미국 주도의 세계화와 신자유주의가 보편적 경제 질서로 자리 잡았다.

국내에서는 87년 대통령 선거를 계기로 제도적 민주주의가 시작되었고 88년 서울 올림픽의 성공적 개최로 세계에 위상을 높였다. 또한 1991년 지방선거에서 30년 만에 기초의원과 광역의원을, 95년부터는 단체장을 선출하게 되어 지방자치 시대를 열었다.

1980년대부터 1990년대 중반까지의 경제는 대체적으로 호황이었다. 1996년 경제협력개발기구(OECD)에도 가입했다. 하지만 성수대교(1994)와 삼풍백화점(1995) 붕괴 등 대형 참극이 일어나 가려져 있던 나라의 민낯을 적나라하게 드러냈다. 이어서 1997년 IMF사태라는 최악의 상황이 들이닥쳤다. 수많은 기업이 도산하였고 중산층이 몰락했으며 양극화 문제가 심화되었다.

그런가 하면 1990년대는 디지털이라는 정보전달 방식이 인류 역사상 최초로 등장했다. 무선호출기·개인용 컴퓨터·휴대전화 등 다양한 정보 통신기기들이 대중화되기 시작하였다. 인터넷의 등장은 국민들의 삶을 완전히 바꾸어 놓았고 '사이버', '디지털'이라는 단어가 대중적으로 사용되었다. 그런 점에서 1990년대는 아날로그에서 디지털 시대로 넘어오는 과도기였다.

정치적 변화도 컸다. 1997년 12월 18일 대통령선거에서 김대중 후보가 당선됨으로써 헌정 사상 최초로 국민들의 손에 의한 평화적인 여·야 정권교체가 이루어졌다. 이어 2002년 선거에서도 노무현 후보가 당선, 민주당계 정당이 10년간 집권함으로써 일당집권의 폐해를 완전히 청산했다.

2001년경 IMF 사태를 종식하고 안정을 찾는 듯했지만 2008년 글로벌 금융위기로 회복세가 늦추어졌다. 본격적으로 시작된 신자유주의 경제체제로 인해 OECD 1위 수준의 높은 자살률, 골 깊은 세대 갈등, 출산율 저하, 빈부격차 심화 등 사회적 수렁이 점점 깊어졌다.

1. 변화 외면한 도시 정책

1970년대~80년대 도시 성장기의 배경에는 신도시 창원이라는 변수가 있었다. 신도시 건설현장의 인력 상당수가 마산에서 공급되었고 건설에 필요한 각종 자재와 시설도 마산의 업체들이 공급했다.

이미 가동을 시작한 창원공단 입주기업 직원들도 대부분 마산에서 거주하며 소비했다. 마치 창원은 마산을 위해 존재하는 듯했고 마산은 영원히 창원의 실제적인 경제 중심이 될 것처럼 보였다.

하지만 80년대 중반 이후부터는 조금씩 달라졌다. 추세변화가 심하지는 않았지만 미래를 감지할 수 있는 현상과 지표들이 조금씩 나타났다. 하지만 워낙 경제사정이 좋고 인구가 계속 늘어나던 때여서 '플러스 되는 변화'가 '마이너스 되는 변화'를 모두 덮어 버렸다. 그 결과 도시정책 결정권자들 중 누구도 이에 대한 경계와 준비가 없었고 시민들도 문제의식을 갖지 않았다. 오히려 늘어난 인구에 기대어 1989년 합포·회원출장소가 설치되고 다음해인 1990년 6월 9일 각각 합포구와 회원구로 승격되었다. 자치구가 아닌 행정구여서 대단한 변화도 아니었지만 마치 도시가 크게 변하기라도 한 것 같은 분위기였다. 합포구청은 해운동에 신축(현 마산합포도서관)하였고 회원구청은 산호동 종합운동장(2016년 철거, 현 NC야구장 자리) 내에 두었다.

1997년에 불어닥친 IMF 광풍이 마산에도 들이닥쳤다. 정부가 금융 구조조정을 단행하는 과정에서 경남종합금융을 폐쇄하였다. 경남종합금융은 1979년 마산 지역의 상공인들이 경남투자금융으로 출발시킨 지방 금융회사로 지역의 크고 작은 기업들이 금융지원을 받았다. 1988년 상장했으며 서울·창원·진주에 지점이 있었고 1994년 종합금융회사로 전환했다. 하지만 전국의 투자금융들이 종합금융사로 전환한 뒤 벌어진 영업경쟁과 한보그룹 등의 부실채권, 외환위기에 의한 해외차입금 부실상환 등의 난관에 빠졌을 때 경남

1993년 5월 1일 창동거리(김구연)

종합금융도 그 속에 있었다. 결국 1998년 2월 폐쇄처분을 받고 하나로종합금융으로 넘어갔다. 경남종합금융 폐쇄는 지역기업들의 자금을 일시에 경색시켰다.

진해 대동조선과 창원 삼미종합특수강이 97년 초에 무너졌고, 그해 말 IMF사태로 경제위기가 공식화되자 지역의 많은 기업들이 어려움에 빠졌다. 코리아타코마·진해화학·경남은행 등이 부도나거나 매각·퇴출되었다. 유원산업·한효건설·성안백화점·한백건설 등 지역기업들이 무더기로 화의신청을 했다. 상상하기 힘든 사태가 현실이 되었다. 한일합섬도 예외가 아니었다. 우성건설을 인수하는 등 무리한 사업 확장으로 어려워졌을 때 IMF사태가 겹쳐 법정관리에 들어갔고, 1997년부터 2004년까지 단계적으로 설비를 이전하며 폐쇄 수순을 밟았다. 한일합섬 부도는 지역경제에 미친 충격이 워낙 컸던 터라 시민·마산시·상공회의소·정치인·한일합섬 직원이 다 같이 범시민 조직을 만들어 경영정상화를 위해 정부에 하소연하기도 했다. 이즈음 마산의 주요 기관과 기업의 창원 이전이 두드러졌던 때라 이로 인한 인구 감소 및 상권 분산현상도 뚜렷해 마산의 도시세 위축은 눈에 띌 정도였다.

이와 달리 이때 마산자유무역지역 입주기업은 환율상승에 따른 가격 경쟁력 때문에 수출이 신장되어 상대적으로 유리했던 측면도 있었다. 시설 자동화와 제품 고도화 등으로 인해 고용인원은 점차 줄어들었지만 업체 수와 투자 및 수출액은 늘어났다. 예로써 1997년 경우 75개 업체, 고용인원 14,700명, 수출액 22억 불이던 것이 10년 후인 2007년에는 88개 업체, 고용인원 7,040명, 수출액 32억

1998년 구항 해안 전경(앞쪽이 제3부두, 정종열)

5천 불이었다. 그런가 하면 2000년대 이후 봉암공업단지와 중리공업단지에 IT기업이 입주하기 시작했고 진북지방산업단지의 순조로운 분양으로 지역경제가 IMF 경제위기의 충격으로부터 벗어나 조금씩 회복세로 돌아서기 시작했다.

1970년대와 80년대가 토지구획정리사업으로 시가지가 확산된 시기였다면 1990년대부터는 구획정리사업 대상이 아닌 기존 시가지의 주거환경 개선사업이 많았다. 표 〈1990년대 이후 주거환경 개선사업〉이 당시에 시행된 주거환경 개선사업의 내용이다. 70~80년대 시행된 토지구획정리사업이 대부분 회원구에서 시행되었던 것과 달리 주거환경 개선사업은 합포구에서도 많이 시행되었다. 이와 달리 시가지 조성사업으로 시행된 월영동 옛 국군통합병원 자리(현 월영마을아파트 단지 / 139,613㎡)의 아파트 단지 조성사업은 1995년 3월 완료되었다.

1990년대 이후 주거환경 개선사업

사업명칭	위치(사업 당시 지번)	면적(㎡)	사업완료일
추산지구	추산동 일대	43,720	1991. 4. 2.
회원지구	회원2동 648-5 일원	6,478	1995. 8. 16.
신포지구	신포1가 18 일원	24,831	1995. 8. 16.
성호지구	성호동 97번지 일원	63,365	1996. 10. 21.
대내지구	대내동 7-1 일원	8,750	1998. 2. 17.
교원지구	교원동 37-3 일원	46,326	1998. 8. 30.
상남지구	상남동 183-1 일원	27,354	2000. 7. 28.
산호지구	산호동 440-3	76,016	2000. 7. 28.
계	8개소	297,683	1991~2000

1995년 도농통합을 기조로 한 행정구역 통합이 단행됐다. 정부 수립 이후 1980년대까지의 국토발전 전략은 압축성장과 효율성이었다. 그 결과 도시는 성장했지만 농촌의 생활환경과 복지기반은 취약해졌고 인구도 줄고 고령화되었다. 지역에 따라 공동체 자체가 와해될 상황까지 예측되었다. 1995년 1월 1일 시행된 도농통합은 이런 문제를 해결하기 위한 방안이었다. 이때의 도농통합으로 창원군

의 진전면·진동면·진북면·구산면·내서면 등 다섯 개 면이 마산시에 편입되었다. 시역이 넓어졌고 인구도 늘어났다. 그러나 이 상승은 강제적 통합에 의한 것이었을 뿐 기존의 마산 하강 추세는 계속되었다. 도농통합이 있었던 해 3월 내서면은 읍으로 승격하였고 그 해 6월 27일 제1회 전국동시지방선거에서 김인규 시장이 선출되었다.

정부는 1999년을 '건축문화의 해'로 결정했다. 1999라는 숫자가 상징하는 것처럼 한 시대를 마감하고 새로운 건축으로 새로운 시대를 열자는 분위기가 건축계 일각에서 일기도 했다. 건축의 변화도 많았다. 마이카 시대가 본격화되었고 200만 호 건설이라는 공동주택 건립 광풍 이후 아파트가 보편적 주거양식으로 자리 잡기 시작했다. 아파트 판매 광고가 TV에 등장한 것도 이 시기였다. 이동방식과 주거양식의 변화는 생활 양식의 변화를 불러왔다. 거대 할인매장과 대형 쇼핑몰과 멀티플렉스(multiplex)라는 복합영화관이 등장했으며 고층 고밀 아파트와 주상복합 주거가 대도시의 표징처럼 되었다.

1990년대 한국건축계의 큰 흐름은 지방자치제가 낳은 공공건축 붐이었다. 사업의 주체가 중앙정부에서 지방정부로 이전되고, 시민사회가 도시환경에 관심을 가지기 시작하였다. 독립적인 행정권을 갖게 된 지방자치단체는 자치에 필요한 청사와 주민을 위한 시설을 대거 건립하였다. 마산도 예외가 아니었다. 시청(1991)과 시의회(2001)를 비롯해 지방자치에 필요한 많은 공공시설이 건립되었다. 1936년 일제가 건축한 청사를 헐고 1991년 마산시 청사를 다시 신

경남은행 본점(석전동, 1992)

축하였다. 현상공모에서 삼우건축 안이 채택되었다. 현 창원시 마산합포구 청사이다. 10년 뒤인 2001년 시청 동편에 시의회 청사를 신축하였다. 현재 검찰청 마산지청으로 사용되고 있다.

마산시 청사 신축과 같은 시기인 1991년 창신전문대학(현 경남테크노파크 정보산업진흥본부)이 봉암동에서 개교하였다. 창신전문대학은 2003년 양덕동 삼성병원 뒤쪽 현재의 캠퍼스로 이전하였고 2013년 4년제 창신대학교로 승격하였다. 1992년 종합운동장 남서쪽에 올림픽국민생활관을 건립하였다. 88올림픽을 기념하여 올림픽 잉여금으로 국민체육진흥공단에서 전국 15개 시도에 건립한 것 중 하나이다. 현재 마산회원구청으로 사용되고 있다. 같은 해인 1992년 5월, 1970년 설립한 이후 창동에 있던 경남은행 본점이 마산회원구 석전동으로 신축하여 이전하였다.

 조각가 문신이 타계 1년 전인 1994년 자신의 이름을 넣은 문신미술관을 자신이 어린 시절을 보낸 추산동 환주산 중턱에 개관하였다. 이 미술관은 유족에 의해 2003년 마산시에 기증되었다. 문신미술관과 인접해 나란히 자리한 마산시립박물관이 2001년 개관하였다. 시립박물관은 1930년 건설된 봉암저수지의 정수장 터인데 '마산개항 백주년 기념'사업의 일환으로 추진되었다.

 1998년 부지 면적 43,390평 규모로 구암동 산록에 착공한 국립 3·15민주묘지가 2003년 3월 준공되었다. 1960년 3월 15일 이승만 독재정권의 부정선거에 항거해 분연히 일어선 3·15의거에 희생된 영령들이 잠든 곳이다. 최초의 묘역은 1967년 조성한 구암동 애기봉 1,200평에 지나지 않았는데 이를 문민정부 출범 후 국립묘지로 추진한 것이었다.

 2005년 상남동 노비산 자락에 마산문학관이 건립되었고, 같은 해 신포동에 조각공원과 함께 마산음악관이 건립되었다. 마산문학관은 애당초 노산 이은상을 기념하여 노산문학관으로 추진되었으나 시민사회가 이은상의 독재옹호 문제를 제기하여 마산문학관으로 개명하였고, 마산음악관은 애당초 조두남음악관으로 추진하였으나 조두남의 친일 전력 때문에 마산음악관으로 개명하였다. 두 문화공간

국립3·15민주묘지(구암동, 2003)

의 명칭 문제로 지역사회가 심한 갈등을 빚기도 했다.

2008년 양덕동에 3·15아트센터가 건립되었다. 신포동에 있던 3·15기념관 철거 후 건립된 것이다. 주변 시가지와의 유기적인 연결이 되지 않는 입지조건 때문에 도시건축 전문가들의 반대 의견이 많았다. 같은 해 합성동에 50m 레인 수영장이 있는 우리누리청소년문화센터가 건립되었다.

대형쇼핑몰 붐을 탄 변화도 많았다. 1997년 신포동에 대우백화점이 준공되었다. 통조림을 생산하던 의창수산 터를 상업용 복합건물로 개발 중 자금 사정으로 사업이 중지되자 시공사였던 대우개발에서 인수하여 준공 후 대우백화점으로 운영하였다. 이후 롯데백화점으로 운영하다가 2024년 6월 말에 폐업하였다. 2000년에는 1987년 신축해 운영되던 성안백화점이 개수 공사 후 신세계백화점으로 변경 개점하였다. 2002년 신마산 창포동 롯데마트가 준공되었고, 같은 해 중앙동3가에 월마트가 들어서서 몇 년 간 운영하다가 2006년 현재의 이마트로 재개점하였다. 2004년 양덕동에 홈플러스가, 2007년에는 해운동에 성지아울렛이 신축 개점하였다.

아파트 재개발 재건축 사업도 많았다. 1990년 봉암동으로 이전한 회원동 창신중고등학교 부지에는 1994년 한일합섬 계열의 한효건설에서 인수하여 판상형 아파트 3동을 건축하였다. 1997년 말, 일제강점기 일본인 전용의 중앙운동장이었다가 해방과 전쟁으로 마산에 온 귀환동포·피난민들의 판자촌으로 사용된 중앙동 마산합포구청 남쪽 일대의 주공아파트 단지가 우방아파트 단지로 재건축되었다. 국군마산통합병원으로 사용되던 월영동 땅은 1995년 시가지 조성사업 일환으로 아파트 단지가 개발되어 동아건설·현대건설·현대산업개발 등 대형 건설업체들이 아파트를 지어 분양하였다. 아파트 법정 용적율이 400%까지 가능했던 때여서 공간의 밀도가 아주 높다. 2001년 회원동 산복도로 위쪽의 수재민 주택이 주공아파트(현 LH회원아파트)로 재개발되었다. 속칭 '나 홀로 아파트'라는 점 때문에 도시경관을 저해한다는 반대여론이 많았다.

2005년말 도시환경을 지킨 흥미로운 사건이 있었다. 1996년 준공된 자산구획정리사업 때도 용케 살아남은 '자산동 솔밭' 이야기이다. 시인 천상병이 학창 시절 시를 읊었고, 역사학자 강만길이 김래성의 소설『청춘극장』을 읽었다는 숲이다. 땔감 때문에 천지가 민둥산이 됐던 시절도 거쳤지만 경주 이씨 문중의 선대 묘가 안장된 덕분에 용케 살아남은 솔밭이다. 워낙 환경이 좋아 주거지 개발을 목

자산동 솔밭공원

적으로 건설업체가 매입했다가 부도 위기에 몰려 2005년 말 법원 경매 매물로 나왔다. 그때 마산시청 임종만 녹지계장 직무대리는 이 솔밭이 민간에게 넘어갈 경우 주거지로 개발될 것이라고 판단, 마침 시장이 해외출장 중이어서 시의회 의장을 설득했다. 임종만은 창원지방법원 경매과에 마산시장 대리인 자격으로 직접 공매에 응찰, 공시가격 44억 4천만 원이던 솔밭을 15억 6천만 원에 매입하였다. 지방정부가 사유지 공매에 참여해 공공용지를 확보한 보기 드문 사례여서 전국에 널리 회자되었다. 도시 속 자연공원 '자산동 솔밭'은 한 공무원의 소명감 덕에 살아남아 지금도 시민 곁에 있다.

이 시기에 지어진 대표적인 건축물을 정리하면 다음과 같다.

공공건축은 합포구청(해운동, 1990), 시 청사(중앙동, 1991), 종합운동장 내 올림픽국민생활관(양덕동, 1992), 마산시립박물관(추산동, 2001), 시의회 청사(중앙동, 2001), 국립3·15민주묘지(구암동, 2003), 마산문학관(상남동, 2005), 마산음악관(신포동, 2005), 마산합포노인복지관(신포동, 2007), 우리누리청소년문화센터(합성동, 2008), 3·15아트센터(양덕동, 2008) 등이다.

민간건축은 아파트와 대형 쇼핑센터가 많이 건설되었다. 아파트는 한효아파트(회원동, 1994, 옛 창신중고 자리), 월영동 아파트 단지(월영동, 1995년, 국군마산통합병원 자리), 우방아파트 단지(중앙동, 1997, 중앙주공아파트 재건축), 구암대동타운아파트(구암동, 1998, 구암주공아파트 재건축), 한일아파트 1차~4차(양덕동 일대 한일합섬 공장부지, 1994~2004), 회원주공아파트(회원동 현 LH회원아파트, 2001), 월포경동메르빌아파트(월포동, 2005, 시영아파트 재건축), 월포벽산블루밍아파트(월포동, 2007, 삼익아파트 재건축), 메트로시티 1단지(양덕동 한일합섬 공장부지, 2009), 벽산블루밍아파트 단지(교방동 회원동, 2009, 교방주공아파트 재건축), 현대아이파크(신포동, 2010) 등이며, 대형 쇼핑센터는 대우백화점(신포동, 1997, 2024년 폐업한 롯데백화점 전신), 롯데마트(창포동, 2002), 월마트(중앙동, 2002, 이마트로 2006년 재개점), 홈플러스(양덕동, 2004), 성지아울렛(해운동, 2007) 등이다. 이 외에 창신전문대학(봉암동 현 경남테크노파크 정보산업진흥본부, 1991), 경남은행 본점(석전동, 1992), 문신미술관(추산동, 1994, 조각가 문신의 사설미술관이었지만 2004년 마산시립문신미술관으로 변경) 등이 이 시기에 건축되었다.

2010년 이후에는 메트로시티 2단지, 팔용터널, 창원NC파크(야구장), 고속철도 및 마산역사 등 공공에서 시행한 대형시설 등이 끊임없이 변화하는 도심의 표정을 바꾸었던 사업이었다.

도시의 사회적 환경은 변하고 있었지만 정책 결정권자들은 변화를 외면했다. 2001년 4월 27일 선출된 황철곤 시장은 기업체와 인구를 늘이기 위해 필요한 것은 오직 땅이라는 신념을 가졌다. 그는 재임 9년간 내내 삶의 질로 무게중심이 옮겨진 시대의 변화를 읽지 못했고, 그 결과 도시는 점차 경쟁력을 잃어갔다. 시장 곁에서 도시정책을 자문하고 계획하고 집행하는 이들도 같은 생각이었다. 2000년대 초 신포동 매립지의 현대아이파크 건설문제를 두고 마산 MBC가 TV토론프로그램을 기획했다. 출연자였던 마산시청 정규섭 도시국장은 토론 상대방이 "매립으로 이 도시를 살릴 수 있는 것이 아니다. 문제는 다른 곳에 있다"고 하자 그는 "마산은 땅이 모자라는 게 가장 큰 핸디캡이다. 할 수만 있다면 마산 앞바다를 전부 매립하고 싶다"라는 말을 태연히 했다. 마산시 도시정책을 책임진 공직자의 입을 통해 황철곤 시장의 도시정책 의지를 잘 드러낸 순간이었다.

사정이 이랬으니 결과는 뻔했다. 기존 도시의 환경개선과 미래지향적인 도시정책에는 관심을 두지 않고 매립과 건설에만 집중하였다. 가포해수욕장을 매립하여 가포신항 건설, 신포동 해안을 매립하여 현대아이파크 아파트 건설, 가포신항 항로 준설토로 매립한 해양신도시에 아파트 1만 세대 건설, 수정만 매립지 STX조선 공장 유치 등 대규모 매립과 건설에만 집착한 정책이 난무했다. 도시환경이나 경관관리 등에는 관심이 거의 없었다.

당시 마산시가 추진한 이러한 사업들은 어느 것 하나 도시의 성장과 발전에 제대로 기여하지 않았다. 많은 시민들과 전문가들의 반대에도 불구하고 건설한 가포신항은 애당초 계획했던 컨테이너 부두가 아닌 일반부두가 되었다. 심지어 2003년 12월 23일 마산시청 회의실에서 개최된 가포신항 토론회에서 마산시는 가포신항과 서항 개발의 생산유발 효과와 부가가치 유발 효과가 무려 5조 원이라는 자료를 내놓으면서 개발을 강행하였다. 이때 마산시가 내놓은 가포신항 예측 물동량은 2022년 기준으로 2%밖에 달성되지 못했다. 애당초 계약에 따라 당연히 사업자는 파산해야 했지만 정부는 '재구조화'라는 이름으로 민간사업자에게 엄청난 금액을 보전해 주고 있다. 2046년까지다.

신포동 현대아이파크 부지는 애당초 아파트 전문건설사인 현대산업개발이 부두를 조성한다고 허가 받아 매립한 땅이었다. 내심은 아파트 건설이 목적이었지만 공유수면 매립을 허가 받기 위해 부두용이라는 허울을 씌웠을 뿐이다. 매립된 토지의 용도는 준공업지역이어서 아파트 건축이 불가능했지만 업체와 마산시는 일부 시의원들과 담합해 아파트 건축이 가능하도록 조례를 개정했다. 결과적으로 사기 매립이 되었다. 미국의 도시계획가 제임스 라우스가 가장 금기시했던 수변공간의 아파트 건축이 어이없는 매립을 통해 도시 맨 앞자리에 버젓이 서게 되었다.

해양신도시 매립은 더 황당한 사업이었다. 억지로 밀어붙인 가포신항에 대형선박을 유치하기 위해서는 선박 진출입 항로의 수심이 더 필요했다. 그 항로 준설공사에서 생기는 준설토를 인근 어업권역에 투기하면 어업권 보상 문제가 발생했고 공해로 나가 투기하면 고비용이 문제였다. 결국 간단히 마산의 내만에 준설토를 투기하기로 했다. 해양신도시는 이 준설토 투기장이다. 이곳에는 1만 세대의 아파트와 그에 따른 상업시설을 계획하였다. 당시 마산에는 재개발 재건축을 추진 중인 곳이 48개 지구에 3만 7천 가구였고 상업시설도 인구가 최고점이었을 때 그대로였으니 포화상태였다. 도시 상황이 이랬음에도 마산시가 어이없이 대규모의 아파트와 상업시설을 추가로 계획한 것이었다. 시민사회의 반대가 이어졌고, 이에 시민들과 언론과 지역 정치인이 공감하여 여론이 확산되었다. 결국 마산·창원·진해 통합 이후에야 규모를 조금 줄이고 용도도 바꾼다고 정리되었지만 이 매립은 당시 잘못된 도시행정의 사생아였다.

수정만 매립지의 STX조선 공장건립 문제도 도시정책의 빈곤에서 발생한 측면이 컸다. 수정마을(마산합포구 구산면 수정리) 앞에 주거용지로 매립된 3만여 평에 조선공장을 유치한다는 결정을 내렸다. 그 과정에서 마산시는 주민 동의를 받기 위해 여론을 조작하는 등의 행위를 저질렀고 반대하는 주민들을 고립시켰다. 거기다가 이곳에 이전될 조선공장의 공정이 환경문제가 많은 블록제작과 도장공정이라는 사실이 알려지면서 문제가 확대되었다. 인접한 트라피스트수도원의 수녀들과 시민사회가 반대 주민과 합세했고 마산시와 지역 상공인이 찬성 주민과 합세하면서 갈등이 점점 커졌다. 급기야 지역의 상공인들이 버스를 여러 대 세내어 매립 현장으로 몰려가 조선공장 건립찬성 시위까지 벌이는 볼썽사나운 사태까지 벌어지기도 했다.

결국 가포신항, 신포동 현대아이파크, 해양신도시, 수정만 매립지

문제 등 대규모 도시개발 프로젝트는 최초의 의도와 전혀 다른 결과로 나타났다. 가포신항은 컨테이너 전용부두, 신포동 현대아이파크 아파트는 잡화부두, 해양신도시는 아파트 1만 세대 단지, 수정만 매립지는 주거용지였지만 실제 시행된 결과는 크게 달라져 있다. 장기 전망과 공론을 통한 합리적인 계획 없이 그때그때 필요하면 결정하고 결정하면 밀어붙이는 기형적 도시행정 때문이었다.

한일합섬의 마지막 처리도 크게 보면 비슷한 경로를 걸었다. 특히 한일합섬 채권단이 토지의 지가를 높이기 위해 무리하게 추진한 주거용지로의 용도변경을 승인한 것은 매우 문제 많은 판단이었다. 30년 이상 이어온 거대한 산업용지가 통째로 아파트 부지로 변했다. 토지 용도변경 과정에서 재선이었던 김인규 마산시장이 뇌물죄로 구속돼 시장직을 상실하였다.

1967년에 가동되기 시작한 한일합섬은 70~80년대 고속성장으로 세계 최대의 화학섬유 기업으로 성장하였다. 회사가 성장하는 과정에서 공장 주변, 즉 양덕동 일대에 공장과 관련한 크고 작은 시설들을 이곳저곳에 지었다. 주택분양 사업의 호황기가 시작된 70년대 후반부터 한일합섬은 이런 소규모 시설들이 있던 부지에 연립주택이나 아파트를 지어 분양했다. 세계적인 거대 섬유기업이 할 일이 아니었다. 규모가 작은 땅들이라 한 채 혹은 두어 채 정도였고 저층이었다. 당시에 지은 주택들은 지금도 양덕동 곳곳에 남아 있다. 지은 건물마다 '한일'이나 '한효'라는 이름을 붙였다. '한일'은 회사명이고 '한효(翰曉)'는 한일합섬을 창업한 김한수 회장이 설립한 학교법인의 이름이다. '세계 최대'라는 접두어를 가진 이 거대 화학섬유

1995년경 한일합섬 인근 (원료탱크 자리가 3·15아트센터와 한일 3차 아파트, 김구연)

기업이 이런 일로 시작해 90년대 본격적으로 건설업에 진출, 양덕동 일대 한일합섬 소유 부지에 아파트를 건설했다. 자신을 있게 한 섬유산업에 퇴조의 징후가 보였지만 미래를 위한 진지한 모색은 없었던 것 같다. 오히려 집장사의 단맛에 빠져 본격적으로 공장 규모를 줄이며 아파트를 짓기 시작했다. 건설 규모도 크게 늘려 그때까지의 것과는 비교도 안 되는 대규모 아파트 단지를 조성했다. 1994년부터 2004년까지 10여 년간 4차에 걸쳐 기업 소유의 부지에 단지형 아파트를 건설했다. 제품창고 헐어서 '1차', 기숙사 헐어서 '2차', 원료탱크 헐어서 '3차', 공장 한쪽 헐어서 드디어 '4차'까지. 아파트 단지의 차수가 늘어날수록 '한일합섬'은 왜소해졌고, 차수가 늘어날수록 사원들의 숫자도 줄어들었다. 비례해서 마산경제도 점점 쇠락해 갔다. IMF 금융위기 때 도산하지 않았다면 이보다 뒤에 준공한 메트로시티 1차는 '한일 5차', 메트로시티 2차는 '한일 6차'가 되었을 터이다.

옛 한일합섬 공장 터 절반인 메트로시티 1차 단지는 2009년, 나

메트로시티(옛 한일합섬 자리)

머지 절반인 메트로시티 2차 단지는 2015년 완공되었다.

2. 떠난 이와 남은 이

　1960년대 중후반부터 시작된 마산의 도시 변화는 그야말로 격변이었다. 개항기와 강점기에도 많은 변화와 부침이 있었지만 이때의 도시 변화와는 비교할 수 없었다. 특히 1960년대 이후 한국의 산업이 공업 위주로 변하기 시작했을 때 마산이 그 변화의 중심에 있었다. 마치 단기간에 경제성장을 이룬 한국사회의 압축판인 듯 짧은 기간에 도시의 성격과 규모와 형태가 완전히 달라졌다. 직접적인 이유는 경제성장으로 인한 산업시설 증가와 그로 인한 인구 증가였다. 사람이 모이자 건물과 새 도로가 뚫렸고 시가지가 점점 확산되었다. 1970년대와 80년대 불과 20여 년 만에 벌어진 일이었다.

1990년 6월 9일 조사인구 50만 명이 넘어서자 조례를 제정해 회원구와 합포구 두 개의 행정구청을 설치하는 등 20여 년 지속된 성장세가 유지되는 듯했다. 하지만 이미 문제는 시작되고 있었다. 느끼지 못했을 뿐이었고 느낀 이는 애써 외면했을 뿐이었다. 인구 증가세가 둔화되기 시작한 것은 1980년대 중반부터였고 1990년을 기점으로 정체기가 시작되었다. 경제상황이 나빠진 것도 아니었고 새로운 건축물도 들어서고 있었지만 1970~80년대와 같은 도시의 성장세는 1990년을 전후해 서서히 달라지기 시작했다.

　마산의 미래 변화를 가장 직접적으로 예고한 것은 1980년 4월 1일의 창원시 출범이었다. 하지만 시(市)라고 출범은 했지만 도시 기반시설도 많이 모자랐고 교육 문화시설도 빈약했다. 시내 곳곳이 빈터여서 도시는커녕 황량한 들판 같았다. 새로운 기법으로 설계한 신도시였다지만 당장 눈에 보이는 것은 없었다. 그랬던 만큼 지가도 낮고 상권도 약했다. 1983년경 단독주택지 1필지 가격이 6백만 원 전후로 비슷한 조건을 가진 마산의 1/4 정도밖에 되지 않았다.

　그러나 시간이 흐를수록 창원은 성장하였고 그 영향이 마산에 미쳤다. 80년대 후반에는 그로 인한 변화가 커졌고 직접적이었다. 그럼에도 마산시의 정책적 대응은 미온적이었다. 성장세가 끝나고 정체기가 시작되었음에도 불구하고 마산시는 다가올 변화를 심각하게 받아들이지 않았다. 정확한 현실분석은 물론 장기발전을 위한 긴 안목이 없었고 주어진 현실에 안주했다. 시설 고도화가 필요했던 수출자유지역에도 대책을 세우지 않았고 빠져나가는 인구와 기업에 대해서도 큰 문제의식을 갖지 않았다.

신생 창원시가 본격적으로 변하기 시작한 것은 창원시 출범 3년 후인 1983년 7월 1일 부산에 있던 경상남도 도청의 이전이었다. 도청이 이전하자 당연히 그에 따른 많은 기관과 조직들, 그리고 관련 업체들이 함께 이전하였다. 교육청을 비롯한 행정기관들은 부산에서 도청과 함께 왔기 때문에 마산에서는 변화를 체감할 수 없었지만 한전 등 마산에 있던 도 단위 기관들의 이전이 시작되자 분위기가 달라졌다. 하루가 다르게 눈앞의 것들이 떠났다. 개인의 거주지 이전도 잦아졌다. 엎친 데 덮친 격으로 시설확장이 필요한 마산의 제조업체 중 낮은 지가를 찾아 다른 시군으로 이전하는 사례도 많았다. 대표적인 몇 사례만 들어본다.

1983년 마산대학이 떠났다. 1969년 가포동에서 마산교육대학으로 개교하여 교명을 변경(1979)한 마산대학은 창원으로 이전한 후 다시 교명을 창원대학교로 변경(1985)하였다. 마산대학의 캠퍼스는 1985년부터 경남체육고등학교로 사용되다가 1996년 3월부터 가포고등학교 교정으로 변했다. 농협·축협·한전 등의 도 단위 공공기관은 물론, 1946년 창간 때부터 줄곧 마산에 기반을 두었던 경남신문도 1982년 이전하였다. 1942년 마산 상남동 72-2번지 노비산 자락에서 조선방송협회 마산간이방송소로 시작하여 완월동으로 이전(1960)한 KBS마산방송국은 1987년 이전하여 KBS창원방송총국이 되었다.

1988년에는 마산에서 가장 오래된 기업이라고 자랑했던 몽고장유가 창원 팔용동에 대규모 공장을 신축 가동하여 사실상 이전하였다. 1929년 오동동에서 시작된 오동동성결교회도 같은 해에 사파동으로 이전하여 이름마저 창원성결교회로 변경하였다. 1991년 산호동 47-4번지에 회관을 신축(1970)해 자리 잡고 있던 경남여성회관(현 경남여성능력개발센터)이 이전했다. 오동동 옛 마산형무소 자리(현 민영 주차장)의 한국은행 마산지점은 1993년 말 창원지점으로 이름을 바꾸면서 이전하였다. 현재의 한국은행 경남본부이다. 김수환 추기경이 마산교구 주교(1966~68)였을 때 마산시민을 위해 각별히 요청하여 1969년 건립된 마산파티마병원이 2002년 이전하여 창원파티마병원이 되었다.

도금공장(1987)과 산소공장(1988)을 이미 창원에 건립해 두었던 한국철강은 자복포 매립으로 손쉽게 소유했던 공장부지를 아파트 용지로 매각하고 2003년 이전하였다. 1967년 자복포의 일본중포병대대 연병장에서 가동하기 시작한 한국철강은 수십 년 간 수 차례의 매립으로 부지를 확장한 후 결국 부영주택에 공장 터를 전부 매각하였다. 마산시는 공장부지를 주거용지로 전환시켜 한국철강에게 토

창원 이전 후 비어 있는 한국철강 터

지매도 수익을 높여준 결과를 낳았다. 한국철강이 떠난 후 철강제조 과정에서 남긴 토양오염 문제가 사회적 이슈로 되었다가 토양정화 후 2019년 현 마린애시앙부영아파트를 건설하였다.

이런 변화에 따라 주거지 이동도 시작되었다. 창원공단에 입주한 기업과 각 기관의 직원들이 거주지를 옮기기 시작했다. 부산에 있던 도 단위 기관에서 이주해 온 이도 적지 않았지만 마산에서 이주하는 이가 더 많았다. 1980년대 중반 이후부터 조금씩 이주 현상이 나타나기 시작했지만 워낙 도시 기반시설이 부족했던 터라 1980년대 후반까지만 해도 창원에서 마산과 학군을 함께하기를 원했을 정도였다. 하지만 상황이 역전, 1993년을 전후해 마침내 창원의 인구가 마산을 추월하였다.

마산에서 창원으로 떠난 이들 중에는 타지에서 창원으로 직장을 구해 왔지만 창원에 거주하기가 마땅치 않아 마산에 거주하던 이들이 가장 많았다. 사업이나 직장 때문에 고향을 떠나 마산에서 살게 된 이들도 많이 떠났다. 윗대부터 마산에 살지는 않았더라도 마산에서 태어났거나 부모 세대가 마산으로 이주해 와 어린 시절부터 마산에서 성장한 속칭 '토박이' 중에도 창원으로 옮겨간 이가 있었지만 많지는 않았다. 이주 이유는 대부분 직장 때문이었지만 주거환경을 이유로 거주지를 옮기는 경우도 많았다. 이처럼 떠나는 이들은 뚜렷한 이유가 있었지만 남은 이들은 달랐다. 오랫동안 때문혀 살던 곳이라 떠나지 않은 이가 대부분이었다. 새로운 곳보다는 살던 곳에 살고 싶었던 것이 남은 이들의 마음이었다.

3. 이름을 잃다

1980년대부터 마산·창원 혹은 마산·창원·진해의 통합에 대한 말들이 간간이 있었고 통합을 주제로 토론회가 열리기도 했다. 하지만 도시통합에 대해 공식적인 입장을 표명한 것은 마산상공회의소가 최초였다. 2001년 2월 마산상공회의소(당시 회장 김상실)는 동일 생활권인 마산·창원·진해 3개시의 통합건의안을 정부와 관계요로에 제출하였다. 각 지자체에 투입되는 중복투자와 광역화되어가는 도시의 세계적 추세를 통합 이유로 들었다. 이에 대한 시민여론이 나쁘지는 않았지만 그리 큰 관심을 끌지는 못했다. 당시 정부 일각에서 기초자치단체를 축소하는 방안이 검토되고 있던 터였지만 이후 진전된 논의는 없었다.

2년 후인 2003년 7월 10일 김두관 행정자치부 장관이 한 포럼의 강연에서 행정구역 개편을 언급하며 그 예로써 마산·창원·진해의 통합가능성을 거론하였다. 그는 "지금의 행정구역 체제(시·도-시·구·군-읍·면·동)는 달라질 수 있을 것"이라며 "마산·창원·진해 3개 도시의 경우 행정구역개편위원회가 통합의견을 내면 지방의회 결의 및 주민투표를 통해 결정될 것"이라고 했다. 이 발언을 접한 세 도시의 시민은 김두관 장관의 견해에 그다지 부정적이지 않았다. 오히려 언젠가는 그렇게 되어야 할 것이라는 여론이 많았다. 하지만 경상남도는 반대 입장이었다. 경남도는 주민의 세금부담 증가, 행정서비스 저하, 3개 시의 특성과 잠재력 활용 불가능, 지역 균형개발의 어려움, 정부 부담 증가 등 5가지 이유를 들었다. 그러자 도시통합에 긍정적이었던 일부 시민은 도가 권한축소 때문에 몽니를 부리는 것이라면서 광역단체인 도를 폐지해야 지방자치가 산다는 주장까지 했다.

이런 과정을 거치면서 넓어진 통합논의는 2003년 여름과 가을을 달구었다. 통합에 찬성하는 이들은 '도시통합은 시대적 요청' '마창진은 역사적으로 같은 뿌리'라며 통합의 당위성을 주장한 반면, 통합을 반대하는 이들은 '통합논의 시기상조' '통합논의는 경남의 공중분해' 등을 주장하며 갈등했다. 2003년 8월에는 경상남도의회가 통합반대 결의안까지 채택하기도 했다. 그런 와중이던 9월경 창원시가 '특정시' 지정을 추진한다는 소문이 나면서 마창진 통합논의는 수면 밑으로 가라앉았다.

통합논의가 다시 수면 위로 부상한 것은 2006년 지방선거를 앞둔 때였다. 불은 마산회원구 안홍준 국회의원이 붙였다. 2005년 10월 안홍준 의원은 마산에 살고 있는 250명의 전문가 집단을 대상으로 여론조사를 했다면서 마산·창원·진해 지역 통합에 64%가 찬성했으며, 그중 과반이 통합 후 마산이 거주지 기능을 해야 한다는 의견을 냈다고 공개했다. 이어서 2006년 4월 마산시가 추경예산에 마창진 통합을 위한 연구 용역비로 2억 원을 배정한 것을 시의회 기획행정위원회가 전면 삭감하는 등 갈등을 빚기도 했다. 시민사회와 학자들 사이에서도 의견이 난무했고 선거를 앞둔 세 시의 시장 후보들도 자신의 정치적 이해를 계산하며 제각각 다른 방식으로 접근했다. 대체로 마산시장 후보들은 통합에 긍정적이었고 창원과 진해시장 후보들은 부정적이거나 모호한 입장이었다.

지방선거 후 통합논의가 조금 수그러들었다가 2008년 황철곤 마산시장에 의해 다시 불이 붙었다. 황 시장은 2008년 7월 14일 기자간담회에서 "마창진 통합은 30년 전부터 제기돼 왔지만 해당 지자체 간의 이해관계로 실현되지 못했다"면서 "최근 안홍준 국회의원을 중심으로 마산과 창원의 통합이 다시 논의되고 있다. 이른 시일 내 박완수 창원시장과 의논해 마산과 창원의 통합을 추진하겠다"고 했다. 이에 대해 바로 다음날 김태호 경남도지사가 "마창진 통합은 발전적으로 논의해 볼 가치가 충분히 있다"고 말함으로써 본격적인 통합논의가 다시 시작되었다. 같은 달 마산시의회 시정 답변에서 황 시장은 "마창진을 비롯한 인근 함안군과 행정협의체를 구성하고 마창진 지역의 행정기관 및 도시 간 통합 당위성에 대한 종합적인 연구를 위해 경남도와 함께 학술용역을 진행하겠다"고 함으로써 통합논의를 공식화시켰다. 이런 마산시장의 입장과 달리 창원시장은 유보 혹은 약한 지지, 진해시장과 함안군수는 반대 입장을 표명했다.

통합에 가장 적극적인 입장이었던 마산은 시의회가 2008년 11월 21일 본회의에서 "마산·창원·진해시·함안군 통합에 관한 대정부 건의안"을 통과시켜 대통령을 비롯해 국회와 정당 대표들에게 보냈다. 그런가 하면 다음해인 2009년 3월 10일에는 마산상공회의소에서 민간 중심의 행정구역통합추진 마산시준비위원회가 논란 속에 창립총회를 하면서 출범하였다.

행정구역 통합에 대한 논의와 추진이 이렇게까지 확산되었던 것은 이미 정부의 입장이 정해졌기 때문이었다. 하지만 마산에는 다른 이유도 있었다. 통합으로 새로운 지자체가 탄생하게 되면 2010년

지방선거에서는 달라진 지자체의 시장을 선출해야 했다. 이 변화는 공직선거법상 3선제한 규정 때문에 2010년 출마가 불가능했던 황철곤 마산시장이 다시 출마 기회를 잡는 것이었다. 마산시의 급하고 강력했던 통합의지에는 이처럼 황 시장의 개인적 이해관계가 작용한 것으로 추정된다.

행정구역 통합에 대해 정부가 가장 확고한 의지를 드러낸 것은 이명박 대통령의 2009년 8·15 경축사였다. 대통령이 직접 "…100년 전에 마련된 낡은 행정구역이 지역주의를 심화시키고 효율적인 지역발전을 가로막는 벽이 되고 있습니다… 행정구역 개편은 제가 이미 여러 번 그 필요성을 강조한 바 있고, 민주당과 자유선진당도 제안한 바 있습니다… 정부는 자발적으로 통합하는 지역부터 획기적으로 지원해서 행정구역 개편을 촉진하고자 합니다…"라고 선언하였다. 통합 가능성을 가진 도시들이 들썩거리지 않을 수 없었다. "자발적으로 통합하는 지역부터 획기적으로 지원한다"는 대통령의 말이 통합추진론자들에 의해 연일 인용되며 여론몰이를 했다. 지방선거를 열 달 앞둔 시점이었다. 당연히 이즈음부터 박완수 창원시장도 통합지지로 선회하였고, 이재복 진해시장도 주민들이 찬성한다면 통합을 반대하지 않겠다고 돌아섰다.

거듭된 진통 끝에 2009년 9월 10일 마산시와 창원시가 마산·창원·진해 행정구역 통합을 9월 말까지 정부에 신청하기로 전격 합의했다. 하지만 진해시는 1순위로 창원시와, 2순위로 마산·창원 두 도시와 통합을 추진하기로 했다.

이런 구체적인 움직임이 있을 때에도 '주민 빠진 하향식 통합'

이라는 여론이 높았다. 이에 민간 중심으로 구성된 '마산 21포럼'이 2009년 9월 16일 대규모 시민토론회를 개최하였고 이 자리에서 각계의 의견이 쏟아졌다. 통합을 찬성하는 경남대 최낙범 교수는 마창진과 함안의 지역별 행정, 재정, 산업경제 현황을 설명한 뒤 마·창·진·함의 통합 필요성과 기대효과를 피력하면서 "우려되는 점도 없지 않지만 중앙정부 지원과 읍면동 주민자치 기능강화 등을 통해 극복할 수 있다"고 주장했다. 마창진 참여자치시민연대 조유묵 사무처장은 "인센티브를 내걸고 성급하게 추진하는 정부의 로드맵은 지자체를 축소하고 중앙집권체제를 확대시키는 의도가 있다"며 "통합론자들의 주장은 일방적 장점만 홍보돼 통합효율성 축소, 민주성 저해 등의 문제점을 시민에게 제대로 알리지 않고 있다"고 지적했다.

3선제한에 걸린 황철곤 마산시장의 통합의지는 확고했고 저돌적이었다. 이미 3선 시장이었던 터라 거칠 것이 없었다. 그런 시장의 심기를 읽은 공직자들도 과도하게 통합을 홍보 추진하였다. 심지어 마산시는 '묻지도 말고 따지지도 말고…통합하면 다 잘산다?'는 내용의 문건을 제작하여 읍면동으로 내려보냈고 그것을 시민들에게 회람시켰다. 이에 반해 마산·창원·진해지역 42개 시민사회단체는 "지역 분열을 조장하고 주민이 배제된 상태에서 정치적 판단을 근거로 반강제적으로 진행하는 행정통합 논의를 중단하라"고 요구했다.

9월 21일 진해시가 개최한 통합 관련 공청회는 진해시민과 시민단체 반발로 무산되는 사태까지 벌어졌다. 여론조사도 많았고, 조사지역과 조사대상자에 따라 찬성과 반대가 극명하게 엇갈려 나왔다.

그야말로 백가쟁명이었다. 심지어 '행정구역 통합추진 마산시준비위원회'는 시민들을 향해 마·창·진·함, 마·창·진, 마·함 어떠한 모델이라도 찬성해 달라는 '무조건 통합'을 당부하는 등 비합리적인 주장까지 했다.

지역은 혼란스러운 분위기였지만 정부의 행정구역 통합정책은 꾸준히 추진되었다. 이윽고 2009년 11월 초 마·창·진 시민을 대상으로 통합 여론조사를 시행하였고, 그에 따라 11월 10일 전국의 통합대상 18개 지역 중 6개 지역을 지방의회 의견청취 대상지역으로 선정했다. 여기에 마·창·진 통합이 포함되었다. 여론조사 결과는 마·창·진 통합에서 창원 57.3%, 마산 87.7%, 진해 58.7%가 찬성했고 마·함 통합은 마산 51%, 함안 72.3%가 찬성했다. 정부는 마·창·진을 제외한 다른 통합안은 찬성률이 크게 높지 않아 의견청취 대상에서 배제하고 마·창·진 통합안에 대해서만 의회 의견을 듣기로 했다. 이에 대해 시민사회에서는 도시통합은 주민투표로 결정해야 한다면서 통합논의 초기에 주민투표를 약속했던 집권 여당에게 약속을 지키라는 요구와 함께 이에 대응하기 위한 대책위원회를 구성하기도 했다. 지역의 각 정당 입장도 달랐다. 당시 여당이던 한나라당은 통합을 적극 지지한 반면 민주당과 민주노동당은 반대하였다.

결국 통합 여부는 시의회가 결정하였다. 대의정치제도에서 의회 결정이 주민투표와 동일하다는 것이 명분이었다. 하지만 특정정당이 시의회를 지배했기 때문에 사실상 시의원 공천권자 의도대로 결정되는 것이었다. 가장 먼저 결정된 곳은 마산시의회였다. 2009년

12월 7일 오전에 열린 제166회 2차 정례회 본회의에 상정된 '마창진 행정구역 통합안에 대한 의견제시의 건'은 찬성 18명, 반대 1명, 기권 2명으로 가결되었다. 주민투표의 당위성을 주장한 의원도 있었지만 대다수 한나라당 의원이 원안찬성 의견을 내 결국 주민투표 없이 행정구역 통합이 결정되었다. 가결 직후 황철곤 시장은 즉시 시청 프레스센터를 찾아 '용기 있는 선택'이라며 시의회를 치켜세웠다.

같은 날 진해시의회도 통합안을 찬성했다. 무기명이었던 마산시의회와 달리 기립표결로 의결하였는데 찬성 8명, 반대 5명으로 찬성안이 가결됐다. 가결 직후 진해시의회 1층 로비에서 정당과 시민사회단체 소속 100여 명이 긴급 기자회견을 얼어 "주민청원운동 등 법적 대응을 할 것"이라며 진해시의회의 결정을 성토하기도 했지만 결과가 바뀌지는 않았다.

마산과 진해시의회의 도시통합 결정을 두고 경남도민일보에서는 '진해서는 난상토론 … 마산서는 일사천리'라는 제목의 보도를 했다.

통합을 주민투표로 결정하라는 시민들(오마이뉴스)

실제 진해는 난상토론으로 회의가 4시간 20분 소요된 반면 마산시의회는 침묵으로 절차만 거쳐 1시간 만에 회의가 끝났다.

창원시의회도 12월 11일 통합안을 찬성 통과시켰다. 찬성 15, 반대 4표였다. 민주노동당 중심의 반대의견과 주민투표 주장이 있었지만 한나라당 의원 전원이 찬성표를 던지며 상황을 종결시켰다. 두 달 전인 9월 창원시장과 창원시의회가 마창진 통합을 주민투표로 결정하겠다고 했던 시민과의 약속은 끝내 지켜지지 않았다.

이로써 오랫동안 각자의 입장에서 주장하고 논의하고 추진해 온 행정구역통합은 행정안전부가 최종적으로 제시한 '창원, 마산, 진해시 통합'으로 결정되었다. 12월 22일 경남도의회 기획행정위가 통합 안을 부결시키기도 했지만 다음날인 23일 이달곤 행정안전부 장관이 '통합을 하느냐 안 하느냐는 국회에서 법으로 정하는 사항'이라고 밝히며 논란을 종결시켰다. 24일에는 이태일 경남도의회 의장이 직권으로 상정, 통합안을 가결시켜 정부에 통고하였다.

도시의 미래를 결정 짓는 이 중대한 의사결정에 도시의 주인인 시민은 철저히 배제되었다. 대통령과 중앙당의 눈치를 보는 국회의원, 그 국회의원에 의해 공천 여부가 결정되는 시의원들이 의결하였다. 시민 전체 의사가 반영되었다고 보기는 어려웠다. 특정정당이 압도적으로 지배하는 지방의회의 정치적 폐해가 적나라하게 드러난 결정이었다.

마창진 통합이 사실화하면서 통합준비위원회 구성 등 구체적인 움직임이 시작되었다. 행정안전부는 통합시 설치법안을 입법예고하여 통합시의 명칭과 청사 위치 등의 쟁점을 다룰 통합준비위원회를 설치하도록 했다. 2010년 1월 14일 출범한 통합준비위원회는 기초의회 각 3명, 해당 자치단체장, 경남도지사, 행안부 장관이 지명하는 각 1명 등 총 14명으로 구성되었다. 의결권은 의원 9명에게만 주어졌다. 이때부터는 통합 후의 무지개 같은 말들이 쏟아져 여론을 휩쓸었고, 황철곤 마산시장과 박완수 창원시장은 통합된 새 도시의 자당 후보가 되기 위해 분주했다.

2010년 2월은 통합시의 명칭과 시청의 위치 때문에 의견이 분분했고 갈등도 많았다. 결국 세 도시에서 각 1천 명씩을 대상으로 한 시민여론조사가 시행되었다. 여론조사를 앞두고 마산은 시내 곳곳에 '명칭은 마산시! 청사는 마산종합운동장으로!'라는 현수막을 내붙여 마산이 창원·진해와 통합하려는 속내를 적나라하게 드러냈다. 여론조사 결과는 2월 12일 발표하였다. 시의 명칭은 창원시-경남시-마산시-동남시-진해시 순이었고 시청의 위치는 창원 39사단 터-마산종합운동장 터-진해 옛 육군대학 터 순이었다. 경제적, 사회

신세계백화점 앞 육교에 부착된 현수막(2010. 2.)

적, 물리적 조건에 의한 당연한 결과였다. 애당초 여론조사 자체가 우매한 짓이었지만 어쨌든 이로써 대세는 결정되었다. 마산시의원 일부가 통합추진위원회에 참여한 의원들을 향해 '통합 추진은 마산시가 했는데 명칭과 청사 소재지 등 얻은 것이 없다'고 분개하며 질타하기도 했고, 마산시의회가 '형평성을 잃은 채 결정된 흡수통합은 원천무효'라며 위원회를 규탄하는 입장문까지 냈지만 아무 실효도 없었다. 이미 모든 것이 끝난 뒤였다. 곧이어 지방선거가 닥치자 시장 후보들도 시도의원 후보들도 도시의 미래보다는 자신의 미래를 더 걱정했다.

5월 6일, 통합준비위원회는 통합 창원시 아래의 5개 구청 명칭과 소재지를 밝혔다. 마산은 스스로 독립된 이름을 잃고 자치권조차 없는 마산회원구와 마산합포구라는 두 구(區)의 명칭 속에 더부살이 하듯 붙어 있을 뿐이다. 세 도시의 각종 사회단체와 예술단체들이 합쳤다는 소식이 신문을 장식했고 '시민의 날' 등 각 시 고유의 행사들도 '마지막'이라는 타이틀을 붙이며 제 소명을 다하고 역사 속으로 사라져갔다.

지방자치제도의 실행은 사회 진보의 결과다. 하지만 선거를 통해 대의자에게 모든 권한을 넘기고 다수 시민은 방관자가 되는 현실은 도시 변화에 순기능보다 역기능이 많을 수 있다. 이로 인한 폐해가 이 도시에도 적지 않았다.

2010년 6월 30일, 근현대기 격렬했던 세월을 거치며 이 나라의 경제발전과 민주화의 상징이었던 마산은 그 이름을 잃고 역사 저편으로 사라졌다. 정부 등 외부조건이 있었다고 하지만 마산의 도시통

창원시 마산합포구청이 된 마산시청

합 이유는 자명하다. 스스로 도시를 성장시키지 못했던 무능한 의사결정권자들이 인접 도시를 이용해 자신의 권력을 계속 이어가고 옛 번성도 다시 누리려 했던 어리석음 때문이었다. 현실을 몰랐고 미래는 더더욱 몰랐던 이들이었다. 하지만 그들도 시민이 선택한 공직자였으니 결국 마산시민이 스스로 선택한 결정이었다.

4. 시가지 변화

1980년대 말까지 도시의 북쪽 방면에서 전개된 산호·양덕·회원·석전·합포·봉덕·합성·회성·교방·구암·자산 등 여러 곳의 토지구획정리사업이 완료되어 시가지가 크게 확장되었다. 주요 간선도로가 신설되거나 폭이 넓어졌고 세부 가로망도 새롭게 개설되는 등 증가한 인구만큼 도시 변화도 많았다.

1992년 무학로가 개통한 후 서쪽의 산복도로인 무학로와 동쪽의 해안도로인 해안대로가 도시 내부교통은 물론 외지 간의 통과도로로 사용되고 있다. 이 두 도로는 도시의 중앙을 남북 방향으로 가로지르는 3·15대로와 함께 마산 시가지를 남북으로 관통하는 주요 간선도로이다.

2000년 이후 창동·남성동·동성동·중성동·서성동·부림동 등 마산의 오래된 구 도심 지역의 공동화 현상이 현격히 나타나기 시작했다. 동마산 개발, 매립지, 내서 지역개발 등 새로운 시가지 형성과 소비패턴·주거양식·이동수단 등의 변화가 주요 원인이었다. 2000년대 들어 정부가 도시재생 정책을 적극 폈지만 실효성은 확인되지 않고 있다.

세 도시 통합 후인 2010년 12월 15일 KTX가 개통하였다.

1) 시가지 확산

급속히 진행된 동마산 지역의 시가지 확산은 1990년 전후 거의 완료되어 인구증가 및 산업시설 등으로 인한 시가지 확산은 더 이상 크게 일어나지 않았다. 다만 구항·서항, 가포신항, 마산자유무역지역 내 도로 확장, 해양신도시 등 해안으로의 시가지 확산이 유독 많았던 시기였다.

1970~80년대가 동마산을 탄생시킨 시기였다면 1990년대 이후에는 신마산 쪽의 변화가 많았던 시기였다. 1985년부터 1992년 사이에 시행된 서항 매립으로 시가지가 대폭 넓어져 상업용과 주거용 건물들이 대거 건설되었고, 월영동 국군마산통합병원 부지를 대단

위 아파트 단지로 조성, 주거공간을 확대하였다. 그런가 하면 1995년 도농통합으로 창원군 관할이었던 4개 면(진전·진동·진북·구산)이 마산시 관할로 되면서 넓은 의미에서 신마산권으로 볼 수 있는 지역이 넓게 형성되었다. 이처럼 행정구역이 확대되고 거주인구가 늘어난 변화가 경남대학교 중심의 상권과 결합되면서 신마산 도시권이 크게 형성되었다.

1992년 산복도로인 무학로가 완전히 개통되자 자연스럽게 무학로까지 시가지가 확대되었다. 부분적으로 산복도로 위쪽도 개발된 곳이 있긴 하지만 전체적으로 보면 이 산복도로가 마산 시가지의 서편 무학산 쪽의 경계이다. 비슷한 시기에 해안인 동쪽으로 구항과 서항 매립지에도 시가지가 조성됨으로써 일제강점기부터 시작된 도시개발과 시가지 확산의 뚜렷한 추세였던 서쪽의 무학산 산지개발과 동쪽의 마산만 매립이 거의 완료되었다.

1990년대 중반에 이르러 평면적 도시 확산은 거의 최고점에 도달하였다. 남쪽의 삼진(진동·진전·진북) 지역과 서쪽의 내서 지역이 도농통합(1995)으로 편입되기 전의 단일 시가지에서 인구 50만 명을 넘겼으니 밀도도 매우 높았다. 새롭게 개발된 토지에 건축물이 들어서기 시작하여 도시공간의 밀도가 높아졌고 기존 시가지 중 공업화 이전 시기에 무계획적으로 확산된 지역의 도시환경 개선사업이 여러 곳에서 시행되었다.

2) 도로의 신설과 확장

1992년경 자산구획정리사업이 완성되고 사업지구 내 도로인 자산삼거리로가 개통되어 기존의 자산동 지역과 산복도로인 무학로를 연결시켰다.

1979년 착공된 산복도로(무학로)는 교방·회원 구획정리사업으로 시작되어 80년대 후반에는 완월동까지 개통되었지만 완월동부터 밤밭고개(남쪽 말단부) 구간과 북쪽 석전동 시작점 일대가 토지보상 문제로 중단되었다가 정부 지원으로 1992년 12월 전 구간이 완전 개통되었다. 산복도로는 시내교통로 기능도 하지만 통과차량이 많이 사용하고 있어서 시내교통량을 줄여주는데 일조하였다. 회원동·완월동·월영동에 부분적으로 산복도로 위쪽 고지대에도 개발된 곳이 있지만 전체적으로 보면 이 산복도로(무학로)가 마산 시가지의 서쪽 경계이다.

1991년 5월 옛 북마산파출소에서 서원곡 입구(산복도로 무학로)로 연결되는 옛길을 폭 20m로 확장하기 시작했다. 교방동 일대 주민들이 도심과 어시장 쪽으로 오르내리던 길이다. 도로변 건물과 토지보상 때문에 지체되어 1996년 7월에 개통되었다. 옛길의 폭을 넓혔기 때문에 도로의 선이 구부렁해 졌겠다.

1990년대 후반 일영아파트 단지 개발과 함께 3·15대로에서 곧장 가포 방향으로 연결되는 월영남로가 개통되었다.

2003년 성지여고 앞을 지나 산복도로인 무학로와 연결되는 완월남로가 개통되었다.

2003년 11월 로터리형의 육호광장이 교통량이 증가하여 평면교차로로 변경되었다.

2004년 육호광장에서 용마고와 합포초등학교로 연결되는 허당

로가 확장 개통되었다. 마산 출신 독립운동가 허당 명도석 선생의 호를 도로명으로 사용하였다. 같은 해 육호광장에서 경남실고 정문을 지나 회산다리 쪽으로 올라오는 상남시장로도 개통되었다.

 2006년 마산만을 끼고 자유무역지역의 남부 해안가를 관통하는 무역로가 1994년 착공 후 12년 만에 준공되었다. 개설 초기에 당시 한진중공업 마산공장(옛 코리아 타코마) 통과 문제 때문에 개통이 늦었다. 이 도로 개통으로 구마산·신마산 일대와 창원·진해의 연결이 용이해졌고, 출퇴근 때 만성적으로 정체되었던 봉암로의 교통량이 분산되었다.

 2008년 7월 1일 마창대교가 개통되어 창원·진해 지역과 신마산의 연결이 용이해졌고 외지 간 연결차량의 시내 통과가 현격히 줄었다.

마창대교 전경

해안 매립의 역사 · 8

1990년 이후 마산의 도시 변화는 크지 않았다. 새로운 산업용지와 택지가 개발되고 새로운 건축도 지어졌지만 시가지 확산은 정체되었고, 무엇보다 중요한 인구가 서서히 하강곡선을 그리기 시작했다. 한일합섬의 도산과 각종 산업체와 기관의 창원 이전 등의 폐해가 가시적으로 나타났다. 창조적으로 도시경쟁력을 키워야 하는 시점이었다. 하지만 마산시의 도시정책은 변함없이 토지확보에만 집중하고 있었다. 땅이 있으면 기업이 온다는 생각에만 빠져 있었을 뿐, 있는 땅을 어떻게 활용할 것인지에 대해서는 생각이 없었다. 따라서 도시의 동력이 떨어지고 있었던 이 시기에도 매립은 계속되었다. 이 책의 시간적 범위는 마산·창원·진해 세 도시 통합까지이지만 매립 부분만은 그 이후까지 포함하였다.

40. 구항 매립, 오동동에서 서성동까지의 전 해안

1985년부터 시행된 도심의 대규모 매립공사였다. 행정적인 준공은 1993년이었지만 실제로 도로가 개통되고 건축이 가능했던 것은 1980년대 말부터였다. 전통시대부터 존재했던 마산포항이 있었던 곳이라 '구항 매립'이라고 명명했다. 오동동에서 남성동과 서성동에 이르는 도심 지역에 접한 약1.5km 해안이 이 매립으로 전부 육지로 변했고, 오랫동안 애주가들에게 사랑 받았던 '홍콩바'도 이때 사라졌다.

매립지의 중앙에 40m 폭의 해안도로를 개설하여 창원 및 동마

구항 매립지 전경(1990년대)

산 쪽과 신마산을 직선으로 연결시켰다. 총 면적은 9만여 평이며 이 매립으로 1910년대 일본인 하자마의 매립으로 건설된 마산항 연안부두(현 마산시 농협 남성동지점 자리)는 육지 한복판으로 변했다.

이 매립은 많은 시사점을 남겼다. 시행주체는 마산시였으나 민간사업자인 동산토건(현 두산건설)을 사업주관사로 선정했기 때문에 규모와 방식에서 문제가 많았다. 해안도로를 개설하고 상업용지를 확보한다는 명분을 내세웠지만 결과적으로 민간기업의 수익창출용 매립이 되고 말았다. 도로를 뺀 모든 토지를 상업용지로 지정하여 민간에 분양하였다. 공원·주차장 등 공공용지는 어디에도 없었다. 도시 내 상업용지가 부족하지도 않았는데 지가를 높게 받기 위해 모두 상업용지로 개발했다. 해안을 접했지만 수변공간을 전혀 고려하지 않았다.

매립공사도 문제가 많았다. 매립 후 지은 건물이 소위 '기우뚱 건물'이 되어 철거하는 사태까지 생겼다. 결국 1980년대의 구항 매립은 건설사를 내세워 철저하게 땅장사만을 한 최악의 매립이었으며 이 매립에서 생산된 과도한 상업지역은 균형 잡힌 도시성장을 저해하였다.

41. 서항 매립

1985년부터 1992년경까지 시행되었으며 매립면적 115,576평으로 도시 지역 중 가장 대규모여서 신마산 일대의 지도를 크게 바꾸어 놓았다. 한국철강을 출입했던 선박용 부두 때문에 일부 공사가 지연되어 남단부는 2000년경 준공되기도 했다. 토지의 용도는 상업, 주거, 부두 등 복합적이었다. 해운중 및 방송통신대학 학습관 등 교육시설 외에 상업시설들과 아파트 단지가 들어서 일명 '댓거리' 도시권이 형성되었다.

서항 매립지(1993. 7.)

마산시가 시행했으며 민간투자자는 구항 매립과 같이 동산토건(현 두산건설)을 선정해 공사를 맡겼다. 매립지 대부분은 민간에 분양되었으며 구항 매립지로부터 오는 해안대로가 이 매립으로 경남대학교와 가포 방향으로 이어져 완성되었다. 오랫동안 신마산 지역 주민들이 드나들던 해안가의 횟집을 비롯한 소형점포들과 해안을 감고 돌던 까치나루(鵲津嶝)가 이 매립으로 모두 사라졌다.

이익추구가 목적이었던 건설사는 매립지의 토지를 판상형 아파트 건축에 적합하도록 설계하였고 그대로 이행되었다. 해안가에 늘어선 고층판상형 아파트는 도시경관은 물론 생태학적 도시환경까지 악화시켰다.

42. 포스코특수강 앞 확장

마산만 건너편 포스코특수강 앞 해안 7만 5천여 평을 매립하였다. 1990~95년 사이 상업용지를 필요로 한 민간기업에서 시행했으며 현재 STX중공업과 동림산업의 공장부지로 사용되고 있다.

43. 현대아이파크 및 종합공공청사 일대 매립, 신포동

1999년부터 2003년 사이에 시행되었다. 45,600평 규모이며 현대산업개발이 부두용지를 목적으로 매립하였다. 부두용지였던 만큼 토지의 용도는 준공업지역이었다. 하지만 부두 완공 후 부두의 사업성이 없다는 이유로 아파트 건설을 추진했다. 이에 마산시와 시의회는 준공업지역에 아파트 건축이 가능하도록 원포인트 조례개정을 감행했다. 결과를 미루어 보아 부두매립으로 계획된 애당초 매립의도에 합리적인 의구심을 가질 수밖에 없는 사업이었다. 그럼 점을 들어 시민사회가 아파트 건립 반대에 나섰지만 행정과 자본의 힘을 막아내지는 못했다. 결국 2010년 초 이 매립지에 현대아이파크 21층~36층 아파트가 준공되었다.

44. 제4, 5부두 및 두산중공업 전용부두 매립

2000년부터 2005년 사이에 시행되었다. 제4부두 한 곳을 증설하고 제5부두는 양쪽을 증설했으며 두산중공업 전용부두도 증설하였다. 네 곳의 매립 총면적은 6천여 평이었다. 제4, 5부두는 항만청이, 두산중공업 전용부두는 두산중공업에서 시행하였다. 이 매립으로 제4부두와 제5부두가 완성된 형태를 가지게 되었다.

45. 두산중공업 전용부두 증설

2005년부터 2008년 사이에 매립하였다. 두산중공업 전용부두의 증설이었다. 이 매립으로 두산중공업 전용부두와 제5부두의 호안이 일직선으로 연결되었다. 매립면적은 1천여 평이다.

46. 가포신항 매립

유명한 가포해수욕장이 있던 자리다. 가포해수욕장은 1954년 개장해 1976년까지 해수욕장으로 사용되다가 1980년부터는 해상유원지로 사용된 마산시민들의 휴식·놀이공간이었다. 매립은 2005년부터 2012년 사이에 시행되었다. 총 25만여 평의 규모인데 절반 정도로 나누어 해안 쪽은 부두용지로 안쪽은 공장용지로 사용되고

매립공사 완공 직후의 가포신항(경남일보)

있다. 이 매립의 목적은 컨테이너부두 건설이었지만 시공 중 벌크부두로 변경되었다. 해양수산부의 승인을 받아 현대산업개발이 시행하였다. 승인과정에서 근거자료가 되었던 물동량 예측이 과도하게 추정되었음이 뒤늦게 밝혀져 물의를 일으켰다.

47. 마산자유무역지역 내 주차장 확보를 위한 도로 확장

삼호천 하구의 마산자유무역지역 내 도로인 자유무역1길과 자유무역2길 700여 미터를 확장한 매립이었다. 자유무역지역의 부족한 주차장 용지로 쓸 목적으로 2014년부터 2015년 사이에 매립하였다. 면적은 4,850평이었으며 산업자원부에서 시행하였다. 조간대(潮間帶) 생태계에 피해를 줄 수도 있다는 환경단체의 지적이 있었다.

48. 오동동·남성동 해안 방재언덕

2012년부터 2020년경까지 시행하였다. 용도는 방재언덕이었고 일부는 공공용지로 사용된다. 면적 17,400평에 해안 1.13㎞를 접했으며 해운항만청에서 시행하였다.

2003년 마산을 덮친 태풍 '매미' 때 해일로 인한 재난을 방지하기 위해 시행한 매립이었지만 해일 차단에는 근본적인 한계를 가진 매립이었다. 매립지 일부에는 높이 3m의 언덕이 있어서 도시와 바다를 차단할 뿐 아니라 도시경관에도 문제가 많다는 지적을 받기도 했다.

49. 해양신도시

2011년에 시작하여 최근까지 시행된 매립이다. 가포신항의 항로 준설과정에서 생긴 준설토 투기장으로 시작된 매립이어서 시민들의 반대가 많았다. 애당초 계획은 34만 평에 아파트 1만 세대를 건설하는 구상이었다. 하지만 시민들의 반대와 통합 창원시 출범 등으로

마산 해양신도시(경남일보)

이 계획은 대거 변경되었다. 사업을 백지화하기에는 이미 늦었기 때문에 규모를 줄이기로 하고 결정은 통합 창원시의 해양신도시조정위원회가 맡았다. 위원회에는 시민단체, 사업자, 창원시 3자가 참여하였다. 시민단체 측과 사업자 측 위원들의 논쟁 끝에 결국 34만 평 매립지는 19만 4천여 평으로 축소되었다. 그 후 창원시는 해양신도시의 토지용도를 아파트 건설을 최소로 하는 복합용도로 바꾸었다. 옛 마산시가 출자한 SPC(특수목적법인)가 시행자이지만 가포신항 사업자인 현대산업개발이 시행자로 참여하였고 매립공사도 맡았다.

대규모 매립이라 개발 내용에 대한 논란이 많았다. 해양신도시-하버파크 아일랜드-스마트 아일랜드-비즈니스 코어시티 등 명칭을 바꾸어 가면서 개발 방향도 바꾸었지만 성사된 것은 없었다. 몇 차례의 사업자 공모를 했지만 성사되지 못한 채 지금에 왔다. 이 글을 쓰는 현재까지는 면적을 크게 삼등분하여 하나는 민간개발, 하나는 공공용지, 나머지 하나는 문화시설 및 디지털산업용지로 결정되어 있다. 하지만 이 결정이 최종적일지는 확실치 않다. 이 매립 이후 마산만 매립에 대한 부정적 여론이 많아 통합 창원시는 더 이상 마산만의 매립은 없다고 밝혔다.

지금까지 해방 이전 24회, 해방 이후 25회, 총 49회에 이르는 마산만의 매립을 간략히 정리하였다. 매립 면적은 해방 이전 32만 9천여 평, 해방 이후 191만 4천여 평, 합 224만 3천여 평으로 마산만 내만의 절반 가량이 매립으로 사라졌다.

매립이 있었다 해도 공업화 이전에는 마산만의 수질까지 오염되지는 않았다. 마산만 수질은 공업화된 1970년대부터 급속히 오염되었다. 그 결과 1975년 가포해수욕장이 폐쇄되고 4년 뒤인 1979년 어패류 채취가 금지되었다. 1982년에는 적조특별관리 해역으로 지정된데 이어 2000년에는 특별관리해역으로 지정되었다. 그 결과 2007년부터 연안오염 총량관리제를 도입하였다. 이런 과정들은 마산만을 그대로 두면 바다로의 기능을 더 이상 할 수 없다는 인식에서 결정된 정책이었지만 그 와중에서도 매립은 계속되었다. 땅을 얻기 위해 바다를 포기한 것이었다. 오염된 준설토를 투기해 가포신항을 만들고, 그 가포신항의 원활한 가동을 위해 또다시 준설토를 파내고, 이 준설토를 처리하기 위해 다시 해양신도시를 매립하는 악순환이 펼쳐졌다.

마산만 매립의 시기와 규모, 매립의 주체는 그때그때 달랐지만 변하지 않은 것은 오직 한 가지 경제적 이익, 즉 돈이 목적이었다. 도시환경도, 공공의 이익도, 시민의 삶도, 미래의 꿈도 아랑곳없이 마산만을 메운 것은 돈을 향한 자본과 권력의 탐욕이었다.

전체 매립공사를 표로서 정리 요약한 것이 표 〈해방 이전 마산만 매립〉과 〈해방 이후 마산만 매립〉이며, 그림 〈각 시기별로 시행된 마산만 매립공사〉는 이를 도면으로 나타낸 것이다.

| 해방 이전 마산만 매립 |

시기	NO	착공	준공	시행자	시공자	규모(평)	위치	용도	비고
개항기 (4회)	1	1904	1905	일본 육군	건설공작대	36,000	월포동 삼익아파트	마산역 부지	면적 추정
	2	1905 전후		조계지조성		5,600	월남동 1·2·5가 일부	조계지 도로	면적 추정
	3	1909 전후		일본 육군	일본 육군	24,500	월영동 한국철강, 경대 앞	육군중포병대대	면적 추정
	4	1910 전후		일본인, 한국인		2,400	오동동 프라자 일번가 건물 뒷편	전, 답 (토지대장)	면적 추정
강점1시기 (2회)	5	1911	1914	迫間房太郎		11,640	남성동 옛 해안	상업용지	
	6	합방 직후		일본인		90,000	봉암동, 자유무역지역 일부	농지	면적 추정
강점2시기 (3회)	7		1927	마산부		252	남성동 어시장 너른마당옆	상업용지, 도로	동굴강
	8	1926	1928	目加田平三郎, 國宗雄一	荒井初太郎	10,500	월남동1·2가, 창포동1가 유원산업에서 마산버스까지	대지	
	9		1929	山田信助		2,117	오동동 교방천 하구 남측	대지	
강점3시기 (15회)	10		1931	菊田岩市		800	창포동3가	조선공장부지	
	11		1932	菊田岩市, 天野都揥		3,213	창포동2가	택지 조성	
	12		1933	池田源次, 永森久幹		3,300	월남동5가와 창포동3가	주조, 정미 공장부지	
	13		1935	마산부		1,043	남성동 건어물 시장일대	어시장 부지	
	14	1929	1935	마산매축(주)		65,088	신포동 대우백화점, 삼익아파트	대지	자산동 취토

시기	NO	착공	준공	시행자	시공자	규모(평)	위치	용도	비고
	15		1935	마산부		4,550		제2부두	
	16		1938	菊田岩市		594	창포동3가	조선소 부지	
	17	1936	1939	조선총독부	三宅組	3,460		제1부두	
	18	1936	1939	조선총독부	三宅組	25,475		중앙부두	
	19		1940	橋本六三郎		437	창포동3가	주택지	
	20		1942	마산조면공장		4,585	창포동3가	공장부지	
	21		1942	마산수산(주)		812	월남동5가	대지	
	22	1940	1942	竹本熊次	竹本組	11,860	오동동, 기산아파트 일대	공업 용지	
	23		1944	中村繁夫		12,254	해운동 남부 버스터미날 일대	대지	
	24	준공전 해방		조선총독부		8,600		제1부두	2차 공사
소계		총 24회				329,080			추정 면적

일본인명색인

迫間房太郎	박간방태랑	하자마 후사타로
目加田平三郎	목가전평삼랑	메가타 헤이사부로
國宗雄一	국종웅일	쿠니무네 유이치
荒井初人郎	황징소태랑	아라이 하츠타로
山田信助	산전신조	야마다 노부스케
菊田岩市	국전암시	기쿠타 이와이치
天野都搥	천야도추	아마노 미츠지
池田源次	지전원차	이케다 겐지
永森久幹	영삼구간	나가모리 히사미
三宅組	삼택조	미야케구미
橋本六三郎	교본육삼랑	하시모토 로쿠사부로
竹本熊次	죽본웅차	다케모토 유지
竹本組	죽본조	다케모토구미
中村繁夫	중촌번부	나카무라 시게오

해방 이후 마산만 매립

시기	NO	착공	준공	시행자	시공자	규모(평)	위치	용도	비고
1961 - 1970 (3회)	25	1956	1967	마산시		16,000	월영동 마린애시앙 일부	공업용지	면적 추정
	26	1960년대 후반		마산시		30,000	오동교 인근에서 신세계백화점 앞까지	해안도로, 대지	면적 추정
	27	1960년대 후반		개인	개인	500	창포동 3가 1-1 일대	상업용지	면적 추정
1971 - 1990 (13회)	28	1966	1972	마산시	삼양산업	216,000	마산자유무역지역 1, 2공구(당시 3공구)	공업용지	
	29	1970	1975	마산시		5,000	신포동 롯데백화점 주차장빌딩 일대	상업용지	
	30	1970	1975	산업기지개발공사		140,000	창원 성산구 현 포스코특수강 부지	공업용지	창원공단 조성 일환
	31	1970	1975	한국철강		5,000	월영동 마린애시앙 일부	공업용지	
	32		1978	항만청		8,400	자유무역지역 앞 제3부두 일대	공업용지 및 부두	
	33	1980년경		한국철강		3,000	월영동 마린애시앙 일부	공업용지	접안 시설
	34	1984년경		대한석유공사		4,000	현 SK 유류탱크 부지	유류저장고	
	35	1975	1983	산업기지개발공사		450,000	창원 성산구 두산중공업 (두산에너빌리티)	공업용지	
	36	1983	1986	한국철강		1,000	월영동 마린애시앙 일부	공업용지	부두 확장
	37	1976	1983	산업기지개발공사		80,000	포스코특수강 앞 제4부두	부두	
	38	1983	1986	항만청		2,000	두산중공업 앞 제5부두	부두	
	39	1966	1988	마산시		154,000	봉암공업단지, 동쪽 일부는 제3공구	공업용지	매립 당시 제2공구

시기	NO	착공	준공	시행자	시공자	규모(평)	위치	용도	비고
1991 ~ 현재 (9회)	40	1985	1993	마산시	동산토건, 현 두산건설	90,000	구항 매립, 오동동 부터 서성동까지 전 해안	상업용지, 해안도로	
	41	1985	1992	마산시	동산토건, 현 두산건설	115,600	서항 매립, 신마산 일대 해안	상업용지	
	42	1990	1995	삼미특수강		75,000	STX중공업 및 동림산업	공업용지	
	43	1999	2003	현대산업개발	현대산업개발	45,600	현대아이파크 및 종합공공청사	준공업용지	부두용지로 승인
	44	2000	2005	두산중공업	두산중공업	6,000	두산중공업 전용부두	공업용지	
	45	2005	2008	두산중공업	두산중공업	1,000	두산중공업 부두 증설	공업용지	
	46	2005	2012	현대산업개발	현대산업개발	250,000	가포신항	부두, 공업	가포해수욕장
	47	2014	2015	자유무역지역 관리청		4,800	자유무역지역 내 주차장	도로	
	48	2012	2020	해운항만청		17,400	방재언덕, 오동동 남성동 해안	방재시설	해안 1.13km
	49	2011	2024	마산시 (창원특례시)	현대산업개발	194,000	해양신도시	상업, 주거, 공공용지	
소계		25회				1,914,300			추정면적
총계		49회				2,243,380			추정면적

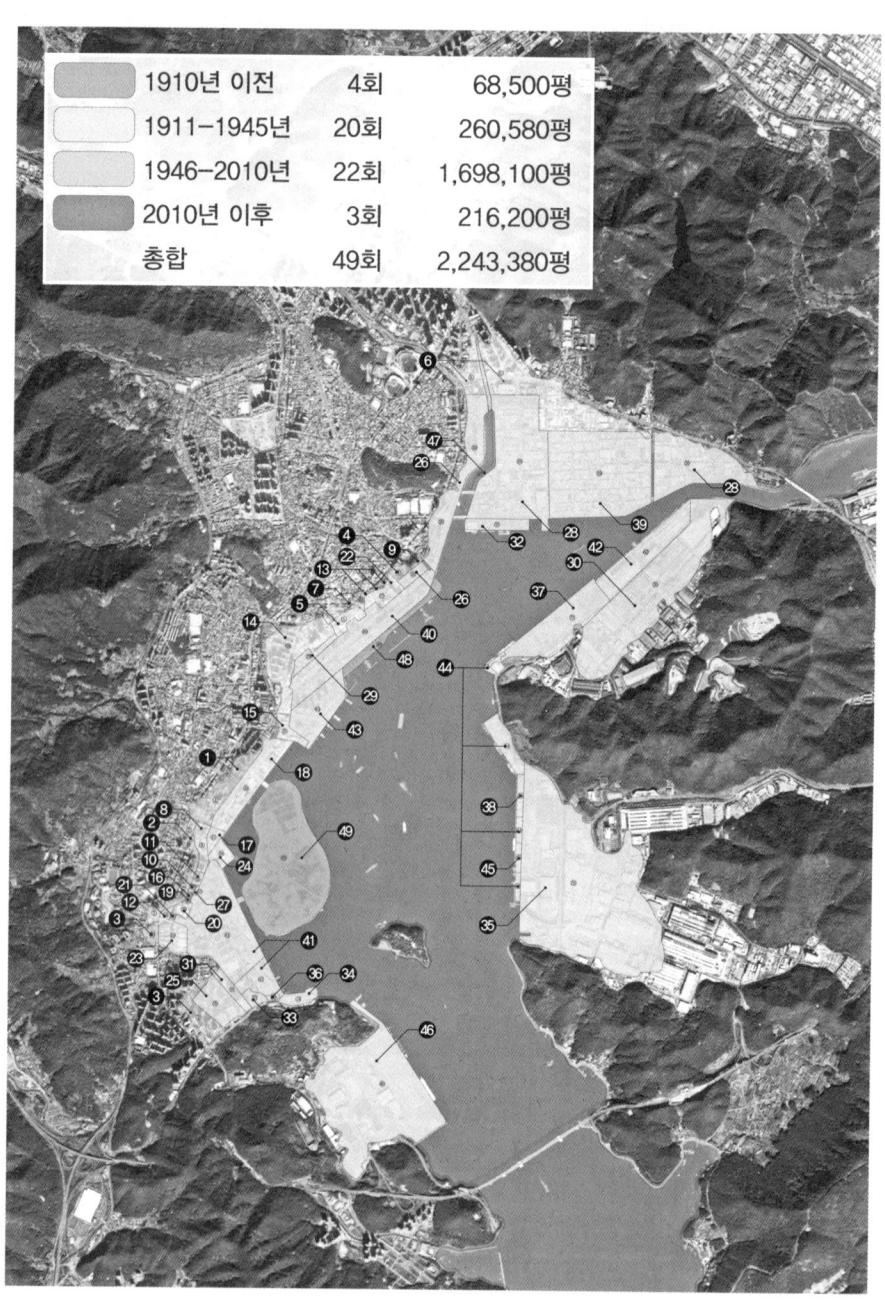

각 시기별로 시행된 마산만 매립공사

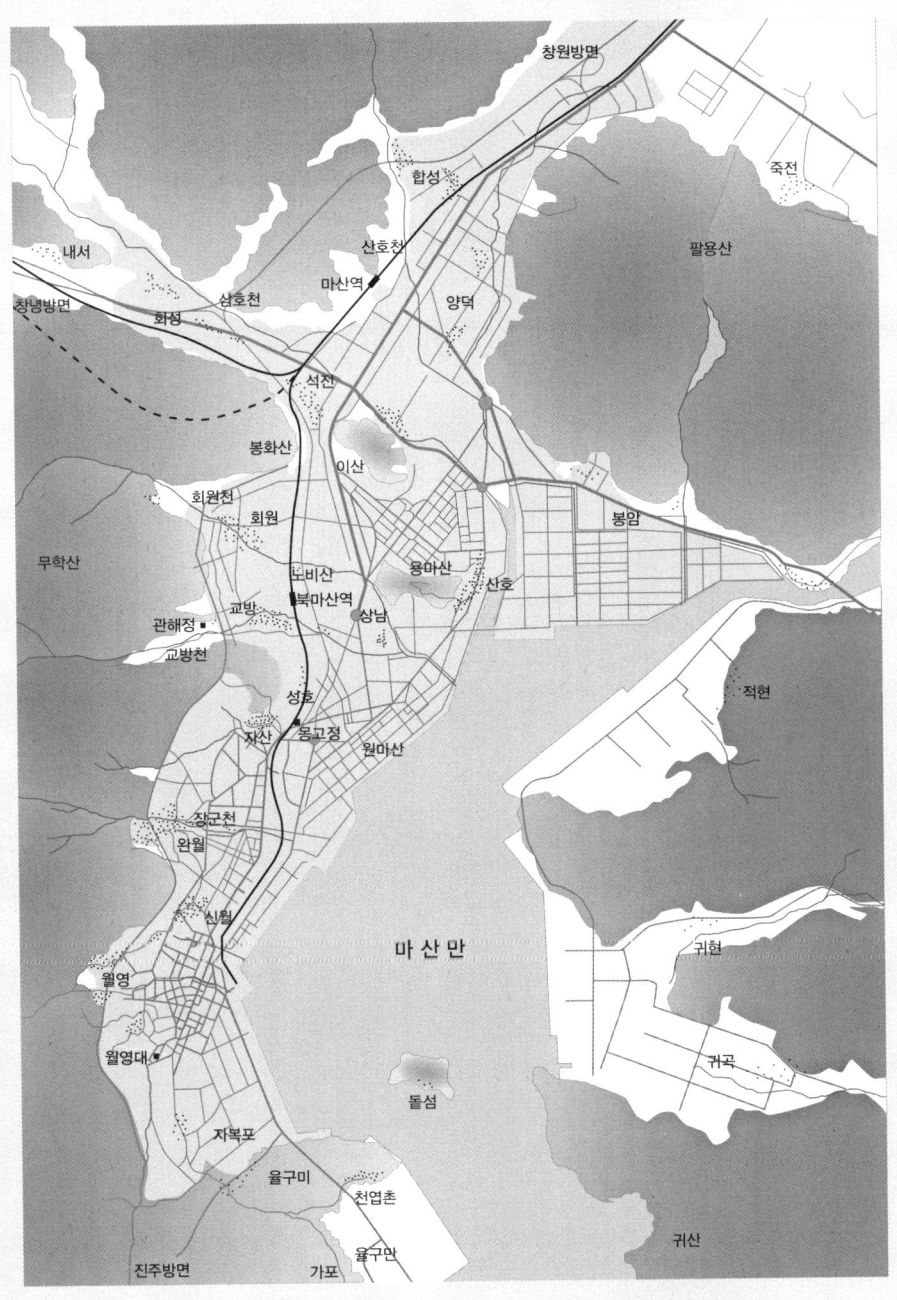

2010년 마산

4부

변화의 양상과 요인

2010년 7월 1일 마산은 창원·진해와 합쳐 창원시(2022년 특례시로 지정)가 되었다. 전통시대의 긴 세월을 앞에다 두고, 개항으로 근대적 변화가 시작된 지 111년, 단독 시(당시는 부, 1914년)로 된지 96년만이었다.

마산이 도시로서의 모습을 갖기 시작한 맹아는 1760년 마산창 설치였다. 그 이전에도 마산 지역 곳곳에 취락이 존재했지만 도시로 발전할 만한 상황은 아니었다. 마산창 설치 후부터 경제활동이 시작되었으며 외부와의 교류도 일어났다. 마산의 도시화는 이 변화의 결과였으며, 그것이 근대 이전의 시기였다는 점에서 전통 도시라고 볼 수 있다.

근대도시로서의 면모를 갖추기 시작한 기점은 개항 이후였다. 개항장(당시 창원군 외서면 월영리 및 신월리)은 전통 도시 마산포와 일정한 거리가 있었지만 마산포는 개항장인 신마산의 직접적인 영향을 받아 근대적 변화가 시작되었다.

해방 후 귀환동포와 전쟁 후 피난민들이 모여들며 인구가 급증했다. 1960년대 한일합섬과 수출자유지역 등 거대 산업시설이 자리 잡아 공업도시로 전환되었고, 70년대 이후에는 창원기계공단과 신도시의 산파역을 맡아 경제발전에 기여했다. 정치적으로는 이승만과 박정희 두 독재정권을 무너뜨린 도시였다. 흔히 오늘의 한국을 두고 '경제발전과 민주주의'를 동시에 이룬 유일한 나라라고 한다. 그 중심에 마산이 있었다. 그런 만큼 영욕의 순간과 기회와 위기의 순간이 유난히 많았던 도시이기도 하다.

도시성장은 크게 두 가지 측면으로 나눈다. 도시내부에서 발생하는 토지이용강도의 분포변화와 인구증가 및 경제활동에 대응한 토지확장이 그것이다. 이 책에서의 시가지 확산은 후자의 변화를 말한다. 시가지는 일정 규모 이상의 인구가 밀집한 토지이거나 도시적 토지이용이 연담해 있는 상태를 말한다. 시가지 확산 혹은 시가지화는 이 두 정의에 해당하지 않는 인접 토지가 두 정의의 영역에 포함되는 과정을 말한다.

마산은 동시대의 타 도시에 비해 철도교통(1905)이 일찍 발달했으며 이로 인해 도시화의 속도도 빨랐다. 특히 원마산 지역이 철도교통의 영향을 많이 받았다.

마산역에 이어 1910년 개설된 구마산역은 원마산의 인구와 유통을 급속히 증가시키면서 진영·밀양 등 경남 북동부 지역과의 교류를 촉진하였다. 1920년대 중반 철도 경남선 개설 때 설치된 북마산역은 함안·군북·진주 등 서부경남 지역과의 교류를 넓히면서 새로운 역세권을 형성하였다. 이와 같이 구마산역과 북마산역은 원마산 북쪽 지역의 부도심 기능을 함으로써 원마산 시기지를 크게 확산시켰다. 그 결과 1930년대 이후에는 두 역의 주변인 북쪽의 교방동·회원동·상남동에까지 시가지가 확산되었다.

신마산과 중앙마산 지역의 변화 양상은 이와 달랐다. 1899년부터 조성되기 시작한 각국 공동조계지는 철도 마산선의 건설과 함께 마산역이 위치한 북쪽 방향으로 시가지가 뻗어 나오기 시작했다. 개항 당시 정해 놓은 조계지를 벗어났다. 하지만 1910년대 들어서는 진해 신도시 건설 등의 외부조건 때문에 신마산은 더 이상 변화를 보이지 않았다.

회사령이 폐지된 1920년경부터 다시 시가지가 북쪽 원마산 방향으로 확산되기 시작했다. 조계지의 서쪽 경사지는 물론 서남쪽도 시가지화되었다. 그런가 하면 상업적 이윤을 노린 해안 매립이 성행하여 시가지가 급격히 확장되었다.

1930년대 들어 중앙마산 지역이 시가지화됨에 따라 둘로 나누어져 있던 원마산과 신마산이 하나로 연결되었다. 그때까지 두 도시로 나누어졌던 까닭은 중앙마산 지역이 철도용지였던 이유도 있었지만, 두 도시의 접점인 현 몽고정 일대가 병목 형태였던 자연적 요인 때문이기도 했다. 더구나 이곳 병목 지점에 두 개의 철도와 한 개의 도로까지 지나고 있었다. 이 두 문제(철도용지, 병목 형태)를 철도용지 해제와 대규모 매립이라는 방식으로 1920년대 중반에 검토·착수된 후 10년 세월을 거쳐 1935년경 해결하였다. 이 변화는 단지 원마산과 신마산의 시가지 연결이라는 지형적 측면뿐만 아니라 한국인과 일본인의 공간적 경계 완화 및 도시의 지형변화라고 하는 사실상 강점기 마산 도시의 최대 변화였다.

이런 변화 과정을 거쳐 강점 후기 마산은 원마산과 신마산이 연결된 대상형(帶狀型) 도시가 되었다. 시가지 외곽경계를 보면, 동쪽으로는 매립으로 조성된 직선호안의 해안까지였고 서쪽은 산지까지 맞닿아 현재의 고운로와 북성로 주변까지 시가지가 이어졌다. 남쪽은 육군중포병대대 입구(현재의 경남대 정문 일대)까지, 북쪽으로는 회원천 주변까지 확산되었다. 다시 말해서 회원천을 경계로 이남 지역의 가용지는 대부분 시가지화되고, 북쪽으로 현재의 석전동·양덕동·합성동은 자연취락을 낀 농업용지가 대부분이었다. 1945년 기준으로 시가지의 규모는 $4.37km^2$였는데 이는 근대기 이전 원마산의 $0.19km^2$에 비해 무려 23배에 달하는 면적이었다.

해방 후의 시가지 확산 양상은 이와 달랐다. 해방 후 도시 변화는 급증한 인구에서 비롯되었다. 해방 직후 귀환동포로 1차 인구유입이 있었고, 전쟁 피난민으로 2차 인구유입이 있었다. 하지만 기존의 도시 기반시설은 급증한 인구를 수용할 수 없었다. 계획과 정책은 없었고 확산만 계속되었다.

큰 변화는 60년대 중반부터 일어났다. 같은 시기에 한국철강과 한일합섬이 입지하였고, 얼마 안 있어 마산시와 마산의 경제 주체들이 임해공업단지를 구상하며 시행한 봉암동 매립지를 정부가 수출자유지역(현 마산자유무역지역)으로 확정하였다. 세 개의 거대 산업시설이 가동되기 시작하자 시가지는 하루가 다르게 확산되었다.

급증되는 인구를 수용하기 위한 주거시설이 건설되었고 그에 따른 상업시설과 도로 개설이 이어졌다. 주거용지는 대부분 토지구획정리사업으로 공급되었는데 이 과정에서 동마산이라는 새로운 도시 지역이 탄생하였다. 여기에 더해 대기업 하부를 받쳐줄 중소기업들의 이전과 창업으로 새로운 산업용지도 조성되었다.

도시가 급변하고 교통량이 많아지자 도심을 관통하던 두 개의 철로 중 마산-삼랑진 철도는 1980년대 초 철거되어 중앙 간선도로(현 3·15대로)로 재탄생했다. 마산-진주 간 철도는 산업용 임항선으로 변경하였다가 2012년 1월 폐선 되어 그린웨이로 이용되고 있다. 철도 노선의 변경으로 마산·구마산·북마산 세 개의 철도역도 현재의 마산역 하나로 통합되었다. 시가지의 규모는 1990년대가 정점이었다.

정점에 달한 도시는 정체되었다. 외부요인이 컸지만 내부요인도 있었다. 양적성장이 어려우면 질적인 성장을 가져와야 했고, 도시의 질이 높아지면 그로 인한 양적성장도 기대할 수 있다. 하지만 그렇게 되지 않았다. 도시정책은 처음도 끝도 양적성장에만 집중하였다. 해안을 매립하고 토지를 개발하고, 사람은 떠나는데 건설만 계속되었다. 하지만 더 이상 도시는 성장하지 않았다.

도시 변화의 요인은 지리·환경 등 자연적 요인과 정치·행정·사회·기술 등 정치 사회적 요인이 있다. 이러한 요인과 조건이 복합적으로 작용하여 도시의 형태와 기능을 변화시키고 도시 변화의 방향과 속도를 결정짓는다. 특히 자연 조건은 도시의 생성과 변화에 절대적인 영향을 미친다. 자연 조건은 도시의 성장토대가 되고 공간 구조에도 결정적 요인으로 작용한다. 시가지의 확장가능 범위에도 큰 영향을 미친다. 기술이 발달되어 인위적 개발도 많이 하지만 한계가 있다.

마산은 백두대간의 종단점인 지리산에서 분기되어 남해안을 따라 동쪽으로 뻗어 있는 낙남정맥의 남쪽 산록에 위치하고 있다. 서쪽으로 무학산(763m)이 대곡산(516m)과 연결되고 무학산에서 돌출한 환주산이 원마산과 맞닿아 있다. 북쪽으로는 천주산(639m)과 팔용산(328m)이 에워싸고 있고 동쪽으로는 진해만의 내만인 마산만에 길게 접하고 있다. 이런 자연 조건 때문에 마산의 시가지는 서쪽 무학산과 동쪽 마산만 사이에 동서축이 좁고 남북축이 긴 형태로 구성되어 있다. 장축은 해안을 따라 평지로 형성되었으며 단축은 경사가 있어서 여러 개의 하천이 서쪽 무학산·광려산 등에서 동쪽 마산만으로 흐르고 있다.

거슬러 올라가 보면 정주 초기의 교통망도 이러한 자연 조건에 의해 결정되었다. 그뿐 아니다. 고려시대 정동행성이 마산에 자리를 잡은 것도, 조선시대 마산창 설치도, 마산포가 개항되었던 이유도, 귀환동포와 피난민으로 인구가 급증한 이유도 따지고 보면 전부 자연 조건 때문이었다. 개항지였던 신마산이 북쪽 원마산 방향으로만 확산된 까닭도 동·서·남쪽으로는 공간 확장이 어려웠던 자연적 한계 때문이었고, 70·80년대 급성장 시기의 동마산 출현도 평야지대라는 자연 조건의 산물이었다.

자연 조건 못지않게 정치 사회적 변화도 도시 변화의 큰 요인이다. 개항부터 해방 때까지 47년 동안 진행된 마산의 도시 변화 과정에는 일제의 식민지 정책이 철저히 반영되었다. 그것은 일제의 자본 축적과정에서 도시가 확대하거나 변형되었음을 말한다. 개항과 러일전쟁을 비롯해 경술국치, 부(府)제정, 회사령 폐지, 시구 개정, 전쟁 등 많은 변화가 강점기에 있었다. 이러한 정치사회적 변화가 신도시 및 철도 건설, 대규모 해안 매립, 중앙마산 개발이라는 중요한 도시 변화의 요인이 되었다. 그리고 이들 정치사회적 변화는 도시 변화의 규모와 내용을 확대 재생산시키는 요인이 되기도 했다.

해방 이후의 정치 사회적 변화는 해방과 전쟁, 정부의 경제정책, 교통정책, 전국규모의 국가행사, 지방자치제 실시, 경제위기, 정부의 행정구역 통합정책 등을 들 수 있다. 이로 인해 인구증가, 거대 산업시설 입지, 공업도시로의 성격전환, 도심을 관통한 두 개의 철도 폐지, 세 개의 역 통합, 동마산이라는 새로운 시가지 개발, 매립으로 인한 토지생산, 도시통합 등의 대대적인 변화가 일어났다.

해방부터 2010년 도시통합까지 65년 동안 진행된 이 도시의 도시 변화 과정은 말 그대로 '급변'이라고 정의할 만하다. 격랑과 같은 부침 속에 인구, 경제 기반시설, 도시계획과 교통시설 등 도시의 실체를 결정짓는 많은 요인들이 짧은 기간에 변화되었고 그에 따라 도시 상황도 달라졌다.

시가지 확산 과정에 나타난 양상, 즉 방향성·속도·형태 등은 자연적 조건과 정치사회적 상황에 따라 강약과 완급의 정도가 조금씩 달랐다. 그러나 개항기와 강점기, 그리고 해방 이후 성장기와 창원·진해와 통합될 때까지 근현대 110여 년의 도시정책 근간을 축약하면 그것은 양적 팽창이었다. 시기와 방법, 시행주체는 달랐지만 정책의 방향은 다르지 않았다. 양적 성장이 도시발전에 가장 중요한 요인임은 맞지만, 그에 상응하는 질적 성장을 위한 노력은 많이 부족했다.

첨부한 그림 〈근대 이전 마산포(원마산) 복원도〉는 개항에 의한 도시 변화 이전의 마산포 시가지이다. 그림 〈각 시기별로 시행된 마산만 매립공사〉는 각 시기별로 마산만에 진행된 매립공사 표시도이며, 그림 〈각 시기별 시가지 변화〉는 개항 이후 진행된 시가지 변화의 양상을 시기별로 나타낸 것이다. 그리고 이러한 마산의 도시 변화에 작용했던 주요 요인들을 간략히 정리한 것이 마지막에 첨부한 표 〈도시 변화의 자연적·정치사회적 요인〉이다.

근대 이전 마산포(원마산) 복원도

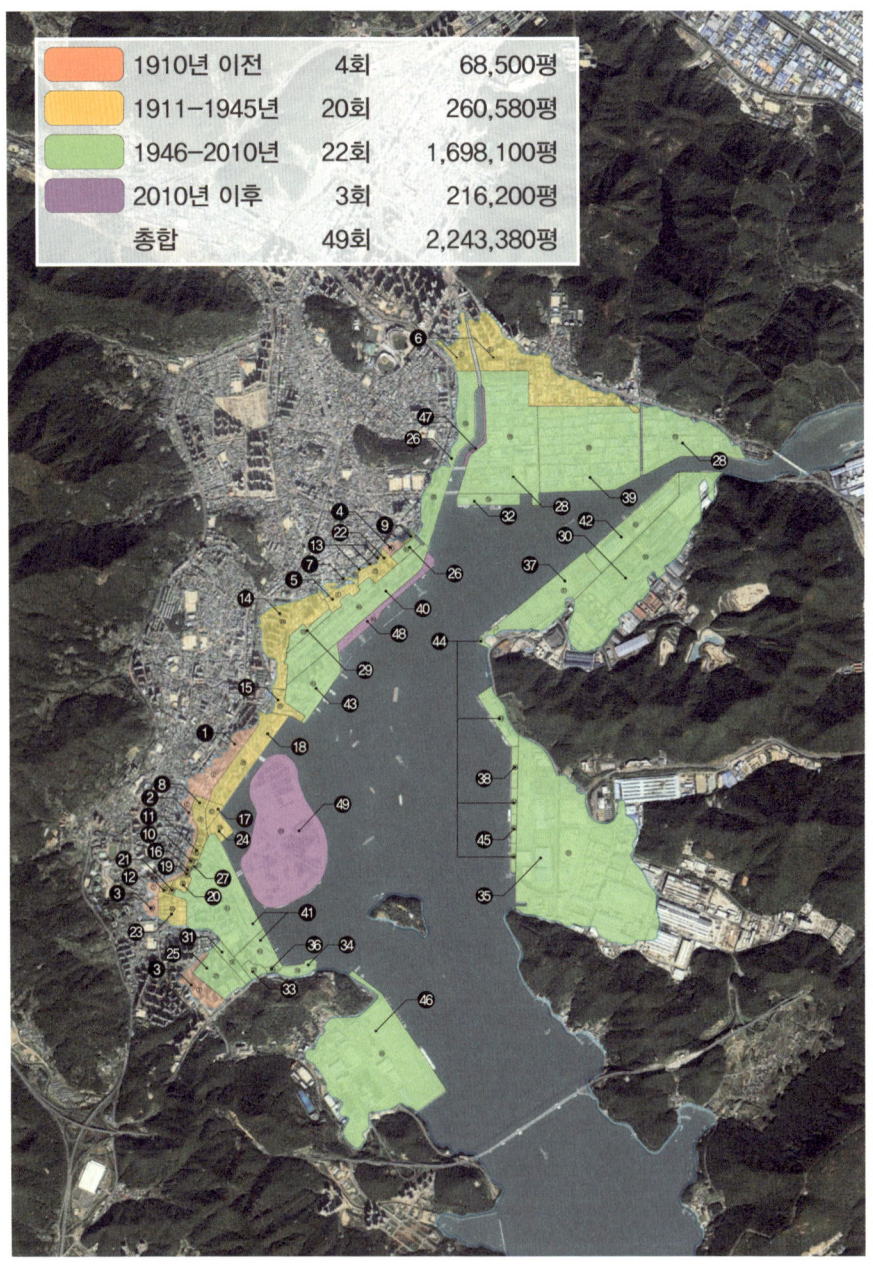

각 시기별로 시행된 마산만 매립공사

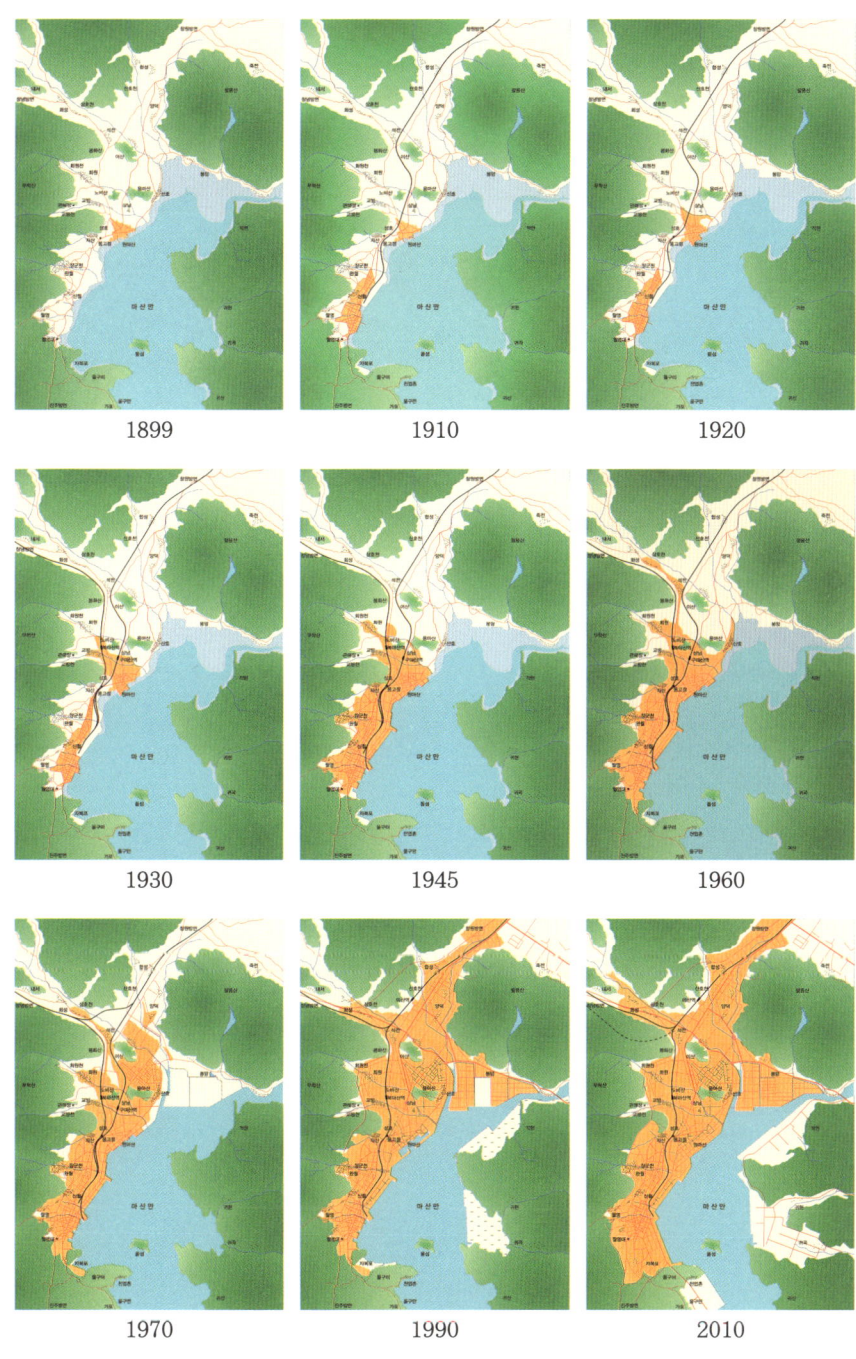

각 시기별 시가지 변화

2003년 마산 전경

2015년 마산 전경 (김구연)

마산·창원·진해가 통합된 창원특례시 전경 (좌측이 마산)

마산 도시 변화의 자연적·정치사회적 요인

구분	연도	조건	결과
자연적 요인		세장형의 해안 평지	대상형 시가지, 장축 방향 도로망 강세
		단축(동서)의 경사가 심함	단축 도로 미발달 및 산사지 시가지화 늦어짐
		대규모 간석지	매립으로 시가지 확산
		북쪽 평야지대	동마산 지역 개발
정치사회적 요인	1899년	개항	각국 공동조계지 설치, 신마산 태동
	1904년	러일전쟁	마산선 철도건설 및 중앙마산 지역 철도용지화
	1905년	을사조약 체결	일본인 이주로 신마산 범역 확산
	1910년	경술국치	본격적인 식민통치로 원마산 도시 급변
	1911년	폐항	신마산 도시침체에 영향
	1914년	마산부 제정	행정구역 확정
	1920년	조선 회사령 폐지	공업시설 확충 및 매립, 철도 경남선 건설
	1920년	문화정치	교육시설 증설 및 철도용지 해제에 영향
	1926년	시구 개정	원마산 도로망 확산
	1931년	만주사변 발발	공업시설의 군수산업화 및 항만시설 건설
	1934년	조선시가지계획령	중앙마산 건설 본격화
	1942년	마산부 행정 개편	행정구역 변경
	1945년	해방	귀환동포로 인구급증, 시가지 확산
	1950년	한국전쟁 발발	피난민으로 시가지 확산, 병참도시 기능
	1954년	미국 경제원조	마산화력발전소 건립
	1960년대	정부의 경제개발계획	매립 및 대규모 산업시설 입지
	1969년	베이비붐 세대 취학	마산교육대학(현 창원대) 개교
	1973년	행정구역개편	구암·합성·회성·두척동 편입
	1974년	창원기계공단 확정	배후도시적 성격
	1977년	정부 도시재정비정책	기존의 마산·구마산·북마산역을 통합
	1980, 83년	창원시 출범, 도청 이전	공공기관 및 대형시설 창원 이전 시작
	1982년	제63회 전국체전	도시정비 및 간선도로·체육시설 건립
	1988년	주택 200만호 건설정책	대규모 아파트 건립 시작
	1991년	지방자치제 시행	공공시설 다수 건립
	1995년	도농통합 행정구역개편	삼진 지역 및 구산·내서면 편입
	1997년	IMF 금융지원 사태	한일합섬 등 기업파산으로 도시 위축
	2010년	정부 행정구역통합정책	창원·진해와 통합

| 참고 문헌 |

《논문》
김봉열, 마산의 개항과 반외세 투쟁, 「慶大史論 제10집」, 경남대 史學會, 1997
김상민, 마산포의 개항과 각국 공동조계의 성립에 관한 연구, 경남대 석사, 2001
김용욱, 馬山租界考Ⅰ, 「법학연구제12호」, 부산대 법정대학, 1963
김용욱, 馬山租界考Ⅱ, 「법학연구제13호」, 부산대 법정대학, 1964
김예슬, 일제강점기 마산 지역 사업체와 조선인경제인 연구, 동의대 박사, 2019
김의원, 일제하의 한국 도시계획, 「도시문제 통권195호」, 대한지방행정공제회, 1982
김의환, 朝鮮을 둘러싼 近代 露·日關係 硏究, 「亞細亞硏究 Vol. XI」, 고려대아세아문제연구소, 1968
김 준, 馬山築港誌, 「마산시사 사료집 第一輯」, 마산시, 1964
김태영, 韓國 開港期 外人館의 建築的 特性에 關한 硏究, 서울대 박사, 1990
남재우, 가야시대 창원·마산 지역정치집단의 대외관계, 「창원사학 제4집」, 창원대, 1998
박철규, 해방 직후 마산 지역의 사회운동, 「역사연구 제5호」, 역사학연구소, 1997
박형규, 해방이후 마산시 도시공간구조의 변천과 변화요인에 관한 연구, 창원대 박사, 2008
박희윤, 개항이전 마산시 도시형성 및 변화 과정에 관한 연구, 한양대 도시대학원 석사, 2000
배영신, 대한제국기 미산포 일본인 거류지 연구, 고려대 석사, 2017
양상호, 韓國 近代の都市史研究, 동경대 박사, 1993
옥한석, 馬山市경관의 형성과정에 관한 연구, 서울대 석사, 1982
이귀원, 1920년대 전반기 마산 지역의 민족해방운동, 「地域과 歷史 제1호」, 부산경남 역사연구소, 1996
이성윤, 일제강점기 藍田 玉麒煥(1875~1953)의 사회운동, 경남대 석사, 2022
이성환, 馬山의 성장과정 및 그 특징에 관한 연구, 건국대 행정대학원 석사, 1976
이지우, 개항기 馬山浦조계지의 설정에 관하여, 「加羅文化 제4집」, 경남대 가라문화연구소, 1986

정재열, 馬山市의 도시지리학적 연구, 고려대 교육대학원 석사, 1979

정희수, 馬山市 도심 공간 특성과 C.B.D 범위 설정에 관한 연구, 한양대 환경과학대학원 석사, 1984

조인성, 개항기 마산포 조계의 설정과 주민의 저항, 「加羅文化 제4집」, 경남대 가라문화연구소, 1986

최영진, 한국 중화학 공업화의 지리–정치경제학적 연구 ; 현대조선과 창원공단을 사례로, 서울대 박사, 2015

한상술, 마산의 근대건축에 관한 연구, 경남대 석사, 2000

홍경희, 남한의 도시의 형성, 「경북대 논문집 No.9」, 1969

《단행본》

강만길, 『조선 후기 상업자본의 발달』, 고려대출판부, 1973

강만길, 『한국현대사』, 창작과 비평사, 1985

경남도정백년사편찬위원회, 『경남도정백년사(1896~1996)』, 경상남도, 1996

고동환, 『조선 후기 서울상업발달사 연구』, 지식산업사, 1998

국토계획학회, 『도시계획편람』, 명지문화사, 1983

김문식, 『日帝의 經濟侵略史』, 아세아문제연구소, 1970

김형윤, 『馬山野話』, 도서출판 경남, 1996

노산동 스토리텔링 자원발굴연구단, 『노산동 스토리텔링 자원발굴 연구』, 창원시청, 2013

러시아 大藏省, 김병린 역, 『구한말의 사회와 경제』, 유풍출판사, 1983

리진호, 『韓國地籍史』, 바른길, 1999

마산YMCA역사편찬위원회, 『마산YMCA 운동사』, 마산YMCA, 2022

마산개항백년사편찬위원회, 『마산개항백년사』, 마산시, 1999

마산문화협의회, 『마산문화연감』, 1956

마산상공회의소, 『마산상공회의소백년사』, 2000

마산세관, 『마산세관백년사』, 1999

마산시사편찬위원회, 『마산시사 사료집 제1집』, 마산시, 1964

마산시사편찬위원회, 『마산시사』, 마산시, 1997

마산시사편찬위원회, 『마산시사 제1~5권』, 마산시사편찬위원회, 2011
마산자유무역지역관리원, 『마산자유무역지역50년사』, 마산자유무역지역관리원, 2020
마산지방해운항만청, 『마산항백서』, 마산지방해운항만청, 1996
마산·창원 지역사연구회, 『마산·창원 역사 읽기』, 도서출판 불휘, 2003
문창교회, 『문창교회백년사』, 한국장로교출판사, 2001
문창문화연구회, 『文昌風雅 其一』, 도서출판 隱市樓, 1992
사단법인 한국건설문제연구소, 『항만건설사』, 해운항만청, 1978
서울대학교인문대학 독일학연구소 譯, 『한국근대사에 대한 자료(오스트리아 헝가리제국 1885-1913 외교보고서)』, 신원문화사, 1992
서울대학교출판부, 『戶口總數(1789년. 영인본)』, 「서울大學校古典叢書」, 1971
손정목, 『한국개항기도시 변화 과정연구』, 일지사, 1994
손정목, 『한국개항기 도시사회경제사연구』, 일지사, 1992
신용하, 『조선토지조사사업연구』, 지식산업사, 1991
심봉근, 『한국남해연안성지의 고고학적 연구』, 학연문화사, 1988
오늘의 마산 편찬위원회, 『오늘의 마산』, 1970
유장근, 『마산의 근대사회』, 불휘미디어, 2020
유장근, 『마산 지역 고등공민학교의 역사적 전개과정과 그 의미』, 경상남도교육청, 2021
의정부, 『昌原港案一』(1906년- 1908년)
의정부, 『昌原報牒一·二·三』, 議政府
이 석, 『馬山史話』, 1958
이이화, 『몽골의 침략과 30년 항쟁』, 한길사, 1999
이학렬, 『개항90년의 우리고장마산』, 마산향토사연구회, 1989
이현종, 『한국개항장연구』, 일조각, 1975
지하련, 『체향초』, 문장, 1941
차하순, 『韓國史時代區分論』, 「한림과학원총서26」, 소화, 2000
창원시사편찬위원회, 『昌原市史 상·하』, 창원시, 1997
천주교마산교구청, 『천주교마산교구설정10주년기념집』, 1976
학교법인 창신기독학원, 『창신백년사』, 도서출판 다락방, 2008
한국민중사연구회 편, 『한국민중사Ⅰ·Ⅱ』, 풀빛, 1986

한국학중앙연구원, 『한국민족문화대백과사전』, 한국학중앙연구원, 1991

한일합섬 20년사 편찬위원회, 『한일합섬20년사』, 한일합성섬유공업주식회사, 1986

허정도, 『도시의 얼굴들』, 경상대출판부, 2018

허정도, 『전통 도시의 식민지적 근대화』, 신서원, 2005

해운항만청, 『항만건설사』, 1978

홍경희, 『도시지리학』, 법문사, 1981

岡庸一, 『馬山案內』, 馬山商業會議所, 1915

慶尙南道, 『慶尙南道 道勢槪覽』, 1932·1933·1936·1937·1939·1941

慶尙南道, 『道勢一般』, 1922

吉田英三郎, 『朝鮮誌』, 町田文林堂, 1911

馬山公立普通學校, 『鄕土の硏究』, 1932

馬山府, 『馬山府勢一覽』, 1912

馬山府, 『馬山府勢一覽』, 1913

上原 榮, 『鄕土の調査』, 馬山敎育會, 1933

善生永助, 『朝鮮人の商業』, 「調査資料第十一輯」, 朝鮮總督府 庶務部調査課, 1925

善生永助, 『朝鮮の市場』, 「調査資料第八輯」, 朝鮮總督府 庶務部調査課, 1924

松岡美吉山·溝口秀次郎, 『躍進馬山の全貌』, 名勝古蹟保存會, 1941

陸地測量部, 『陸地測量部沿革誌 正篇』, 1921

日本海軍大臣官房, 『미의회도서관소장 마산포사건관련 비밀서류(11)NT(C)NO.178, 1900-1901』

日韓書房編輯部, 『最新朝鮮地誌』, 日韓書房, 1912

長田純·高須瑪公, 『馬山現勢錄』, 馬山現勢錄刊行部, 1929

田淵友彦, 『韓國新地理』, 博文館, 1908

朝鮮建築會, 『朝鮮と建築』, 1922-1942

朝鮮總督府, 『施政二十五年史』, 1935

淸水靖夫, 『日本統治機關作製にかかる朝鮮半島地形圖の槪要』, 栢書房(株), 1986

諏方史郎, 『馬山港誌』, 朝鮮史談會, 1926

香月源太郎, 『韓國案內』, 東京 靑木嵩山堂, 1902

平井斌夫·九貫政二, 『馬山と鎭海灣』, 濱田新聞店, 1911

《기타 자료》

경남도민일보

경남신문

査定지적도 및 査定토지대장

정부기록보존소 문서 중 마산의 도시 관련 자료

개인 소장자료

한 도시 이야기

발행일	2024년 10월 18일
지은이	허정도
발행처	김리아
	불휘미디어
	경상남도 창원시 마산합포구 오동동10길 87
	(055) 244-2067
	2442067@hanmail.net
가격	22,000원
ISBN	979-11-92576-65-7 03910

*본 도시는 2024 경남 지역서점 및 출판문화 활성화 지원사업의 지원을 받아 발간되었습니다.